U0940257

本书由河北大学历史学强势特色学科基金资助出版

教育部人文社会科学研究规划项目“卜凯与20世纪的中国农业经济与教育”（09YJA770009）

卜凯与20世纪中国农业变革

杨学新 著

人民出版社

责任编辑：邵永忠
封面设计：黄桂月
责任校对：吕　飞

图书在版编目（CIP）数据

卜凯与20世纪中国农业变革/杨学新 著.—北京：人民出版社，2018.12
ISBN 978-7-01-019743-2

Ⅰ.①卜…　Ⅱ.①杨…　Ⅲ.①农业改革—研究—中国　Ⅳ.①F320.2

中国版本图书馆CIP数据核字（2018）第205077号

卜凯与20世纪中国农业变革
BUKAI YU 20SHIJI ZHONGGUO NONGYE BIANGE

杨学新 著

人民出版社出版发行
（100706　北京市东城区隆福寺街99号）

北京中科印刷有限公司印刷　新华书店经销

2018年12月第1版　2018年12月北京第1次印刷
开本：710毫米×1000毫米 1/16　印张：18
字数：300千字

ISBN 978-7-01-019743-2　定价：58.00元

邮购地址　100706　北京市东城区隆福寺街99号
人民东方图书销售中心　电话（010）65250042　65289539

《河北大学历史学丛书》出版缘起

河北大学的前身，是成立于1921年的天津工商大学，后改称天津工商学院、津沽大学、天津师范学院、天津师范大学。1960年定名为河北大学，1970年从天津迁至古城保定。河北大学的历史学科，创建于1945年天津工商学院的史地系，侯仁之院士出任首届系主任。聘请齐思和教授讲授中国通史，1946年9月至1948年先后由方豪、王华隆任系主任。1949年1月天津解放，钱君晔任系主任。1952年王仁忱出任系主任。1953年史地系分为历史系和地理系。在20世纪50—60年代，河北大学历史学科以拥有漆侠、李光璧、钱君晔、傅尚文、周庆基、乔明顺、葛鼎华等史学专家，与北京大学、南开大学等创办《历史教学》杂志而著称于世。改革开放以来，河北大学历史学科再创佳绩，获得全国第二批、河北省第一个博士点，建成全国宋史界唯一的教育部“省属高校人文社会科学重点研究基地”。中国宋史研究会秘书处挂靠于此，并负责编辑出版《宋史研究通讯》。2005年以来，又获得中国近现代史博士点，历史学一级学科博士点，建成历史学博士后科研流动站，河北大学历史学科被评定为河北省强势特色学科，2009年1月河北大学历史学院成立，本学科获得空前大的支持力度，迎来更新更好的发展机遇。2011年全国学科调整后，中国史成为一级学科博士点，世界史、考古学成为一级学科硕士点，另有中国史博士后科研流动站。宋史研究中心和历史学院的关系是“各自独立，资源共享，密切合作，共建历史学科”；目前共有教职员工60余人，下设“三系七所”等教学研究机构。在继续编印《宋史研究论丛》（CSSCI来源集刊）和《宋史研究丛书》的同时，我们决定隆重推出《河北大学历史学丛书》。该丛书编委会成员除河北大学历史学强势特色学科建设领导小组外，主要有：郭东旭、刘敬忠、郑志廷、汪圣铎、张家唐、闫孟祥、刘秋根、刘金柱、吕变庭、杨学新、雷戈、肖爱民、肖红松等先生。

研究历史，教书育人，奉献社会，是我们的天职。

不吝赐教，日新月进，臻于完善，是我们的期待。

最后，衷心感谢各级领导和各位专家对本学科的长期厚爱和支持。特别鸣谢人民出版社对《河北大学历史学丛书》的鼎力襄助。

教育部省属高校人文社会科学重点研究基地
河北大学宋史研究中心
河北大学历史学院
河北大学历史学强势特色学科建设领导小组
组长：姜锡东
成员：王菱菱、范铁权、丁建军

序 言

笔者开展关于美国著名的中国农业经济学家卜凯问题的研究，至今已有10余年的时间。最初的出发点很朴素简单，就是因为卜凯1923年“河北盐山县150农家之经济及社会调查”报告中的盐山县是我的故乡，所选择的三个村庄据我的老家不到50华里，可以说地域上很近，风土人情相似，走起来方便，聊起来亲切。基于这些原因，自2005年起，我便利用节假日回家探望母亲的机会深入到三个村庄进行走访，以期通过对卜凯20世纪20年代对该县三个村庄的再调查，亲身感受河北乃至华北农村的百年发展与变迁。走访的过程是一个认知的过程、比较的过程、思考的过程，也是一个不断提升的过程。其间与盐山150户农家调查的实施者崔毓俊教授的家人建立了联系，2006年9月，利用去美国考察的机会在洛杉矶拜访了崔毓俊先生的二儿子崔肇春教授，得到了他们全家的热情接待，崔教授将其父崔毓俊老先生的遗作《忆往》（1986年12月）、《忆往拾忆》（1993年10月）两本油印稿赠送给我，很受感动。在崔肇春教授的引荐下，与盐山150户农家调查的设计者卜凯的儿子、建筑师保罗先生在他纽约曼哈顿的工作室进行了会晤，建立了联系。在此基础上，2007年以“中国农村80年的变迁——以河北省盐山县150农家为例”申报了河北省社会科学基金项目，并获得批准。之后，课题组多次赴南京农业大学、中国第二历史档案馆查阅资料，深入到盐山、平乡卜凯曾经进行调查的村庄开展全面调查，收集到了一批资料。2008年10月，南京农业大学和美国康奈尔大学在南京联合举行了农林经济管理高层论坛暨“农村改革与发展：面对世纪新挑战”国际学术研讨会，会议设立“农户调查历史数据整理与利用”分会场，我提交了有关卜凯问题研究第一篇论文。同年，收到了崔肇春先生转寄卜凯先生的遗作。这些都有力地推动我将卜凯问题的研究坚定地继续下去，并不断走向深入。2009年，我主持申报的“卜凯与20世纪的中国农业经济及教育”研究课题获批教育部人文社会科学研究立项。此后，在核心期刊上陆续发表卜凯专项研究论文10余篇。本书就是在教育部课题和研究论文的基础上形成的，分为六章和附录部分。

第一章，对卜凯的生平及20世纪30年代以来国内外学术界关于卜凯问题的研究状况进行了认真梳理，指出存在的问题和不足。

第二章，对卜凯在金陵大学20余年教学与科研工作进行了系统的分析；对他在传播西方农业经济学的理论和方法以及推动中国农业经济学建立与发展中的作用进行了剖析；对他的中国农场管理学的思想体系与研究方法作了阐释。

第三章，对卜凯开展中国农村调查的概况和动因进行了探讨，重点研究了卜凯调查安徽芜湖102户农家、河北盐山150户农家、河北平乡152户农家经济与社会状况，以及对1931年江淮流域水灾进行经济调查，我们利用地域上的优势，对他在河北盐山县、平乡县的调查进行了回访调查，并就有关问题进行了考证。

第四章，对卜凯关于中国农业改良与推广的理论进行了概括，重点分析了他在安徽宿州的农业改良与推广活动，以及在他的推动和影响下当时河北农业改良和推广活动所取得的成效。

第五章，对卜凯关于中国的“三农”问题、水旱灾害形成的原因和防治措施、南北方农村的生活差别以及河北省农民生活状况等进行了评述。

第六章，对卜凯视阈下的中国与美国、日本、苏联、英国、德国等国家在农业经营方式、种植结构、土地利用、农业生产水平、农产品商品化程度、人民生活水平以及人口年龄状况等方面的差异进行了综合评述，重点对中国同美国、日本两国在“三农”问题上的异同进行了比较分析，进一步加深了对我国“三农”问题的认识。

附录包括两部分。一是，对卜凯的生平大事进行了认真的梳理，完成了“卜凯生平大事记”的整理工作。二是，对卜凯一生的著作、专题研究论文、报告、演讲和手稿的四大类文献进行了系统整理。

书中的部分成果曾在黄宗智主编的《中国乡村研究》（第八辑）和《中国农史》、《河北大学学报》（哲社版）、《农业考古》等刊物上发表，有的曾在国内外学术会议上做主题发言或进行选读，本次都做了认真系统的修改。

在本书写作过程中，崔毓俊先生的二儿子崔肇春教授、卜凯教授的儿子保罗先生（Paul Lossing Buck）提供了很多宝贵的资料。我的博士生、河北大学的任会来副教授与我一起进行了实地调查和数据资料的分析工作。博士生、邢台学院的王晶老师参与整理了卜凯视域下相关国家的农业资料，博士生高志勇对1931年江淮流域水灾调查的文献进行了整理，在此一并致谢！

关于卜凯问题的研究，既是一个老课题，又是一个新课题；既是一个以中国为主的课题，又是一个面向世界范围的课题，需要研究和探讨的问题很多，我虽然做了很大的努力，但有些问题仍需做进一步的研究和探讨，敬请各位专家批评指正。

杨学新

二〇一七年十二月

目　录

第一章　卜凯的生平及研究现状

第一节　卜凯生平

卜凯（John Lossing Buck，1890—1975）或译为布克、巴克（Dutchess）、洛辛（美国人彼德·康）[①]，1890 年 11 月 27 日出生于美国纽约州德彻斯县快乐谷（Pleasant Valley，Dutchess County，New York，USA）的一个农家，他的父亲是当地长老会的长老，母亲也是一位虔诚的基督教徒。卜凯自幼在农业和宗教方面深受其父和家庭的影响，他"通过看父亲常常订阅的农业报刊开始对科学农业和改良物种感兴趣"。[②] 中学毕业后，他进入以农科著称的美国常春藤大学之一的康奈尔大学农学院，开始对中国问题产生兴趣，在上学期间加入了芮思娄发起的中国研究俱乐部，他认为"中国人民更需要了解科学的农业"。[③] 卜凯拒绝了印度和美国农业部的邀请，所以，1914 年大学毕业后，搭乘日本轮船"日本丸"历时 29 天，与美国宿州麦迪逊长老会布道团一起于 1915 年 11 月下旬抵达上海，随即来到安徽宿州。

卜凯在中国工作和生活了近 30 年，将一生最宝贵的时光都贡献给了中国的农业，他在中国的工作与生活可分为两个阶段。

第一个阶段是在安徽宿州以传教士的身份从事农村改良和推广工作的五年。其间，卜凯于 1915 年 12 月至 1916 年 6 月间，在金陵大学华言科（Nank-

---

① 卜凯的儿子保罗，2010 年 11 月 26 日在祝贺宿州学院成立"布克研究所"的来信中明确提出，他的父亲一向很正统地使用他的全名 John Lossing Buck，因此他建议研究所使用他的全名，毕竟大家都知道他的名字是 Lossing Buck，而不是 John Buck。

② John Lossing Buck：《The following is an interview with DR. John Lossing Buck held at his residence at Pleasant Valley，New York，on sept. 21，1962.》，p2.

③ John Lossing Buck：《The following is an interview with DR. John Lossing Buck held at his residence at Pleasant Valley，New York，on sept. 21，1962.》，p6.

ing Language School）学习汉语。在宿州的岁月里，他深入当地农村了解农民的生活状况；创办农业学校，开展农业知识和技术培训；建立农业试验场，改良农业品种。1917年他与镇江长老教会牧师赛兆祥（Absalom Sydenstricker）[①]之女赛珍珠（Pearl S. Buck）结婚，组建了家庭。在宿州近五年的时间里，他虽然是作为传教士身份来到中国的，但实际上他"并不信教"，而"是作为农业专家受雇于长老会传教使用的"，[②]他对于改善中国农民的物质生活"更感兴趣"[③]。卜凯怀着"引进科学农业和了解中国传统农业耕作方法"[④]的愿望来到中国，在安徽宿州的工作实践中，他将主要精力用于农业改良试验和推广工作，在宿州成立"农业科学试验部"，除教授当地农民新的农业种植技术以外，还经常深入到宿州、符离、濉溪口、怀远等地的乡村，研究土壤的成分、气候以及农作物品种，并对农业生产进行调查研究，推广农业技术和种子改良。"他在宿州的农业改良与推广活动的成效也远远大于他的传教活动的成效"[⑤]，实现了由一个农业传教士向农业专家的转变。同时，他也深刻地意识到，在中国"有关物种或育种的实验工作，在传教机构资金有限的情况下，不可能有更深入的进展"[⑥]，也"很难找到切实可行的办法来帮助中国农民"。[⑦] 1920年，卜凯接受了南京金陵大学农学院院长、康奈尔大学的校友芮思娄（J. H. Reisner）[⑧]的邀请，到金陵大学农学院任教。可以说，卜凯在宿州的农业调查与推广工作，"从根本上改变了西方世界对古老封闭的中国，

---

① 赛兆祥（Absalom Sydenstricker，1852年8月13日—1931年8月31日），美南长老会（American Presbyterians（South），PS）来华的著名传教士。

② ［美］赛珍珠著，尚营林等译：《我的中国世界》，长沙：湖南文艺出版社，1991年，第141页。

③ 盛邦跃：《卜凯视野中的中国近代农业》，北京：社会科学文献出版社，2008年，第4页。

④ Allison Lossing Buck，Letter from China. The Early Life of Pearl S. and John Lossing Buck. 第1页。http：//www. johnlossingbuck. org.

⑤ 杨学新：《论卜凯在安徽宿州的农业改良与推广》，《河北师范大学学报》（哲学社会科学版），2010年第2期。

⑥ John Lossing Buck：《The following is an interview with DR. John Lossing Buck held at his residence at Pleasant Valley，New York，on sept. 21，1962.》，p5.

⑦ ［美］赛珍珠著，尚营林等译：《我的中国世界》，长沙：湖南文艺出版社，1991年，第149页。

⑧ 芮思娄（Reisner J. H）（1888—?）美国宾夕法尼亚州人，曾获耶鲁大学森林学士学位，康奈尔大学硕士学位，美国北长老会传教士，1901年来华任教，同年10月到金陵大学农科任教，是金陵大学农学院创办人之一，1915年任农科代理科长，1916—1928年任农林科美方科长，1928年8月返回美国，担任美国农业基金会秘书长等职务。1947年，到华东、华北、华南各区推行乡村教会。在金陵大学任教期间，曾邀请遗传育种专家洛夫，昆虫学家吴伟士，农业经济学家卜凯来校任教，推动金陵大学作物育种学、昆虫学、农业经济学等主要学科的建立。

尤其是对中国底层农民的印象”①，为其以后的农业调查奠定了坚实的基础。

第二个阶段是他在金陵大学时期。其间主要从事高校教学、科学研究、农业推广和社会调查活动。在金陵大学主讲农业经济、农村社会学、农场经营和农场工程等课程，他在教学中感到自己所选用的美国康奈尔大学教材对于中国学生很不适应，而且“中国是一个没有可靠典型统计数据的国家”。② 因此，他要求凡读过农场管理的学生必须利用暑假完成至少一百个农家的经济及社会状况调查。调查活动“最初的目的使本系的学生藉得实地调查的经验，所得材料，亦只希望用作例证学理之教材”，“但结果之佳，出人意表”③，调查数据资料成为中外农学专家及社会学家研究中国近代农村和社会的重要依据。正如美国学者 Randalle Stross 所说的那样，“在 1921—1925 年的时间里，他用大量的时间用来审查他学生的农家调查。”④ 这些调查有：1922 年夏，农林科学生陶延桥在安徽芜湖对 102 户农家进行的调查，该调查 1925 年在《金陵大学农林科农林丛刊》第四十二号以《芜湖近一百零二农家之社会的及经济的调查》（An Economic and Social Survey of 102 Farm near Wuhu, Anwei, China, 1924）（卜凯著，徐澄译）为名发表，“此篇仅为研究之开端”。⑤ 1923 年夏天，农科学生崔毓俊在家乡河北盐山县 3 个村庄 150 户农家开展了经济及社会调查，成果于 1926 年 6 月在美国以英文发表，1929 年孙文郁将其翻译为《河北盐山县一百五十农家之经济及社会调查》（An Economic and Social Survey of 150 Farms Yenshan County, Chihli Province, China, 1926），并在《金陵大学农林科农林丛刊》第五十一号上发表，该调查报告也成为卜凯硕士论文的主要资料来源。1924 年他返回康奈尔大学攻读硕士学位，1925 年获农业经济学硕士学位后又回到金陵大学并担任农业经济系的首任主任。“嗣后研究区域逐渐扩大，调查所及之农家数目，共达二千八百六十六家。”⑥

① 鄢化志：《赛珍珠、布克与宿州——皖北大地中美文化交流的百年印记》，合肥：合肥工业大学出版社，2017 年，第 144 页。

② John Lossing Buck：《The following is an interview with DR. John Lossing Buck held at his residence at Pleasant Valley, New York, on sept. 21, 1962.》, p25.

③ 卜凯著，张履鸾译：《中国农家经济》，上海：商务印书馆，1936 年，原序，第 1 页。

④ Randalle Stross：《The Stubborn Earth—American Agriculturalists on Chinese Soil, 1898—1937》, University of California Press, Berkeley Los Angeles London, 1986, p14.

⑤ 卜凯著，徐澄译：《芜湖附近一百零二农家之经济的及社会的调查》，《金陵大学农林科农林丛刊》，1928 年第 42 期，第 2 页。

⑥ 卜凯著，张履鸾译：《中国农家经济》，上海：商务印书馆，1936 年，原序，第 1 页。

这些资料经他分析、统计、整理后，1930年由金陵大学和中国太平洋国际基金会以《中国农家经济》予以正式出版。1933年获得康奈尔大学农业经济学博士学位。1936年由张履鸾将其著作译成中文《中国农家经济》（*China Farm Economy*）由商务印书馆出版，也成为卜凯的博士论文。该成果"是当时国内唯一的中国农村经济专著，被称为分析农耕技术的代表作品"。[①] 1929—1934年受太平洋国际学会委托，卜凯主持对我国22省168县16786个农场和38256户农家的土地、作物、牲畜、家具和农具等进行调查和研究，此项调查及统计分析历时9年，在此基础上卜凯写成《中国土地利用》（*Land Utilization in China*），分文字、图集和统计资料三册，于1937年出版，该书被列为联合国粮农组织的"永久藏书"之一，[②] 并于1964年再版。此外，由他主持在中国开展的调查，以及运用这些调查资料完成的成果还有：《民国二十年中国水灾地区之经济调查》、《中国农村的所有权和租佃关系》（Farm Ownership and Tenancy in China）、《四川省农业概况》（An Agricultural Survey of Szechwan Province，China）、《中国统计中的农业利用》（Land Utilization in China Statistics）、《中国农业的若干基本问题》（Some Basic Agricultural Problems of China）、《中国农场管理学》（Farm management in China）等等。1935年卜凯被派为美国财政部驻中国代表，暂时离开金陵大学，同年与赛珍珠离婚。1937年抗日战争全面爆发，卜凯随金陵大学搬迁至四川成都华西坝。1941年与金陵大学的同事张渌梅[③]女士结婚，1944年与妻子怀抱着襁褓中的儿子一家三口返回美国。卜凯的"这些调查成果出版至今一直被西方学术界誉为了解近代中国农村的经典著作"，[④] 并对中美两国的政府也产生了广泛影响。南京国民政府要员"宋子文曾不止一次向卜凯咨询农业经济问题"。[⑤] 卜凯也曾向国

① 殷晓岚：《卜凯与中国近代农业经济学的发展》，《南京农业大学》（社会科学版），2002年第2期。

② 金陵大学农学院农业经济系在宁系友联谊会编：《金陵大学农业经济系建系七十周年纪念册（1921—1991）》，1991年，第167页。

③ 张渌梅（1908—2012），女，上海崇明人，卜凯金陵大学农经系同事，1941年10月与卜凯在成都结婚，1944年6月随卜凯定居美国，2012年逝世，享年104岁。

④ 殷晓岚：《卜凯与中国近代农业经济学的发展》，《南京农业大学》（社会科学版），2002年第2期。

⑤ 郑娟、梁捷：《中国经济调查与中国经济学的兴起1927—1937》，《社会科学战线》，2008年第1期。

民党政府“提出了一整套、共108条改进农业经济的建议”。① 应该说以卜凯为代表的“技术学派的观点曾成为国民党政府制定农业政策的基础”。②

在回国后的30余年中，卜凯先后被政府任命为中国问题顾问和财政部驻中国官员，并被联合国任命为远东救济总署长，其间他仍时刻密切关注着中国，特别是中国的农业。1946年以中美农业技术合作团成员的身份来中国考察，1947年参加在英国举行的太平洋国际协会第十届会议，并向大会提交《中国农业的一些基本问题》研究报告。退休后仍关注中国的农业问题，出版了《共产主义中国的粮食和农业》一书，1975年9月27日在纽约州德彻斯县逝世。

卜凯的一生正如其墓碑上所写的那样“两个世界——东方和西方”③，他的许多重要学术研究成果主要是在中国完成的，其“在中国所做出的最主要的贡献并确立其在世界农业经济史上的地位”④。

第二节　卜凯研究现状

对卜凯的评价，国内从20世纪30年代直到现在经历了一个由肯定到否定再到逐步肯定的阶段。特别是80年代以来，“随着改革开放步伐的加快和思想上的进一步拨乱反正，加上受到国外特别是美国学者的影响，卜凯的调查及其观点已经成为中国近代农业经济史研究的课题之一”⑤，人们对卜凯及其研究成果给予了客观公正的评价，肯定方面逐渐多了起来。国内学术界对他的评价可以20世纪80年代为界划分为两个阶段。

一、20世纪二三十年代至80年代由肯定到否定阶段

卜凯是1915年来到中国的，但直到近10年后，才在中国有所影响。而产生影响的主要活动就是于20世纪二三十年代所从事的中国农家经济及社会

---

① Randalle Stross：《The Stubborn Earth—American Agriculturalists on Chinese Soil，1898—1937》，University of California Press，Berkeley Los Angeles London，1986，p75.

② 陈意新：《美国学者对中国近代农业经济的研究》，《中国经济史研究》，2001年第1期。

③ 叶公平：《卜凯的中国农村调查》，《书城》，2007年第12期。

④ 盛邦跃：《卜凯视野中的中国近代农业》，北京：社会科学文献出版社，2008年，第4页。

⑤ 盛邦跃：《卜凯视野中的中国近代农业》，北京：社会科学文献出版社，2008年，第7—8页。

状况调查和中国土地利用调查，前者涉及7省17县2866个农场家的详细调查，被认为是民国以来“历史最久，调查地域最广，调查项目最详，和比较上最富于科学性的农村调查”；[①] 后者将“在卜凯教授个人的业绩中必能造成一个空前的记录”，卜凯也因此被誉为“世界上关于中国农业经济最优秀、最权威的学者”[②]。对他这一阶段的评价，国内学者主要是围绕这两次调查的活动开展的。有肯定、支持的，当时的国民政府对他的某些建议也予以了采纳。也有批评、否定的。

肯定者认为，这些调查“不特材料丰富，持论亦复公允，盖一切论断完全根据于调查所得之数字，故其准确程度，远非一般仅能代表个人观感之著作所能同日而语也”[③]。乔启明在《卜凯的中国农村经济》一文中认为“中国的国本是不在城市而在农村，所以研究中国社会问题，就不能不研究农村社会”。所以认为卜凯所开展的农村经济及社会调查，“不仅在经济方面将中国田场布置之不经济，人工分配之失当，田场之大小、土地权之所有与栽培作物类，有详确之调查统计”；在社会方面，“亦将农村人口、农民食物、农民生活程度，也详论无遗”；在分析统计方法上，“统计方法极实用，尤其是能应用实的材料而证明统计学的理论，给我研究农村经济的一个新的方法”，其实用性极强。且，乔启明认为卜凯乡村经济及社会的调查结论是正确的，是“认清病象，对症下药，改良中国农业目标，这算是第一个公允的结论”[④]。沈宗瀚在《中国的土地利用》的书评中，也认为卜凯的农村经济及社会调查研究方法“很可为研究农业经济的楷模，是卜凯讨论研究方法，费了一年的时间，才决定研究的方法”。而对于卜凯的《中国土地利用》一书，他还认为，“虽然中国土地利用情形，固已改变，然根据旧的事实，设计新的政策，本书仍为必需的参考的资料，且本书研究的土地利用的方法，即在战后亦大多可用，故本书的价值，究属不可埋没”[⑤]。（卜凯原著英文名为《Land Utilization in China》，乔启明译本中文名为《中国土地利用》，沈宗瀚撰写书评时称其为

① 钱俊瑞：《评卜凯教授所著〈中国农场经济〉》，《中国农村》，1934年第1卷第1期，第114页。

② 陈意新：《美国学者对中国近代农业经济的研究》，《中国经济史研究》，2001年第1期。

③ 谢家声、章之汶：《序》，卜凯著，张履鸾译：《中国农家经济》，上海：商务印书馆，1936年，第1页。

④ 乔启明：《卜凯的中国农村经济》，《社会学刊》，1931第2卷第4期，第149—153页。

⑤ 沈宗瀚：《中国的土地利用》书评，《新经济半月刊》，1938年第1卷第7期，第193—196页。

《中国的土地利用》——编者注。)

批评者主要研究成果有钱俊瑞的《评卜凯教授所著〈中国农场经济〉》(1934 年)、梁方仲的《评卜凯〈中国土地利用〉》(1947 年) 等。

以陈翰笙、钱俊瑞等为代表的马克思主义学者认为，“卜凯没有使用地主、富农、贫农等这样一些概念去调查，因此无视中国土地的分配不均，没有看到中国的租佃关系。”① 正如卜凯自己在《中国土地利用》一书中所讲的那样，这一“调查资料对于农民与其他社会阶级间之政治、经济及社会关系，即所谓农民状况，不冀详细评述，对一部分改革者多以中国农业之症结，在农业状况之缺点，如农佃、争讼与纠纷，调解之不公，高利贷及居间人之剥削等等问题。兹不论问题双方之孰轻孰重，本调查仅限于评述中国土地利用之特质，尤为目前耕种之农田，凡影响土地使用方式与成功之基本或自然因素，决定土地利用方式之因数以及直接影响土地使用成功程度之一般因素”②。由此认为中国农业的发展就是技术落后的原因，解决的方案是广义的技术进步，围绕着这一问题，在国内形成了观点截然不同的以陈瀚笙为主要代表的“分配派”和以卜凯为主要代表的“技术派”两个派别。

因为卜凯土地利用调查的“方针及整理统计的方法，大体上当然是承接他在《中国农场经济》所表现的一切”③，所以我们可以把钱俊瑞对《中国农场经济》的评价作为此阶段评价卜凯的代表。

钱俊瑞称“本书作者毕竟是一个来自典型的资本主义国家的客卿，中国的一切食物一经他的目光便充分的‘资本主义化了’”④，影响也颇大。他认为卜凯“研究农场经济的中心问题，是在求得并比较各种农场的收支关系”。并没有找到“某一特定的社会发展阶段中农村社会的生产关系”⑤，只局限于各种和农场收支直接有关的因素，其分析只可以供给研究农场收支时的参考，而不能够说明农业经营的性质。

---

① 雷颐:《中国农村派对中国革命的理论贡献》,《近代史研究》, 1996 年，第 2 期。

② 卜凯著，乔启明等译:《中国土地利用》(1941 年影印本)，台北，学生书局，1977 年版，第 1 页。

③ 钱俊瑞:《评卜凯教授所著〈中国农场经济〉》(续),《中国农村》, 1934 年第 1 卷第 2 期，第 93 页。

④ 钱俊瑞:《评卜凯教授所著〈中国农场经济〉》(续),《中国农村》, 1934 年第 1 卷第 2 期，第 99 页。

⑤ 钱俊瑞:《评卜凯教授所著〈中国农场经济〉》,《中国农村》, 1934 年第 1 卷第 1 期，第 117 页。

在研究方法方面，钱俊瑞认为卜凯因人决定调查地点的方法受调查者的乡土关系、自身的经济地位等因素影响太大，使得调查中取样出现很大的偏差，对“材料的真确性是致命的伤”①。在处理材料的方法上，他认为卜凯在统计上最大缺陷就是书中数据的“平均数多是平均数的平均数”②，他不能就材料的时间跨度、农场分类等范畴和现象进行妥当处理。

此外，钱俊瑞认为卜凯所提出的节制人口、细小农业经营补救、公允地租等改造中国农业经济的建议和意见“没有把握得住中国农村社会的本质”③，其所得结论，“从中国农业经济彻底改造的观点来看，那非但是颇见薄弱，而且是异常有害的”。④

总之，钱俊瑞认为卜凯没能认识到中国社会性质，没能认识到土地分配会成为影响中国未来的重要一环，进而对中国农村经济的认识就会以偏概全，对卜凯所持观点是基本否定的。但他对于其调查材料，还是“特别珍视”的，认为卜凯的主要贡献“是提供多量具体的材料”，这些材料“在‘素来没有可靠统计的’中国，几乎像沙漠里仅有的水源一样，不管它是甜水、咸水、脏水、清水，终是够人珍贵”⑤，并且对卜凯“较高度的处理材料的技术”⑥是颇为赞赏的。

钱俊瑞对卜凯的评论观点可以说代表了国内此后30余年对卜凯评论的基调，当时薛暮桥、巫宝三及其他农村经济研究专家也曾对卜凯的调查作过批判。特别是“文化大革命”时期，卜凯的农业经济学受到不公正的待遇，他的同事和学生也受到牵连。如跟随他读书和共事相处达二十余年的崔毓俊教授被定为“是卜凯的忠实走卒……一直阴谋复辟卜凯的农业经济学，到处宣

① 钱俊瑞：《评卜凯教授所著〈中国农场经济〉》（续），《中国农村》，1934年第1卷第2期，第93页。

② 钱俊瑞：《评卜凯教授所著〈中国农场经济〉》（续），《中国农村》，1934年第1卷第2期，第94页。

③ 钱俊瑞：《评卜凯教授所著〈中国农场经济〉》（续），《中国农村》，1934年第1卷第2期，第101页。

④ 钱俊瑞：《评卜凯教授所著〈中国农场经济〉》（续），《中国农村》，1934年第1卷第2期，第106页。

⑤ 钱俊瑞：《评卜凯教授所著〈中国农场经济〉》（续），《中国农村》，1934年第1卷第2期，第93页。

⑥ 钱俊瑞：《评卜凯教授所著〈中国农场经济〉》（续），《中国农村》，1934年第1卷第2期，第106页。

扬反动的卜凯那一套农村调查方法和资产阶级的统计表格以毒害青年"[①]，并被打成右派，其结果是致使"大陆再也没有出版过卜凯的著作，只有极少数图书馆还保存有很旧的民国版本，卜凯后期的著作至今还大都没有中文版本"[②]。卜凯的儿子保罗（Paul Lossing Buck）也认为，他父亲对中国农业作了许多有益的考察，对农业技术，做了大量的研究工作。但这些工作在大陆一直没能产生预期影响。其中的主要原因，可能是他的著作中没有阶级斗争的内容，以致在政治气氛很鲜明的大陆，一直没有能成功流行。[③]

在国外，由于卜凯来自美国，他的调查研究成果主要是用英文率先在美国发表，因而"相比之下，卜凯在国外的知名度远大于中国国内"。[④] 特别是在美国，卜凯的调查资料成为美国学者研究中国近代农村和社会的重要依据，如著名经济学家张五常的博士论文《佃农理论——应用于亚洲的农业和台湾的土地改革》(1969 年)、马若孟的《中国农民经济——河北和山东的农业发展，1890—1949》（1970 年）均采用了卜凯的调查资料，并且还是张五常"所能利用的主要资料"[⑤]，马若孟经过认真分析后，认为"近代中国农业经济的问题是广义上的技术落后，它没有其他大毛病"[⑥]。这在一定程度上肯定了卜凯的调查结论和他关于中国农村和农业发展问题的观点。

二、20 世纪 80 年代至今为逐步肯定阶段

20 世纪 80 年代以来，随着我国改革开放步伐的加快，国内对卜凯的评价开始有所转变。但是，这一转变经过了一个渐进的过程。最初只是一些尝试性的情况介绍，如卜凯的学生和同事崔毓俊教授，1987 年纪念金陵大学百年校庆时，专门撰写了一篇《怀念卜凯教授》的文章，以表达对卜凯教授的思念之情，但此文并未被校庆纪念册所录用，只是作为打印稿在农经系校友们

① 崔毓俊：《忆往》，1986 年 12 月，未刊，第 119 页。

② 叶公平：《卜凯的中国农村调查》，《书城》，2007 年第 12 期。

③ 保罗口述，汪健、张映碧口译，鄢化志记录：《我的父亲约翰·洛辛·布克与赛珍珠在南宿州》，《赛珍珠研究》总第六期第 21 页，宿州学院赛珍珠研究所主办。

④ 叶公平：《卜凯的中国农村调查》，《书城》，2007 年第 12 期。

⑤ 张五常：《佃农理论——应用于亚洲的农业和台湾的土地改革》，北京：商务印书馆，2001 年，第 80 页。

⑥ Ramon H. Myers：《The Chinese Peasant Economy：Agricultual Development in Hopei and Shantung, 1890 - 1949》，Cambridge：Harvard University Press，1970，p292.

当中传阅。1989年崔毓俊教授在《地理知识》（1989年第2期）上发表了《不能忘却的记忆——记为中国土地利用提出良策的美国友人卜凯》的文章，指出卜凯教授为了改进中国的农业，提出了一些可行的办法……这些建议，经过几十年的实践，证明是正确的。可以说，这是自20世纪80年代以来国内第一篇从正面介绍卜凯教授的文章。

90年代后，对卜凯研究的人员有所增加，成果也时有出现。如陶诚的《30年代前后的中国农村调查》（1990年），张剑的《金陵大学农学院与中国农业近代化》（1998年），曹幸穗的《民国时期农业调查资料的评价与利用》（1999年）以及刘崧生、刘葆金主编的《中国农业经济教育史》一书（1997年）等等，这些成果分析了卜凯中国农家经济和土地利用调查在调查内容、调查人员的选用、村庄样本的选择以及资料的准确度等方面存在的问题和缺陷。同时也认为“大量数据反映出当时中国农业生产与农民生活的实际情况，为研究中国农村经济问题提供了重要资料”[①]。但是，这些成果只是将卜凯的调查作为20世纪二三十年代中国农村调查与研究的一部分进行论述的，还没有专门研究卜凯中国农村调查问题的学术成果问世。

进入21世纪，随着我国对“三农”问题的关注，人们开始重新审视中国农业经济的发展历程，卜凯及其关于中国农村的调查和研究成果日益引起人们的关注，围绕卜凯问题的研究成果不断出现。这主要体现在以下几个方面：

1. 关于卜凯研究综述的成果有：杨学新、任会来的《卜凯问题研究述评》（2009年），该论文对卜凯研究的历史与现状进行了认真梳理，指出了国内学术界在这一问题研究中存在的问题，并围绕资料整理、研究内容、研究方法和研究机构等四个方面提出了今后研究的设想。

2. 关于中国农家和土地利用调查方面的研究成果主要有：侯建新的《二十世纪二三十年代中国农村经济调查与研究评述》（2000年），盛邦跃的《对卜凯的中国农村社会调查的再认识》（2001年），张泰山的《20世纪30年代前后中国农村经济调查与成果回顾》（2002年），李金铮的《另一种视野：民国时期国外学者与中国农村调查》（2006年），叶公平的《卜凯的中国农村调查》（2007年），张静的《太平洋国际学会与1929—1937年中国农村问题研

① 刘崧生、刘葆金主编：《中国农业经济教育史》，北京：中国农业科技出版社，1997年，第32页。

究——以金陵大学中国土地利用调查为中心》(2007 年)，张霞的《民国农业问题研究的“技术派”：卜凯视野下的中国农村与农业》(2010 年)，黄琨的《探析卜凯的中国农村调查》(2011 年) 等。这些成果对卜凯的中国农家和中国土地利用调查的方法及内容的科学性给予了肯定。

3. 关于对中国农业经济学建立与发展影响的成果有：美国北卡罗来纳大学历史学者陈意新的《美国学者对中国近代农业经济的研究》(2001 年)，殷晓岚的《卜凯与中国近代农业经济学的发展》(2002 年)，程霖的《中国农村经济改造模式与发展路径——20 世纪 30 年代学术界的探索》(2007 年)，张剑的《中国近代农学的发展——科学家集体传记角度的分析》(2006 年)，强百发、李新的《西方传教士对中国近代农业的贡献》(2006 年)，赵晔的《民国时期的农业经济思想及其现实启示》(2012 年)，岱峻的《卜凯和他的农经学派》(2012 年)，郑京辉的《中国近代农业经济学兴起述论——以卜凯与陈翰笙代表的农业经济学为侧重》(2013 年)，赵晓阳的《解决农村经济问题的路径差异与思想根源——陈翰笙和卜凯经济思想比较研究》(2014 年)，张婷的《“技术学派”与“分配学派”民国农村经济落后根源之争》(2015 年) 等。对卜凯在中国近代农业经济学建立与发展中的作用进行了分析，肯定了卜凯在中国农业经济学建设中的贡献，指出了存在的问题与不足。

4. 关于对中国农业改良和推广方面的研究成果有：沈志忠的《近代美国农业科技的引进及其影响评述》(2003 年)、《美国作物品种改良技术在近代中国的引进和利用——以金陵大学农学院、中央大学农学院为中心的研究》(2004 年)，鲁彦的《金陵大学农学院农业科研措施及其成就》(2005 年)、《金陵大学农学院农业推广及其效益》(2005 年)，杨学新、阴冬胜的《论卜凯在安徽宿州的农业改良与推广》(2010 年) 等。这些研究对卜凯在农业推广中的作用及其理论研究和实践活动进行了认真梳理。

5. 关于卜凯中国农家调查的再调查和比较研究的成果有：胡浩、钟甫宁的《近一个世纪中国农业经营变化之研究——基于与 20 世纪初期 Buck 资料的比较》(2008 年)，李春燕、胡浩的《近百年农户家庭人情消费行为变迁——基于卜凯资料的对比分析》(2012 年)，胡浩、郑微微的《民国中期农业剩余劳动力的估算及区域差异研究——基于卜凯的中国农家调查数据》(2014 年)，胡浩、于敏捷的《中国 20 世纪早期农户耕地面积与土地生产率关系研究——基于卜凯农村社会调查》（2015年），胡浩、杨中卫的《20世纪30年代中国农业雇工收入地区差异研究》（2015年），于敏捷、胡浩的《近代西北地区租佃问题初探——基于卜凯原始农户数据的分析》，杨学新、任会来的《中国农具80余年的变迁研究——基于1923年卜凯盐山县150农家调查》（2010年）、《卜凯与河北省盐山县一百五十农家之经济及社会调查》（2010年）、《晚清民初河北农村土地流转问题研究——以河北省盐山县为例》（2014年），王晶、杨学新的《卜凯与河北平乡县152农家之经济及社会调查》（2016年）等。通过查阅文献和实地调查，对卜凯调查所反映的农业经营、人情消费、雇工收入、农具使用和土地流转等方面的问题进行近一个世纪的比较分析。

6. 关于卜凯与中国农业教育的研究成果有：陆玉芹的《卜凯关于中国农业教育问题探讨》（2015年），该研究指出，卜凯通过大量的农村社会调查，实地了解了中国农村教育现状和存在的问题，提出了普设乡村学校，实施强制教育等方面的建议，并借助金陵大学农经系，在培养目标、课程设置、培养模式诸方面进行积极探索，培养了一大批高级农业专门人才，促进了中国现代农业教育体系的建设与发展。

7. 相关学校的研究生也紧紧围绕卜凯问题论文选题。博士学位论文有：沈志忠的《近代中美农业科技交流与合作的研究》（2004年，南京农业大学），包平的《二十世纪中国农业教育变迁研究》（2006年，南京农业大学），盛邦跃的《卜凯视野中的中国近代农业》（2008年，南京农业大学），王晶的《冀南西豆庄农业生产变迁研究（1923—2013）》（2016年，河北大学）；硕士学位论文有：包平的《近代中国农业教育研究（1897—1937）》（2001年，南京农业大学），鲁彦的《金陵大学农学院对中国近代农业的影响》（2005年，南京农业大学），蒲艳艳的《金陵大学农学院和中国农业教育的近代化》（2007年，南京农业大学），叶公平的《卜凯中国农村调查研究》（2009年，南京农业大学），巫亮的《卜凯与陈翰笙：20世纪20—30年代农村调查之比较》（2010年，华东师范大学），等等。

8. 设立了研究卜凯的课题。如：2009年河北大学杨学新承担的教育部人文社会科学研究规划项目“卜凯与20世纪的中国农业经济与教育”。2012年南京农业大学胡浩承担的南京农业大学社会科学基金重大项目“卜凯调研数据电子化与数据库建设”，该课题经过5年的努力，将珍藏的1928—1934年卜凯主持的第二次调查的原始数据资料进行了系统整理与复原，出版了《卜凯农户调查数据汇编》（江苏篇）、（浙江篇）（科学出版社，2017 年），其他篇的数据汇编将陆续出版。

9. 形成了相对稳定的学术研究团队。这些研究力量主要集中在：卜凯曾经执教过的南京农业大学（原金陵大学农学院），如王思明教授、钟甫宁教授、盛邦跃教授、胡浩教授以及他们的研究生；他来到中国的第一站，曾经从事农业改良与推广工作的安徽宿州的宿州学院邵体忠先生、鄢化志教授等；河北大学的杨学新教授、任会来副教授、王晶博士、高志勇博士等。令人欣慰的是，卜凯先生的后人以及他在南京金陵大学执教时的同事或学生的后人，如卜凯的儿子 Paul Lossing Buck，同事和学生崔毓俊的儿子崔肇春等人也加入了这一研究行列，使卜凯问题的研究力量进一步壮大。

10. 研究的手段与方式也走向多样化。这主要体现在对他的调查数据进行计算机信息处理。如自 20 世纪 90 年代以来，日本一桥大学（Hitotsubashi University）就利用卜凯的调查资料，“建立了中华民国时期农村经济数据库，成立民国经济史研究中心”。2002 年 11 月，南京农业大学经济管理学院与日本东京国际大学合作开发卜凯大规模农村调查数据，并利用其中的部分数据对中国特别支出和土地生产率进行了分析。对卜凯当年的调查地点进行回访调查也成为一个新的研究方向。如河北大学的杨学新课题组，自 2007 以来，先后多次深入到卜凯 1922 年曾经调查过的河北省盐山县和平乡县的村庄进行回访调查。

11. 召开了有关卜凯问题的国际学术研讨会。2004 年 10 月 19 日，在南京农业大学 90 周年校庆期间，举行了中日学者参加的“纪念卜凯先生，发扬学术传统”小型国际学术研讨会，以纪念他对中国农村与农业经济研究所做出的贡献。2008 年 10 月，南京农业大学与美国康奈尔大学联合举办了“农林经济管理高层论坛暨‘农村改革与发展：面对 21 世纪新挑战’国际学术研讨会”，会上专门设立“农户调查历史数据整理与利用”研讨分会场，就卜凯调查数据的整理和利用问题开展研讨，来自中国、美国、日本的学者提交了 6 篇关于卜凯问题的论文，其中日本东京国际大学 Mikio Suga 的《The Structure and Potential Volue of the Remaining Buck’s Survey date》对我们启发很大。2010 年 12 月 10 日，安徽宿州学院举办了赛珍珠—布克（卜凯）国际学术研讨会。

会后，编辑出版了《赛珍珠—布克国际学术研讨会论文汇编》。

12. 建立了专门研究机构，开通了学术交流网站。宿州学院于2010年12月10日成立了布克（卜凯）研究所，这是目前我国第一个以卜凯为研究对象的科研机构，其目的是通过设立专门的研究组织以加强对卜凯及其学术成果的研究。南京农业大学开通了“卜凯学派中国农情研究网”，该校经济管理学院的研究生还创办了《卜凯论坛》，为学生开展卜凯问题研究和进行农业经济学术研讨搭建了广阔的交流平台。

13. 卜凯所著文献得到进一步挖掘与整理。文献资料是我们全面、系统研究卜凯教授关于中国农业经济理论的第一步，而挖掘是基础，整理是关键，应用是目的，没有准确、翔实的资料，就不可能得出科学的结论，也不可能将研究推向深入，因而文献的挖掘和整理至关重要。

在文献的挖掘方面：近年来，对卜凯国内外文献资料的挖掘工作越来越受到人们的重视和关注。挖掘渠道概括起来主要有三方面：一是卜凯及其同事、学生的后人。如，2008年卜凯教授之子Paul L. Buck在南京农业大学和康奈尔大学联合主办的农林经济管理高层论坛暨“农村改革与发展：面对21世纪新挑战”国际学术研讨会上，做了“John Lossing Buck：Memories of my father－by Paul and Andrew Buck”的报告，该报告为我们提供了国内从未见过的关于卜凯在美国、中国、日本等地学习、工作和生活的一批珍贵照片。卜凯金陵大学农经系同事、学生崔毓俊的儿子崔肇春也在这次会上做了“Prof. Buck and My Family（卜凯教授与我们一家）”的报告，为我们介绍了卜凯与他父亲及其家庭多年交往的情况；卜凯前妻赛珍珠的同事邵蔚华之子、宿州学院的邵体忠老先生，2010年12月在宿州学院举办的“赛珍珠—布克（卜凯）国际学术研讨会”上，提交了“卜凯先生在宿州的事迹与事业”纪念性的论文，弥补了以往卜凯在宿州的生活和工作期间文献资料存在的不足。二是他曾工作和生活过的宿州、南京等地的图书馆和档案馆，如，2009年5月芜湖市档案馆发现《芜湖附近一百零二农家之经济及社会的调查》刊登在1925年第一号、第二号《安徽实业杂志》上的（二、三），有47页，2万多字，金陵大学农业经济农场管理系卜凯著、徐澄译。该市档案馆发现的《芜湖附近一百零二农家之经济及社会的调查》（二、三）系残卷，比1928年2月刊印在《金陵大学农林科农林丛刊》第四十二号上的要早3年。同年，我们在北京国家图书馆发现了卜凯的Three Essays on Chinese farm Economy，Garland publishing Inc.，New York&London，1980（三篇关于中国农业经济的论文）：1. Farm Owenership and Tenancy in China（中国土地所有制和租佃），2. Agricultural Survey of Szechwan Province（四川省农业调查），3. Some Basic Agricultureal Problems of China（中国农业的一些基本问题）。

在文献的整理方面：由于历史的原因和时间的关系，卜凯农家经济和土地利用调查的原始数据大都遗失或被销毁，即使保留下来也都残缺不全，这为我们的文献整理工作带来了很多的困难，但是国内学术界同仁还是尽其所能做了一定的工作，收到一定的成效，这主要体现在以下几个方面：

一是原始数据的整理。关于卜凯调查原始数据的整理，起步最早的应为卜凯工作生活过的南京农业大学。2002年11月，南京农业大学经济管理学院将尘封了65年的卜凯《中国土地利用》部分原始数据与日本东京国际大学经济学部进行了共同合作开发，对这些资料进行了抢救式的整理，并进行了计算机处理分析。经过五年的努力，2007年，课题组发表了题为“30年代中国农家社会调查数据与当今中国农家的比较的最终研究报告”，内容包括：表格、数据、地图、照片、图片以及8篇研究论文，涉及“卜凯调查数据的可靠性——谷物减产初步检验”“卜凯调查数据的复原分析”“30年代中国农村农作物产量的数据特征和土地生产力的分配”“30年代以来中国农业经济的变化——基于卜凯调查的比较研究”等。2008年，在南京农业大学、康奈尔大学等联合举办的“农村改革与发展：面对21世纪新挑战”国际学术研讨会“农户调查历史数据整理与利用”分组报告会上，日本Mikio Suga教授做了“The Structure and Potential Value of the remaining Buck's survey date”（卜凯调查数据的结构和潜在价值）的报告，全面介绍了整理的方式方法和进展的状况，可以说这是目前国内外对卜凯调查原始数据进行合作整理的一次有益尝试。

二是成果文献的整理。在研究成果文献的整理方面，由于卜凯的成果文献大都用英文写成，因而他在西方国家特别是美国的影响要高于中国，他有关中国农村、农业和农民的调查研究成果成为西方学者研究中国当时社会状况的主要参考资料，如美国研究中国问题的知名学者费正清、黄宗智、马若孟等，但是大都引用为佐证的多，进行辨析的少。在国内，随着对卜凯问题研究的逐步深入，对他文献整理的工作也日益引起学术界的重视，如河北大学杨学新、任会来的《卜凯与河北省盐山县150农家之经济与社会调查》（黄宗智主编《中国乡村研究》第八辑，福建教育出版社，2010年）对卜凯在盐山150户农家社会及经济状况调查的时间和地点进行了论证和实地考察。宿州学院鄢化志对卜凯1916年拍摄的《宿州城墙、护城河与守望塔楼》照片的方位、季节、时间以及景物进行推断和辨识（《赛珍珠—布克国际学术研讨会论文汇编》中国安徽宿州，2010年12月10日，内部资料）。2017年，鄢化志教授主撰的《赛珍珠—布克与宿州——皖北大地中美文化交流的百年印记》已由合肥工业大学出版社出版，该书对布克与宿州、与中国农业、农民的问题进行了论述。全书共20余万字，图片近4000幅。但上述工作只是处于刚刚起步阶段，整理工作也是零星分散进行，需要系统整理与深入推进。

这些成果表明，国内对卜凯的研究已不仅仅局限于他的中国农家和土地利用调查，而是已拓展到他对中国农业经济学的建立与发展以及对中国农业的改良和农业教育诸方面的工作上，进而对他的调查进行不同区域、不同时间段的横向与纵向的比较分析和回访调查。可以说研究的力量不断增强，领域不断拓宽，范围不断扩大，产生出许多新成果，其中盛邦跃教授的《对卜凯的中国农村社会调查的再认识》和他的博士论文《卜凯视野中的中国近代农业》颇具代表性。

盛邦跃认为，卜凯的中国农村社会调查"是西方学者应用实证科学的方法对我国农村经济和社会问题进行实地考察的较早尝试，范围之广是空前的，除了东三省以外，几乎遍及全国。从调查成果上看，其统计的深度、广度和系统性也是以前少有的，因此该书至今仍为西方学者研究中国问题的经典"。在对调查材料价值的认可上，他认为由于"受传统文化的影响，我国的历史文献资料多以定性研究为主，定量研究极少"①，此调查"其实证性、客观性和代表性都是较为突出"②，具有十分珍贵的历史价值。

在中国农村土地制度与土地利用问题上，盛邦跃指出"在当时社会主要矛盾没有解决的情况下，一切都无从谈起。但是，在新民主主义革命胜利以后，在用革命的手段完成了'耕者有其田'以后，农村社会的主要矛盾发生了变化，发展农业生产成了农村工作的主要任务。卜凯的有关土地制度的调

① 盛邦跃：《对卜凯的中国农村社会调查的再认识》，《学海》，2001年02期。

② 盛邦跃：《卜凯视野中的中国近代农业》，北京：社会科学文献出版社，2008年，第120页。

查及观点，对于我们今天进行土地制度改革，在土地公有制的前提下纵观土地所有权与使用权的分离，促进土地使用权的流转，鼓励土地使用的专业化和集约化都具有十分重要的参考价值”①。

盛邦跃赞同卜凯的调查内容偏重于生产和技术，“其主要成绩在于应用实证的方法，从农业经济的角度调查分析农业生产的经营问题”，卜凯为中国农业生产的发展提出了诸如提高土地利用率、实行集约化生产、节制人口、保护环境等建议。这些建议“经过几十年的实践，证明是正确的”②。比如卜凯将中国农业分为南北两大农区地带和八大农区的做法，在“1979 年以后，我国进行农业资源调查和农业区划的研究时，亦参考了这著作（《中国土地利用》）”③ 的成果。

2008 年 9 月，盛邦跃在他博士学位论文的基础上出版了专著《卜凯视野中的中国近代农业》（社会科学文献出版社），该书被称为“国内第一部全面系统研究卜凯中国近代农村经济调查的专著，是一项以卜凯调查为基础的中国近代农村经济研究的最新成果”④。它“较为客观地、公正地揭示卜凯主持的农村经济调查的历史意义和科学价值”⑤，应该说以盛邦跃为代表的一大批中青年学者对卜凯的中国农村调查及其所持观点给予了充分的肯定。

总之，目前关于卜凯问题的研究取得了可喜的成绩，呈现出良好的发展态势，但仍存在一定的不足。正如盛邦跃教授所讲的那样，“国内学术界对卜凯调查的材料及其成果的理解和使用至少存在两个方面的缺陷：第一，至多只承认了卜凯的某些调查数据的可靠性，而没有全面理解卜凯建立在其调查资料基础上的理论观点及其思想体系；第二，至多只看到了卜凯调查对中国近代农村经济状况反映的真实性，而没有看到其对我国当前农业经济发展乃至整个现代化建设的历史借鉴意义。”⑥

---

① 盛邦跃：《卜凯视野中的中国近代农业》，北京：社会科学文献出版社，2008 年，第 122 页。

② 盛邦跃：《对卜凯的中国农村社会调查的再认识》，《学海》，2001 年 02 期。

③ 崔毓俊：《不能忘却的记忆——记为中国土地利用提出良策的美国友人卜凯》，《地理知识》，1989 年第 2 期。

④ 曲福田：《序言》，盛邦跃：《卜凯视野中的中国近代农业》，北京：社会科学文献出版社，2008 年，第 2 页。

⑤ 曲福田：《序言》，盛邦跃：《卜凯视野中的中国近代农业》，北京：社会科学文献出版社，2008 年，第 3 页。

⑥ 盛邦跃：《卜凯视野中的中国近代农业》，北京：社会科学文献出版社，2008 年，第 8 页。

此外，由于历史的原因，自中华人民共和国成立到20世纪80年代国内对卜凯的评价基本持否定态度，这无疑在卜凯问题的研究上形成了一个学术禁区，致使有关卜凯的文献资料遭到遗失甚至被销毁。20世纪80年代中期以后，特别是随着我国“三农”问题的提出，卜凯关于中国农业经济和农村社会状况论述的合理性和重要性逐渐被人们所接受，但研究进展仍很缓慢。如，直到2010年12月，国内第一个卜凯研究所才在安徽宿州学院挂牌成立，这与国内目前关于他的前妻赛珍珠研究所形成的研究热潮无疑形成了鲜明的对比，且缺乏多学科的协作和全面、系统的规划，没有形成合力，甚至因为经费的不足对他土地利用调查原始数据的整理不得不借助国外（日本）资金来进行。可喜的是，2015年12月，山西出版传媒集团、山西人民出版社出版了近代海外汉学名著丛刊“历史文化与社会经济”，将卜凯的《中国农家经济》分为上、中、下三册予以重印再版，为我们的研究工作提供了方便。

在以前有关卜凯问题的研究论述中，我曾提到，“研究卜凯不能只看到他关于中国农业、农业经济学、农业教育及改良的成果，还要意识到他的家庭及其性格特点对他一生的影响”①。然而，以往国内外学术界对其文献资料的引用多局限在其农家经济和土地利用调查的范围内，特别是对他与家人、同事和朋友之间来往的信件、生活或工作的照片和实物挖掘不够。卜凯的孙女埃里森·卜凯（Allision Buck）整理分析他来中国初期与家人之间的来往信件，在2008年10月镇江市政府举办的纪念赛珍珠诺贝尔奖70周年的学术研讨会上提交了“Letter from China: The Early life of Pearl S. and John Lossing Buck”（中国来信：约翰·洛辛·卜凯与赛珍珠的早期生活）的论文，这无疑给我们挖掘整理卜凯的文献提供了一个新思路。据作者所知，目前，美国斯坦福大学胡佛研究所就存有卜凯1944年在中国财政部任职时的来往信件，南京中国第二历史档案馆也存有他在金陵大学农业经济系任教时国内外各种来往信件；著名经济学家张五常在他的《佃农理论》一书中也介绍说，芝加哥大学亚洲图书馆存有卜凯用英文发表的几本中国农业名著以及他多个手下研究员用中文发表的这方面成果；崔毓俊在他的回忆录中也提到，卜凯曾对他说过，他在盐山拍过许多照片，至今还珍藏着等等。我们应该组织力量尽快去将它们挖掘整理

① 杨学新、任会来：《卜凯问题研究述评》，《中国农史》，2009年第2期。

出来。同时，应将赛珍珠与卜凯两人的文献资料有机联系起来进行研究分析，因为自 1917 年结合在一起到 1935 年分手，他们共同生活、工作了 18 年的时间，赛珍珠获诺贝尔奖文学奖的作品——《大地》和卜凯的《中国农家经济》《中国土地利用》都是这一期间完成的，这一事实充分表明，18 年间他们虽然没有孕育了一个健全的孩子，但却共同创造了震惊世界的文学作品和有关中国农业经济和农村社会的研究成果，这些是彼此相连不能截然分开的。

此外，笔者认为在卜凯问题的研究上还存在以下几方面的问题，一是只重视调查数据，而对卜凯的农业经济理论和对中国农村、农业改革发展的建议的研究重视不够；二是只注重了他在中国农村和土地利用调查方面的成果，而忽视从整体上去剖析，如他在中国所进行的农业推广与改良，他的农业教育思想及其实践活动以及他 1944 年回国后对中国农业经济状况的研究等，对卜凯研究缺乏系统的认识和整体的把握。

三、需要加强和改进的方面

根据目前关于卜凯问题研究存在的不足，笔者认为应从以下几方面加强对卜凯问题的研究，以期将这一问题的研究推向一个新的阶段。

1. 在研究的资料上，进一步整理挖掘有关卜凯的文献资料。目前我们所见到的资料多是与卜凯两次农经调查活动相关，而且都是民国时期出版的，其他方面的资料相对较少。资料是开展研究的基础，资料的多少、真伪直接影响着研究范围的大小和结论的准确与否。因此，我们要认真挖掘和整理国内外关于卜凯问题的文献资料。

一是梳理卜凯在宿州、南京和成都等地从事农业改良与推广以及教学、科研和管理期间的研究论著，卜凯与家人、同事和朋友的来往信件等文字材料，以及他在中国生活和工作的照片及其他实物资料，改变目前挖掘整理过程中重文字、轻实物的现象，使文字材料和实物资料兼而有之，相得益彰。

二是挖掘和整理卜凯 1915 年来中国之前在家乡和康奈尔大学生活和学习的资料，以及他 1944 年回国后有关中国农业经济问题的演讲、报告或研究论文。将他青少年时期在美国生活学习的 25 年，在中国生活工作的 29 年，回国后 31 年三个阶段有机地联系起来，进行文献资料的比对分析，从整体上系统把握卜凯的生活、学习和工作经历，特别是他有关中国农业经济理论形成的基础、内涵及其不同阶段和时期的发展变化状况和特点。

三是走访卜凯曾经工作生活过的地方和组织（如宿州、南京、成都、联合国粮农组织、美国农业部等）及其国内外同事、学生的后人，一方面挖掘他在这些地方工作期间有关中国问题的档案资料；另一方面对年事已高、与卜凯的熟知者或间接熟知者进行口述调查，做好口述史料的挖掘和整理工作，或帮助他们整理资料撰写卜凯在中国生活和工作期间的回忆文章。

四是设立出版基金，集中国内外农业经济、农业史、社会史和外语等学科领域对卜凯研究感兴趣的专家和学者，对卜凯的文献进行全方位挖掘和整理，开展联合攻关。在挖掘和整理过程中要兼顾国内与国外、文字与实物，在此基础上编辑出版《卜凯文集》，文集包括专著、手稿、论文、演讲报告、来往信件、照片或遗物，以推动国内外学界对卜凯研究的深入开展。

2. 在研究内容上，整体推进关于卜凯问题的研究。这里要强调的是抓“点”带“面”，“点”“面”结合。卜凯的中国农家和土地利用调查是我们研究卜凯问题的重要切入点，但是我们在研究的过程中要将其放在他的农业经济思想和中国农业现代化的历史长河中来考察，避免只顾一点，不及其余；研究卜凯的农业经济学理论要考虑中国当时的农业和社会发展状况，美国的农场和农业经济学（如沃伦）以及康奈尔大学对他的影响，正确处理中美两国农场、农业经济以及东西方历史文化等方面的关系；不能只看到他关于中国农业、农业经济学、农业教育和改良的成果，还要意识到他的家庭及其性格特点对其一生的影响；等等。

3. 在研究的方式和方法上，博采众长。充分吸取国外专家特别是日本和美国的专家在卜凯调查资料的整理、利用以及其他问题研究方面的新方法、新手段和新理论，对中美两国农业发展历史上的不同特点以及近现代中国农业发展状况采用比较的方法进行分析和研究。只有这样，才能对卜凯做出整体、全面和客观的评价，才能将卜凯问题研究不断推向深入。

4. 在研究的组织上，建立专业研究机构，提高卜凯问题的研究水平。成立全国卜凯问题研究会或研究所，联合国内外的研究专家开展专题研讨。出版研究专刊，形成系列性的研究成果，召开卜凯问题国际学术讨论会。通过这些方式会集大批研究卜凯问题的专家、学者，壮大研究队伍，搭建学术交流平台，全面提高卜凯问题的研究水平。

第二章　卜凯的教学科研工作及其与中国农业经济学的建立

金陵大学的前身是1888年美国教会创办的汇文书院，1910年与宏育书院合并，改名为金陵大学，是一所著名的教会大学。1914年创立农科，1915年又增设林科，1916年将农、林两科合并为农林科，成为我国最早设立的大学农林系科。1920年2月，卜凯来校任教，同时代理科长职务。1921年秋成立农业经济组，1925年改称为系，全称是“农业经济学·农场管理学和农村社会学”系，是国内农业院校设置最早的农经系。卜凯为首位系主任，他的教学与科研工作具有开创性，他在中国农业经济学学科的建设中发挥了重要作用，他的治学精神和传统深受师生欢迎，培养了中国最早的一大批农业经济人才，促进了20世纪的中国农业变革与进步。

第一节　卜凯在金陵大学的教学与科研工作

一、师资队伍培养

1921年秋农业经济组成立之时，卜凯是系中唯一的教师，因此师资培养是学科建设和人才培养的第一要务。卜凯主持农经系期间千方百计地通过各种方式增强师资力量。首先，吸收一批本系优秀毕业生加入教师队伍。当时全国农经人才缺乏，而金陵大学是最早的农业经济教学和研究机构，因此吸收本系优秀毕业生便成为增强师资的主要途径。该系的毕业生万国鼎、华伯雄、徐澄、孙文郁、乔启明、王立我等先后加入农经系的教学队伍之中。其中孙文郁和乔启明作为金陵大学农业经济系第一届毕业生，也是我国高等学校在国内自行培养的第一代农业经济专业人才，他俩曾相继担任金陵大学农业经济系主任①。其次，为了进一步培养这支初建成型的青年教师队伍，卜凯从1925年起就有计划地选派一些青年教师出国深造，特别是去美国康奈尔大学进修学习攻读学位。例如徐澄、乔启明、杨蔚、刘润涛、应廉耕、崔毓俊、沈宪耀和王立我等人先后被派到康奈尔大学学习，这些人中除杨蔚获得博士学位外，其余都获得硕士学位；另有孙文郁、潘鸿声、欧阳萍三人分别被派往斯坦福大学、华盛顿州立大学、明尼苏达大学攻读硕士学位（详见下表2－1、2－2)。这些留学生在金陵大学时就积累了相当丰富的农村调查实践经验，而留学的经历进一步加强了其理论基础，提高了科研能力，很多都成为农业经济学界的权威。以至于在中国土地利用调查时，“由卜凯教授总董其事，乔启明先生任调查部主任，孙文郁先生任统计部主任，将全国划分若干区，每区选派调查主任一人，乔启明、孙文郁又分别兼任一个区的调查主任，其余人选尚有杨蔚、崔毓俊、刘润涛、应廉耕、潘鸿声、张心一、张履鸾、邵仲香、李明良、尉迟秀藻等先生。”② 卜凯的这些学生都成为土地利用调查的中坚力量。对此，崔毓俊回忆说：“从1925年起，卜凯教授为充实农经系的教学队伍作了不少工作，一是选派青年教师到国外深造；二是与康奈尔大学农业经济系合作，由华美协会（Cornellin China club）资助，康奈尔大学农经系派遣有声望有才能的老师，到金陵大学农经系任教；三是将中国农业史整理工作纳入本系的研究课题。金大农经系派出到康奈尔大学学习的有徐澄、乔启明、杨蔚、刘润涛、应廉耕、崔毓俊、沈宪耀和王立我等人，派出到司旦佛（斯坦福）大学学习的有孙文郁，到华盛顿州立大学的有潘鸿声，到明尼苏达大学的有欧阳萍”③。

表2－1　金陵大学农学院1933年教师学历情况表

学位	人数	百分率
博士学位	10	7%
硕士学位	20	17%

① 金陵大学农学院农业经济系在宁系友联谊会编：《金陵大学农学院农业经济系建系70周年纪念册》(1921—1991)，1991年，南京，第91页。

② 金陵大学农学院农业经济系在宁系友联谊会编：《金陵大学农学院农业经济系建系70周年纪念册》(1921—1991)，1991年，南京，第92页。

③ 金陵大学农学院农业经济系在宁系友联谊会编：《金陵大学农学院农业经济系建系70周年纪念册》(1921—1991)，1991年，南京，第42页。

续表

学位	人数	百分率
学士学位	61	51%
专业毕业	17	14%
其他学校毕业	13	11%
总数	121	100%

资料来源：《金陵大学农学院近况便检》，《农村复兴委员会会报》，1934 年第 2 卷第 7 期，第 78 页内容整理而成。

表 2-2 1930—1938 年期间金陵大学农经系出国学习或进修教师名单

姓名	届次	深造结果
徐澄	1918 届农科学生	1930—1932 年康奈尔大学硕士
章之汶①	1922 届农林科学生	1932 年获得康奈尔大学硕士 曾任金陵大学农学院副院长、代理院长、院长
乔启明	1924 级农经系学生	1933 年康奈尔大学农业社会学硕士生
孙文郁	1924 届农经系学生	1928 年留学斯坦福大学后又在康奈尔大学深造
崔毓俊	1925 级农经系学生	1942 年获得康奈尔农场管理学硕士
沈宪耀	1928 级农经系学生	1938 获得康奈尔农场管理学硕士
王立我	1929 级农经系学生	1937 年康奈尔大学合作学硕士生
应廉耕	1930 级农经系学生	1938 年获康奈尔大学土地经济学硕士
杨蔚	1930 级农业经济系学生	1935 年康奈尔大学农经系毕业，中国第一位农业经济学博士
刘润涛	1931 届农经系学生	1932 年自费去康奈尔大学农经系深造，1933 年获硕士学位

资料来源：金陵大学农学院农业经济系在宁系友联谊会编：《金陵大学农学院农业经济系建系 70 周年纪念册》（1921—1991），张宪文主编：《金陵大学史》，南京大学出版社 2002 年版。

第三，卜凯利用与美国各高校的关系，聘请许多有声望的外国学者来农经系任教或讲学，以充实教师队伍，解决师资力量的不足。1930 年至全面抗战爆发，在卜凯的积极努力下美国康奈尔大学先后派出华伦（S. W. Warren）、路易士（A. B. Lewis）、雷伯恩（J. R. Raeburn）、霍德兰（Y. W. Hedland）、

① 章之汶：（1900—1982）字鲁泉，安徽省来安县相宫乡板桥村人，农业专家，1918 年考入金陵大学农学院，1922 年毕业留校任教，1934 年获康奈尔大学硕士学位，1937—1948 年，任金陵大学农学院院长，1949 年应联合国聘请任联合国粮农组织远东办事处顾问，兼任世界稻米协会执行秘书，1966 年退休后任菲律宾大学农学院教授，1974 年定居美国，1982 年在美逝世。

克特斯（W. M. Caurtise）和金克敦（D. F. Ting）等人到金陵大学农经系任教，大大充实了农经系的教学队伍。其中，1931—1938年间，康奈尔大学的华伦博士来农经系一年；路易士博士三年；雷伯恩博士一年零四个月；霍德兰博士一年；梅纳德博士一学期；柯蒂司博士一年；魏尔柯博士来系访问并做两星期长歇，讲授人口统计；康奈尔研究生金克敦在系内一年收集及分析资料作为其在康大的博士论文之用[①]。同时，卜凯还时常邀请国内不同学派的经济学专家、学者来农经系讲学，如邀请马克思经济学派的董时进等。农业经济系的学生白永达回忆说，"母系的'农业经济学会'那时比较活跃，常邀请有关专家学者前来讲学……有一次请的是董时进先生"[②]。由此我们可以看出，卜凯邀请国内外不同学派的专家学者来农经系任教或讲学，不仅加强了农经系的师资力量，促进了研究实力的提升；也丰富了教学的内容，拓宽了学生的视野。

通过以上方法，农经系的教师从最初的只有1人到后来5人再发展到63人的规模，成为金陵大学最大的学系。

该系成立伊始就非常注重人才培养，可以说生源好，质量高。"除公共必修课，如植物学、土壤肥料学、园艺学、森林学等课程外，农业经济学主要必修课程30余种，每学期开课程都有10余种。课程内容有理论原则，也有实际方法。三年级以上学生，必须自选课题，利用暑假时间实地下乡调查，以训练学生对客观社会环境的观察和分析能力"[③]。该系还发展成为20世纪20年代金陵大学农学院教师人数和聘用外国教授人数最多的系，据统计，1930—1937年有19位外国专家学者到系参加工作[④]，承担教学科研任务，比如卜凯就承担《农村租佃》等多门课程的教学任务（详见表2-3）。此外，1932年9月，卜凯将金陵大学农业图书研究部改组为农业经济系农业历史组，万国鼎任主任，进一步增强了该系中国农业史科研队伍的力量。

---

① 卜凯著，卢良俊译：《金陵大学农业经济系之发展（1920—1946年）》，金陵大学农学院农业经济系在宁系友联谊会编：《金陵大学农学院农业经济系建系70周年纪念册》（1921—1991），1991年，南京，第359页。

② 金陵大学农学院农业经济系在宁系友联谊会编：《金陵大学农学院农业经济系建系70周年纪念册》（1921—1991），1991年，南京，第266页。

③ 金陵大学南京校友会组编，张宪文主编：《金陵大学史》，南京：南京大学出版社，2002年，第329页。

④ 殷晓岚：《卜凯与中国近代农业经济学的发展》，南京农业大学学报，2002年第4期。

二、注重课程设置改革

金陵大学在创办农林科初期，课程设置在国内没有可参照的样本，也没有一定标准遵循，用卜凯的说法，就是一切均“参照美国农科大学”①。1920年他来到金陵大学之后，教授“农业经济”“农场管理”“农村社会”及“农业工程”等4门课程②。继而1923—1924年讲授“农业经济”“农村社会”“农村组织”等课程，承担总计16学分的授课任务。③ 1929—1931年间，他讲授的课程有农村租佃、农业经济研究方法、高级农场管理、高级农业统计学、农村问题5门高年级课程，同时还主持讨论会，共计18学分（见表2-3）。到1940年，卜凯仍负责“农经讨论”课程的讲授，并指导系内三、四年级学生的设计实习，同时主编《经济统计》月刊。④

表2-3　1929—1931年卜凯在农经系讲授课程情况表

课程	时间	学分
农村租佃	1929年秋季	4学分
农经研究方法	1930年春季	3学分
高级农场管理	1930年秋季	5学分
讨论会	1930年秋季	1学分
高级农业统计学	1931年春季	3学分
讨论会	1931年春季	1学分
农村问题	1931年春季	1学分

资料来源：据金陵大学农学院农业经济系在宁系友联谊会编《金陵大学农学院农业经济系建系70周年纪念册》（1921—1991）第400页内容整理而成。

20世纪30年代，金陵大学农学院根据国民政府教育部的相关规定，调整了课程设置，强调学生培养“应具有相当的适应性”。在必修课方面，将数学列为农经系的必修课；突出实习课的重要性，规定学生在4年之中必须利用1

① 费旭、周邦任编撰：《南京农业大学史志》（1914—1988），南京：南京农业大学印刷厂，1994年，第6页。

② 金陵大学农学院农业经济系在宁系友联谊会编：《金陵大学农学院农业经济系建系70周年纪念册》（1921—1991），1991年，南京，第361页。

③ 金陵大学农学院农业经济系在宁系友联谊会编：《金陵大学农学院农业经济系建系70周年纪念册》（1921—1991），1991年，南京，第361页。

④ 金陵大学农学院农业经济系在宁系友联谊会编：《金陵大学农学院农业经济系建系70周年纪念册》（1921—1991），1991年，南京，第405页。

个暑假时间，集中进行长期实习，各系提供有相当规模的实习场所。① 20世纪30年代末期，农经系主要课程（如表2－4所示）分主系和辅系两类，共计19门、53学分。其中主系课程12门、33学分，辅系课程7门20学分。开课的导师主要有乔启明、孙文郁、杨蔚、徐澄、刘润涛、应廉耕、欧阳苹、崔毓俊、陈祖椝等人②。

表2－4　20世纪30年代末期农经系开设的主要课程

类别	课程名称	学分
主系	乡村社会学	3
	农场管理学	3
	农场簿记学	2
	农业统计学	3
	农村金融学	3
	农村合作学	3
	农产贸易学	3
	农产物价学	3
	土地经济学	3
	农业史农业经济学讨论	3
	设计实习	2
	毕业实习	2
小计	12门	33
辅系	乡村社会学	3
	农场管理学	3
	农场簿记学	2
	农村金融学	3
	农村合作学	3
	农产贸易学	3
	土地经济学	3
小计	7门	20
合计	19门	53

资料来源：据校史编委会编《南京农业大学史》第131页内容整理而成。

① 校史编委会编：《南京农业大学史》，北京：中国农业科学技术出版社，2004年，第129—130页。
② 校史编委会编：《南京农业大学史》，北京：中国农业科学技术出版社，2004年，第194页。

进入20世纪40年代，农经系的课程设置逐步稳定和完善起来，如1940—1941学年农经系的课程门数，秋季：13门，32学分，575学时；春季：14门，35学分，665学时，通过与农学院其他系，如：农艺、园艺、森林、应用植物、农业教育和蚕桑6个系的课程设置情况的比较，可以看出，农学院7个系中，秋季：应用植物系课程17门，36学分，门数和学分数量最多，农艺系16门课程，35学分，排名第二，农经系13门课程，32学分，排名第三，总课时，农经系575学时，位居第一，农艺系327学时，排名第二，应用植物系196学时，排名第三；春季：应用植物系18门课程，45学分，201学时，农艺系17门课程，36学分，397学时，农经系14门课程，35学分，665学时，农经系的总学时数仍为第一。① 然而1925—1926年和1926—1927年农经系的授课时数分别为315学时和406学时（详表2-5），1940—1941的总学时相较于1925—1926及1926—1927学年大学、一年制短期班、暑期学校授课时数的总和还要高。5年以后的1946年，农经系秋季学期为15门课、44学分，春季学期为12门课、35学分的规模，总体仍保持20世纪40年代初的课程设置和门数。

表2-5　1925—1926学年及1926—1927学年金陵大学农学院农经系授课时数统计

课程	1925—1926		1926—1927	
	授课时数	学生学习时数	授课时数	学生学习时数
大学	315	8148	406	9318
一年制短期班	86	3544	66	2640
暑期学校	20	2280	60	1410
总 计	421	13972	532	13368

资料来源：据金陵大学农学院农业经济系在宁系友联谊会编《金陵大学农学院农业经济系建系70周年纪念册》（1921—1991）第380页内容整理而成。

① 金陵大学农学院农业经济系在宁系友联谊会编：《金陵大学农学院农业经济系建系70周年纪念册》（1921—1991），1991年，南京，第411页。

表6 20世纪30年代金陵大学农经系开设的主要课程

以农业经济学为主系者必修之学程					
代码	课程名称	课程任务	课时	学分	备注
140	农业经济学	本学程包括适用于农业方面之一般经济原理、兼及乡村社会学如乡村人口与乡村社会组织等，所用教材中西并重	星期一三五上午十时上课	3	秋季开班，每星期三次，一学期修毕，农学院二年级生必修课程，预修学程经济学130
150	农场簿记法	本学程讨论农场簿记之原理，兼实地练习记录农场簿记之方法，于农场簿记经分析后所得之结果、关于启示农场经营成败诸因素，尤特别注意之	星期二四上午九时上课	3	秋季开班，预修学程为农业经济学140、151
151	农场管理学	本学程包括农业特性、农艺方式、农产费用、田场布置、农工管理以及农具等，大部分用中国教材	星期二四上午十一时上课	3	秋季开班，每星期上三次，预修学程农业经济学140
154	中国农业史	本学程讨论中国农业各方面沿革、重农思想及事实、乡治及农民生活、农业图书及教育等，整个地研究中国农业之过去，以求今日农业之成因，藉为更求进步之参考	星期二四上午九时上课	2	秋季开班，每星期上课2小时，预修学程农业经济学140
155	乡村社会学	本学程讨论现今中外各国之乡村社会问题，对于乡村社会及城市社会之比较，尤多注意之。此外如区划乡村社会之方法亦讨论及之	星期一三五上午八时上课	3	春季开班，每星期上课三次，预修学程为社会学（文学院课程）140
157	乡村组织	本学程讨论各种乡村合作组织之原理及方法，取材中外兼有，而尤注意中国社会之背景，用以评定各种组织适用于中国乡村社会之程度	星期一三五上午十时上课	3	春季开班，每星期上课三次，预修学程为农业经济学140及155
158	农业统计学	本学程讨论农业统计学之方法与原理，对于应用方面尤特别注意	星期二四上午八时上课	3	春季开班，每星期上课三次，预修学程为农业经济学140及151
159P	设计实习	本学程之意义，为使学生接近农民，谙习乡村生活情形，或搜集调查材料，或从事推广工作，本学程研究所的之材料，将来得作为毕业论文之用		3	本学程可在学期内或暑假期间进行，由担任指导该学程教员酌量情形决定，第三年级生之春季学程，工作时间由教员指定之

续表

以农业经济学为主系者必修之学程					
代码	课程名称	课程任务	课时	学分	备注
165A	农业经济学讨论会	每一学生选定一研究问题，负责任研究，并各人须轮流将其研究中心得，报告于会众，而由会众加以讨论，有时由本系教职员及来实演讲		1	165A 为春季学程，165B 为秋季学程，每星期上一次，本学程限于第四年级以农业经济学为主系及辅系之学生
165B	农业经济学讨论会			1	
166	乡村金融问题	本学程论述农民各种借贷方法，于农村信用合作社尤特别注意之	星期一三上午八时上课	3	秋季开班，每星期上课三次，预修学程为农业经济学 140 及 151
167	农产贸易	本学程讨论农产贸易之重要原理，及农产运销合作之经营方法等，对于中国实际情形尤特加以注意	星期一三上午十时上课	3	秋季开班，每星期上课三次，预修学程农业经济学 140 与 151
169P	设计实习	本学程之意义及内容，同农业经济学为第四年级生之秋季学程，工作时间由教员另定之		3	
169T	毕业论文	本学程所用之教材，得采用设计实习所得之研究结果，至于论文之内容，须有学术研究上之价值，而论文之体裁，须按照普通科学论文方式编述之		2	春季开课，只限于以农业经济学为主系之四年级生
				36	
以农业经济学为主系者选修之学程					
代码	课程名称	课程任务	课时	学分	备注
152	农业经济地理	本学程讨论属于地理上各种主要农产物之生产、支配及利用等问题，尤特注意各地区之特殊环境，并研求最适宜之农产品以适应该地区之天然环境	星期二四上午十时上课	3	秋季开班，预修学程农业经济学 140
153	土地经济学	本学程讨论关于土地之各种经济原理及问题，如土地之性质、分类及利用、地价、地租、地权、地税、荒地之开垦，以及土地与人口及政治等之关系	星期三五上午十一时开课	3	春季开班，每星期上课三次，预修学程农业经济学 140

续表

以农业经济学为主系者选修之学程					
代码	课程名称	课程任务	课时	学分	备注
156	农产物价	本学程讨论物价之分析方法，物价变迁之解释，农产物价，及一般物价之关系，供给需求状况对于农产物价之影响等	星期一三上午九时上课	3	秋季开班，每星期上课三次，预修学程农业经济学140
160	高级农业统计学	本学程注重分析统计材料之方法，如标样之选择、曲线、指数、时列及各种相关系数之算法	星期二四上午八时上课	3	秋季开班，每星期上课三次，预修学程农业经济学158
161	农政学	本学程讨论国家对于农业上之土地、人工、金融物价所采取政策之基本原理，教材取诸国外者为多，对于中国情形亦特别注意	星期一三五上午九时上课	3	春季开班，每星期上课三次，预修学程农业经济学151及154
162	高级农场管理学	本学程讨论中国已出版之农场管理研究及中国特殊之农场管理问题等		2	春季开班，每星期上课三次，预修学程为农业经济学150及151
163	农业经济研究法	本学程讨论农业经济学研究方法之原理及其实施，诸如研究问题之设计、材料之搜索、制表之原则、调查之方法及研究之发表等均详加讨论之	星期三五上午十时上课	3	春季开班，每星期上课三次，预修学程为农业经济学151及158
164A	农民问题	本学程系邀请中外专家来校演讲与农民生活有关之诸问题，164A为秋季学程，164B为春季学程，本学程只限于三四年级学生		1	
163B	农民问题			1	
168	中国田制史及土地问题	论述历代田制田赋之制度、沿革、因果、时代背景、学者言论，以及平均地权、佃业纠纷、耕地整理、开垦荒地、移民殖边、清丈田亩、整理田赋等问题，并参考各国田制沿革、土地政策、专家理论等，以资借鉴	星期二四上午九时上课	2	秋季开班，每星期上课两次，预修学程为农业经济学154
				25	

资料来源：据金陵大学农学院农业经济系在宁系友联谊会编《金陵大学农学院农业经济系建系70周年纪念册》（1921—1991）第406页内容整理而成。

通过以上表格中课程设置的分析，我们可以看出，金陵大学农业经济学的课程设置相对完善，并逐步实现规范化、科学化，这一点可以从课程设置的必修与选修课程的数量上予以证明。金陵大学农业经济学的必修课程有14门，分别是：农业经济学、农场簿记法、农场管理学中国农业史、乡村社会学、乡村组织、农业统计学、乡村金融问题、农产贸易以及农业经济学讨论会、设计实习（分三年级春季和四年级秋季两门课，每门课程3学分，共计6学分）、毕业论文等。选修课主要有土地经济学、农业经济地理、农产物价、农政学、农业经济研究法、农民问题、土地问题、高级农业统计学、高级农场管理学以及中国田制史等10门课程。总计24门课程中有农场簿记学、农场管理学、乡村社会学、乡村组织和农产物价等紧密结合和适应农村社会发展实际的课程；有乡村金融问题、高级农场管理学、农业经济研究法、农民问题和中国田制史及土地问题等研究型课程；讨论会、设计实习和毕业论文这些实习、实践环节要求，可谓是基础理论教学与农村实际需要，与研究工作，与实习实践实现了有机结合，充分体现了金陵大学农经系的人才培养特色，一方面促进了农经系社会调查的开展，收集了农家调查数据；另一方面则锻炼了学生的社会调查能力，达到了学用结合，培养了学生的独立性和自我管理的能力。对此，杨家骆回忆说："毕业论文设计课，使学生从调查、统计分析到论文写作，这一过程得到系统训练，因此，学生必须查阅大量的参考资料，增强学力，完成工作，这是很有节奏地培养学生独立工作能力的有效方法"①。

可以说，金陵大学农经系实力之强集中体现在其课程的设置上。如1945届A班学生白永达所说，农经系"具有跨学科的优点，尤其基本课程可跨自然科学、社会科学与人文科学，要学动植物、地质、化学、土壤肥料、经济学、统计学、外语，加上一定'学分'的选修课（我选了外国史、心理学、姜白石词与宗教学），比过去学工程时视界宽多了"。②"这样学农业经济专业，底子就比较扎实，知识面较宽，适应性较强，有多方面的用处。老师授课认

① 杨家骆：《谈一些值得纪念的往事》，金陵大学农学院农业经济系在宁系友联谊会编：《金陵大学农学院农业经济系建系70周年纪念册》（1921—1991），1991年，南京，第249页。

② 白永达：《望九琐忆》，济南：山东画报出版社，2007年，第73页。

真，引人入胜”[①]，这些教学内容改革为学生成才打下了坚实的基础。

三、教学方法与培养方式的改革

（一）教学方法

最初，卜凯在授课之时，多“采用美国教科书作为农场管理教材，其中事例系根据美大农场及其先进技术，实验两学期后觉得很不合适，为弥补此项缺点”[②]，自1922年开始，卜凯便指导学生利用暑假返乡做农家经济调查，并使之成为金大农经系的教学传统。据1945届A班学生白永达[③]回忆，在他入学后的第一个暑期，就和一位同学在卜凯的指导下，调查成都四郊苹果园业经营状况，“卜凯设计的果园调查表不但扼要明细，而且要求的答案十分确实，一点也不能含糊，每调查完一个苹果园，回来交表时，他都逐项审查，如果还有不清楚的地方，必须重新前去问明白，填写好了才算数，这对我们这两个本系的‘新生’是个很好的锻炼”[④]。这样严谨的治学风格，使学生们终身受益。同为1945届A班学生毛学江回忆时，提到“记得他（卜凯）在教授调查设计中，提到项目的订立，切不可‘想当然’，讲完即带我们去后坝一家农地，实地观察地表径流现象，指出：如想调查土壤流失，切不可凭主观揣测，自以为平整的田地无地表径流，而不立此项目。要知耕作制度和栽培措施都对土壤流失有一定的影响。这不仅给予了学生心腹而牢靠的知识，也给予了学生以认真、严谨对待工作的精神默化”[⑤]，这充分展示了卜凯严谨治学的精神、对待教学一丝不苟的态度。

农经系的教学，“素以作育实用人才及发展我国农业经济为主旨。故历年学生之训练，就教材论，不仅限于书本学理之传播，尚随时给以实际之知识

---

① 白永达：《怀着满意与感谢的回忆》，金陵大学农学院农业经济系在宁系友联谊会编：《金陵大学农学院农业经济系建系70周年纪念册》（1921—1991），1991年，南京，第267页。

② 卜凯著，卢良俊译：《金陵大学农业经济系之发展（1920—1946年）》，金陵大学农学院农业经济系在宁系友联谊会编：《金陵大学农学院农业经济系建系70周年纪念册》（1921—1991），1991年，南京，第361页。

③ 白永达（1920年—）河北安新县人，1941—1945年在金陵大学农业经济系读书。

④ 白永达：《望九琐忆》，济南：山东画报出版社，2007年，第79—80页。

⑤ 毛学江：《对母系教育的回忆》，金陵大学农学院农业经济系在宁系友联谊会编：《金陵大学农学院农业经济系建系70周年纪念册》（1921—1991），1991年，南京，第170页。

与技能”[①]，因此，农家经济调查作为实习的一种重要形式对于教学、科研、推广及服务社会具有很好的促进作用，诚如卜凯所一直强调的“要改进它，必须先了解它；要了解它，必须作调查研究”[②]一样，农家经济社会调查一直都是卜凯所坚持的重要的教学方法。如院长芮思娄在1923—1924年报中宣布：“已经开始的一项教学改革中给与学生更多的实际工作。对此，在教师方面强烈表示有此需要，同时学生也很关心。从1924年秋季开始，明确要求每一学生的最后两学年必须修读此项实习，此项实习将会丰富学生处理实际问题的经验。”[③]卜凯也认为“搜集资料对学生是一项好的学习方法。学校拨给小部分经费用以分析资料，对教学非常有用”[④]。这里所讲的收集资料主要是指农家经济社会状况调查。

利用农家调查结果完成设计实习，撰写毕业论文既是农经系一种重要的教学方式，也是培养学生能力的一项重要训练手段。对此，农经系要求“三年级学生必须于春季选读农经研究方法，由学生选择特别有兴趣的主题进行设计实习，以便在暑假中下乡收集资料，然后（四年级）分析资料，撰写毕业论文，其内容显示研究结果。在1930—1938年间，学生毕业论文多经由此项训练方法产生”[⑤]。卜凯一直认为在中国培养农业经济学方面的人才，有效的方式是通过在农学院建立一套体制，鼓励学生从事研究，经历推广工作、开展设计实习，使学生受到系统的教育和训练。因为，“研究对教学及推广提供资料非常必要，同时亦是学生参与学习的方式，而且让系内工作人员分层负责各项计划亦很重要”[⑥]。

---

① 应廉耕：《二十二年来本系之检讨》，《农林新报》，1942年第19卷第34—36期，第5页。

② 校史编委会编：《南京农业大学史》，北京：中国农业科学技术出版社，2004年，第194页。

③ 卜凯著，卢良俊译：《金陵大学农业经济系之发展（1920—1946年）》，金陵大学农学院农业经济系在宁系友联谊会编：《金陵大学农学院农业经济系建系70周年纪念册》（1921—1991），1991年，南京，第380页。

④ 卜凯著，卢良俊译：《金陵大学农业经济系之发展（1920—1946年）》，金陵大学农学院农业经济系在宁系友联谊会编：《金陵大学农学院农业经济系建系70周年纪念册》（1921—1991），1991年，南京，第377页。

⑤ 卜凯著，卢良俊译：《金陵大学农业经济系之发展（1920—1946年）》，金陵大学农学院农业经济系在宁系友联谊会编：《金陵大学农学院农业经济系建系70周年纪念册》（1921—1991），1991年，南京，第407页。

⑥ 卜凯著，卢良俊译：《金陵大学农业经济系之发展（1920—1946年）》，金陵大学农学院农业经济系在宁系友联谊会编：《金陵大学农学院农业经济系建系70周年纪念册》（1921—1991），1991年，南京，第420页。

开展农业调查是金陵大学农业经济系的一门重要必修课程，每年都有一批师生深入到农村去开展社会经济调查，以取得第一手的教学与科研资料，以改变“当时我国农学院功课，数理化的时间太少，农学功课以书本为重，而学生有多来自城市，农事认识甚少，要他们改良农业，不易难乎”① 的状况，这对培养学生的良好的品格和严谨的学风产生了重要影响。据谢澄回忆，“金大农经系学生的特点是，能吃苦耐劳，善于作农村调查。……金大农经教学的另一个特点是，除了上课之外，在课余时间尽量让学生多看一些有关的参考资料和书籍，（每堂课都有指定的作业），并要认真弄清各种专门名词的概念，这也感染了我，在教学中特别执意扩大学生的知识面和要求，弄清各种名词的正确含义”。②

农家调查范围的扩大，有力促进了教学的发展和质量的提高。“在教学上，大量引用系内各项调查研究成果，编写教材及参考用书。如：农业经济学、农场管理学、农村社会与组织学、农业统计学、农产物价学、农村社会与组织学、农业统计学、中国农家经济、中国土地利用、农业史、农业经济研究法等十余门课程所需教材”③，且“《中国农家经济》之刊行，即原（源）于此”④。同时，随着“《中国农家经济》发表后，外国教师及具有高级学位的学者来系，加强了农经教学的阵容”。⑤

（二）培养方式

金陵大学农林科创办的宗旨就是为解决当时中国农业的实际困难，为中国培养专门的农业实用性人才。据此，农林科制定了两条培养原则，“一是，注重实际调查，学以致用，用有所本；二是，提倡从大处着眼，小处着手”⑥。

---

① 沈宗瀚：《沈宗瀚自述》（中），合肥：黄山书社，2011年，第134页。

② 谢澄：《母系为我的农经教学奠定了基础》，金陵大学农学院农业经济系在宁系友联谊会编：《金陵大学农学院农业经济系建系70周年纪念册》（1921—1991），1991年，南京，第205—206页。

③ 杨家骀：《谈一些值得纪念的往事》，金陵大学农学院农业经济系在宁系友联谊会编：《金陵大学农学院农业经济系建系70周年纪念册》（1921—1991），第249—250页。

④ 卜凯：《廿二年来从事中国农业经济研究之感想》，《农林新报》，1942年第19卷第34—36期，第7页。

⑤ 卜凯著，卢良俊译：《金陵大学农业经济系之发展（1920—1946年）》，金陵大学农学院农业经济系在宁系友联谊会编：《金陵大学农学院农业经济系建系70周年纪念册》（1921—1991），1991年，南京，第379页。

⑥ 金陵大学南京校友会组编，张宪文主编：《金陵大学史》，南京：南京大学出版社，2002年，第317页。

卜凯来到金陵大学后，将主要精力放在本科人才培养上，他关注的本科人才培养不仅仅是书本的理论知识，而且还要开展社会调查和农业推广。同时，通过举办专修科和短期培训班来培养农业技术人才。至1925年农业经济学系成立时，农经系在培养学生上便确立了教学、研究与推广三位一体的方针，形成了农业研究所、大学本科、专修科与短期培训相对完善的人才培养体系。

1. 本科

农业经济学系自1921年成立，1924年分为农业经济、农场管理及农村社会三个组，到1939年又分为六个组，即：农政学组，农业金融与合作学组、农业统计物价学组、农场管理与农产贸易学组、农村社会组织学组和农业历史学组。农业经济学系每年招生仅十余人，而报名学生多达500以上，录取比例为50:1。

农业经济学系的本科教育侧重学生理论知识的学习，注重对研究型人才的培养。因此，农业经济学系本科学生每学期所开设的课程大多在十余种，除农业经济学、农村合作学、农场管理学等30余门主修课外，还要学自然科学与人文科学的课程。可以说，“农经系的基础课既有自然科学方面的，又有社会科学方面的。既学植物学、地质学、化学和应用性的土壤、肥料等等，又学经济学、社会学”①。这种课程体系成为当时中国大学农学院的范本进而进行推广。同时，该系还长期坚持要求学生参加农村社会调查，并规定三年级以上学生，必须自选课题，利用暑假时间实地下乡调查。这样的理论与实践相结合的教学方式，既培养了学生的理论知识，也提高了学生实际动手能力。

2. 专修科

1922年，金陵大学农林科为在农村推广新品种，培养农村工作人员，创办农业特科，1923年又创办乡村师范科，以培养乡村学校教师，1924年农业特科改名为农业专修科，1928年与乡村师范科合并，仍称农业专修科。农业专修科为二年制，招收高中毕业生，授以应用农业科学，培养实际应用人才。② 因此，可以说，农业专修科是以培养能够直接为乡村社会、乡村农业服

---

① 白永达：《怀着满意与感谢的回忆》，金陵大学农学院农业经济系在宁系友联谊会编：《金陵大学农学院农业经济系建系70周年纪念册》，1991年，南京，第267页。

② 章之汶：《三十年来之金陵大学农学院》，《农林新报》，1931年第4—9期，第4页。

务的应用型人才为目的。1924 年，卜凯在金陵大学任教时曾重回宿州，举办了一所农业专修科性质的“宿州林墅职业学校”，专门为乡村培养服务于乡村的农业人才。金陵大学专修科的教师大都为卜凯的学生，如 1922—1923 年间，徐澄在校期间便协助卜凯的农场管理学（一年制专修班）的教学，又如农业专修科经济学科类的教师章租鼐、汪荫元等都是卜凯的学生，留校后在专修科任教，除卜凯及其学生外，卜凯的同事 1918 年毕业后留校的华伯雄等人，也在一年制专修班中教授农村社会学及农场管理学等课程。

农业专修科的教学内容主要侧重于实际应用和技术，要求学生“须能切实耐苦工作，毕业后并须能深入农村”，为此，农业专修科规定“校内一切生活环境，均力求乡村化……以便学员与农民接近，而谋农村之改进”①。农业专修科的学生一年时间学习、一年时间实习。同时采用有限制的选修课，允许二年级的学生选修部分课程。我们以 1939 年农业专修科的课程设置情况为例（见下表 2－7）进行说明。

表 2－7　1939 年农业专修科课程设置

授课教师	学科种类	课程名目
徐伯伸、章祖鼐、军事教官	普通学科	国文、英文、公民、体育、军训
陈骥、顾鹤焕	农艺学科	栽培学、作物学各论、遗传学、作物育种学、土塘肥料学、特用作物学、农具学
朱雄、谭选民	园艺学科	果树园艺学、蔬菜园艺学、园艺品加工学、观赏园艺学
周蓄源	森林学科	森林学通论、气象学、测量学、森林各论
章租鼐、汪荫元	经济学科	农村社会学、农业经济学、农业金融学与合作学、农场管理学、农产贸易学
魏景超、周蓄源、李振刚	生物学科	植物学、昆虫学、植物病理学、畜牧学、经济昆虫学
包望敏、辛润棠	农业教育学科	农业推广学、农业教育学

资料来源：据张宪文主编《金陵大学史》第 341 页内容整理而成。

从表 2－7 可以看出，农业专修科的课程大多是针对农业生产的，“注重农业技术、农业推广、农业经营、农业教育、乡村改进等”②，致力于培养学

① 《全国农业推广实施状况调查》，《农业推广》1936 年第 12 期，第 183—184 页。

② 《全国农业推广实施状况调查》，《农业推广》，1936 年第 12 期，第 184 页。

生的实际操作能力和应用能力。

据统计，农业专修科先后毕业者18期，629人[①]，毕业的学生很受社会欢迎，大都被“各地农事机关、农业学校或农事试验场聘用”[②]，赢得了“农专好汉遍全国”[③]的美誉。

3. 暑期短期培训班

金陵大学农业经济系的短期培训班多是与政府机关或社会团体合作举办的，其目的“不在理论”，而在于培养“农村合作人材”或“训练农村合作事业领导人才之用”[④]。早在1917年卜凯到达安徽宿州之时，卜凯便在宿州为“12名农家户举办了个农业培训班，讲授农业技术知识”[⑤]，积累了一定的培训工作经验。到金陵大学任教后，他先后多次回宿州为农业学校讲课，并选派教师和学生到全国各地举办暑期和冬季培训班普及农业知识，推广农业技术。短期培训班的教学任务除了由卜凯负责以外，其同事及其学生也参与短期培训班的教学，如1918年毕业后留校的华伯雄，在短期培训班教授农村社会学及农场管理学课程；1922至1923年间，徐澄便协助卜凯的农村社会学（暑期班）的教学任务。此类培训班大多在暑假举行，时间有30天左右，有的一周或10天不等。关于暑期培训班的情况，我们通过金陵大学农学院暑期短期培训班招生简章做进一步的分析。

金陵大学农学院暑期合作社讲习会报名简章[⑥]

按本会前为教育农村起见，曾以长江水灾赈款之余为农赈贷金之用，以便长江流域农民购备种子。其进行事宜系托由南京金陵大学农学院代办，承其努力处理，办理颇有成绩。嗣去年本会常务委员会议时，佥认农村合作事业为救济农村当务之急。当经议决以农村贷款收回数额，移

---

① 章之汶：《三十年来之金陵大学农学院》，《农林新报》，1931年第4—9期，第4页。

② 金陵大学南京校友会组编，张宪文主编：《金陵大学史》，南京：南京大学出版社，2002年，第242页。

③ 章元玮：《农业教育学系、专修科和推广部》，金陵大学南京校友会编：《金陵大学建校一百周年纪念册》，南京：南京大学出版社，1988年，第85页。

④ 《金陵大学农学院暑期合作社讲习会报名简章》，《中华归主》，1936年第167期，第18页。

⑤ 鄢化志：《赛珍珠、布克与宿州——皖北大地中美文化交流的百年印记》，合肥：合肥工业大学出版社，2017年，第60页。

⑥ 《金陵大学农学院暑期合作社讲习会报名简章》，《中华归主》，1936年第167期，第18—19页。

作训练农村合作事业领导人才之用，仍请金陵大学代办。此即其所拟之暑期合作惊喜会简章，并附有报名单，均经本会赞同。故凡各地教会有需要农业合作领导人才者，即希依章派员选向金大报名参与为荷。

一、宗旨：本会以讲习各种合作或有关合作实用学科及讨论合作实际问题为宗旨。

二、会员名额：暂定四十名。

三、会期：民国二十五年七月一日起至民国二十五年七月三十日止。

四、会员资格：（一）生长乡村具有中学毕业程度，而年龄在二十岁以上者。（二）实际从事合作事业或愿献身于合作事业者。

五、报名日期：自即日起至六月十日截至。

六、报名地址：南京金陵大学农学院农业经济系。

七、报名手续：（一）凡欲申请报名者须向南京金陵大学农学院农业经济系索取报名单及简章。（二）报名者必须填就报名单及保证书一并挂号寄至南京金陵大学农学院农业经济系。（三）本系收齐报名单后审查合格者即发给准许入会证及赴会须知。如报名人数过多时以报名先后为甄别标准。

八、讲习科目：农业常识、农村问题、信用及生产合作、运销合作、合作簿记、合作讨论、实习参观。

九、费用：本会为优待会员，免征报名费及学费外，并由本会供给讲义、住所、茶水等设备，至于膳食旅费等概由会员自理。

从报名简章中我们可以看出，农业经济学系举办的短期培训班的招生对象是生长于农村具有中学文化程度，年龄在20岁以上，且愿意献身于合作事业的青年，其目的在于寻找金陵大学农业经济学系的农业推广的“合作人才”，开设的课程也以农业合作为主。如：信用及生产合作、运销合作、合作簿记和合作讨论等。同时，讲习会免会员报名费、学费、讲义费并提供住所，这对乡村青年特别是贫穷家庭农民具有很大的吸引力。短期培训班先后肄业者15班，547人[①]。这对普及农业知识和技术，推动农业改良和推广，提高农民素质产生了重要影响。

① 章之汶：《三十年来之金陵大学农学院》，《农林新报》，1931年第4—9期，第4页。

4. 研究生培养

1935 年金陵大学农经系为“造就高级农业经济人才”，向国民政府教育部申请准其建立农业研究所以培养硕士研究生。1936 年农业经济学部设立，6 月获得教育部批准招收研究生，同年夏天，农业研究部正式“招收大学毕业生，授以高深之学识”①，开展硕士研究生教育。硕士研究生教育分为农业经济农场管理学门、农村金融农业合作学门、农村社会学门，首届研究生共招收 4 名学生。卜凯作为我国首届农业经济学的四名研究生导师之一，指导的学生是邵德馨。研究生主修课程为农业经济、农场管理，辅修农村社会学，研究期限为两年。1938 年，乔启明指导的陈彩彰，赫德兰指导的李惠谦，雷伯安指导的徐壮怀成为我国第一批农学硕士获得者。1938 至 1944 年 7 年之间，金陵大学农业经济研究所共毕业 16 名研究生，是我国最早的农经研究培养单位。可以说，金陵大学农经系形成了从专科、本科到硕士相对完整的农业经济人才培养体系。

在卜凯的带领和指导下，农业经济学系成为农学院学生最多的系。抗日战争全面爆发前农学院注册的学生达 400 余人，1938 年迁至成都后，入学人数虽有所减少，后来又有回升。我们以 1940—1941 年金陵大学农学院注册的学生为例（见表 2－8）。

表 2－8　金陵大学农学院 1940—1941 年注册学生情况表

学生类别			系别	注册人数	
				1940 年秋季	1941 年春季
研究生			农经组	8	5
			农艺组	8	5
大学生（四年制）	农经		111	125	
	农艺		54	59	
	园艺	24	36		
	森林	9	9		
	昆虫及植物病理	2	2		
	应用植物	2	3		
	农业教育		1		

资料来源：据金陵大学农学院农业经济系在宁系友联谊会编《金陵大学农学院农业经济系建系 70 周年纪念册》（1921—1991）第 410 页内容整理而成。

① 应廉耕：《二十二年来本系之检讨》，《农林新报》，1942 年第 19 卷第 34—36 期，第 5 页。

从上表可以看出，金陵大学农学院在学生的培养上，无论是研究生还是本科生，农经系都是学生数最多的，特别是四年制的本科生人数超过其他6个专业之和。此外，我们还可以从农经系毕业学生的职业分布来窥探农经系的学生毕业后的就业去向和工作状况，如下表2－9所示。

表2－9　1924—1946年农经系毕业生职业分类情况

工作种类	毕业生人数
政府部门（会）：	61
农林部	31
农业推广站	11
省立农业大学	6
经济	4
教育	4
外交	3
财政	2
银行系统：	56
农民银行	35
交通银行	9
中央银行	7
中国银行	5
其他类：	177
去美国研究	37
金大农经系	22
棉纺厂	4
税务局	4
其他各种工作	60
不详	50
总计	294

资料来源：据金陵大学农学院农业经济系在宁系友联谊会编《金陵大学农学院农业经济系建系70周年纪念册》（1921—1991）第410页内容整理而成。

可见，在1924—1946年的20余年中，农经系共培养了294名毕业生，61人在政府各部门，其中农林部31人占50%；银行界56人，其中，农民银行35人，占一半以上；去美国从事研究工作的37人，是毕业生中人数最多的，留在金大农经系从事教学、科研、推广和其他工作的有22人①。

卜凯在金陵大学教学与科研工作所取得的成绩主要体现在以下几个方面：一是创建了全国第一个农业经济学系。二是承担主要课程的教学工作（本科生、研究生），形成了研究生、本科生、专科生和短期培训完整的人才培养体系。编写了适合中国农村实际的教材，注重社会调查，坚持教学、科研与服务社会三结合，不断完善课程结构，改革人才培养模式。三是加强与美国大学及其相关组织的联系，培养并建立了一支（长期聘请一批外籍专家和教授、拥有美国康奈尔等知名大学文凭）高水平的教师队伍。正如该校毕业学生潘鸿声回忆所说："首先，它是我国各大学农学院中成立最早的农业经济学系（1921年卜凯教授创建）。其次，它是我国各大学农学院农业经济学系中，最早按着理论联系实际的原则，进行教学、研究与推广的教学单位。第三，它是三十年代金大校内聘用外籍教授人数最多的学系。所聘外籍专家、学者或专题讲学，或开设新课，或参与某一专项研究，形成世界范围的学术交流与科研高潮，真乃盛极一时，为金大农经系长期稳步的发展，开辟了广阔的道路。第四，它是我国各大学农学院农业经济学系中同时期内研究成果最多的学系。第五，它是我国各大学农学院农业经济学系中同时期内开设课程门类最多的学系。凡是为了培养农业经济专业合格人才必须掌握的知识技能及理论，在本系的教学计划上，都列有相应的课程。第六，它所培养出来的毕业生，绝大多数都能为社会为人民做出应有的贡献。"②

金陵大学农学院农业经济学系所取得的这些成就，时任四川省政府主席的张群对此给予了很高的评价，称谓"中国最有历史之大举，而其特点所在则为研究方法、合作方式与夫教学、研究、推广三者齐头并进，以中国农民为训练对象，以全国农田为试验场所。……无论在文化上、学术上、经济上均有极大之贡献"③。

---

① 卜凯著，卢良俊译：《金陵大学农业经济系之发展（1920—1946年）》，金陵大学农学院农业经济系在宁系友联谊会编《金陵大学农学院农业经济系建系70周年纪念册》（1921—1991），第413页。

② 潘鸿声：《从母系给我的几点深刻印象联想到几位同窗共事的系友》，金陵大学农学院农业经济系在宁系友联谊会编《金陵大学农学院农业经济系建系70周年纪念册》（1921—1991），第245—246页。

③ 张群：《三十年来金大农学院之成就》，《农林新报》，1943年第4—9期，第3页。

第二节 卜凯与中国近代农业经济学的建立与发展

高等学校是中国近代农业经济学教学和研究的主要机构，也是此学科建设的主体，其中最为重要的当属创办中国第一个农业经济系的金陵大学。而卜凯作为中国农业经济学重要代表人物之一，在该学科的建立与传播进程中起到了关键性的作用。之后全国各高校在农业经济的研究与调查基本上都仿效着卜凯的研究思路与方法，即以农村经济调查也就是实证研究为模式建立了中国本土的农业经济学。

卜凯认为，农业经济学就是“研究经济原理在整个农业上的应用”，它的研究范围包括“农民彼此间之经济关系以及农民与社会其他阶层如地主、贷款者、银行家、商人、合作团体及政府等之经济关系”①。中国作为一个农业大国，传统的农业经济讲究天时地利、改良农业技术和深耕细作等，但是由于人多地少，技术落后，长期以来一直处于糊口层面，没有从经济学的视角去审视和研究它，传统农业社会的中国只讲究农学，“然过去讲农学，只知有农业技术，殊不知农业技术之推动，实有待于农业经济问题之解决”②。直到20世纪20年代近代意义上的农业经济学从西方传入中国，中国学者才开始从经济层面研究中国农业。从某种程度上而言，农业经济学是舶来品。金陵大学农经系正是这一时期最早开展农业经济学教学与研究的高等学校。

一、由西化到本土化的主要代表人物

1920年，卜凯应康奈尔大学校友、南京金陵大学农学院院长芮思娄（J. H. Reisner）的邀请到金陵大学农学院任教，1921年秋建立农业经济组，1925年改为系，他任首届系主任，这是国内设置最早的农业经济系。虽然1929年至1930年、1932年至1933年徐澄曾代理两年系主任，孙文郁1934年冬至1935年春曾代理半年系主任，但直到1935年冬以前卜凯一直担任农经系主任。抗日战争全面爆发以后，他仍坚持工作在中国并随学校西迁到成都华西

① J. L. Buck，W. M. Curtis著，戈福鼎、汪荫元译：《中国农场管理学》，上海：商务印书馆，1947年，第1页。

② 郑林宽：《农业经济研究丛刊总序》，《农业经济研究丛刊》，1946年第5卷第12期，第1页。

坝，虽然此时他已不再任农经系的主任，“仍然当教授，是系、所两方面都公认的年高德重的学术带头人”①。从1920年任教金陵大学到1944年回国的二十余年间，卜凯致力于中国农业经济的教学和研究工作，开门办学，吸引了一批优秀学生和教师来校学习和任教，引入多名美国等国的农经专家来校任教，率领农经系的师生在中国许多省份开展农村社会经济调查。芮思娄在1922—1923年报中特别提到“卜凯教授除负责行政工作，亦注重教学，在秋季学期中，卜氏花费大量时间收集和分析受重视的乡村及农家资料”②，先后发表了多部在国内外均有重要影响的中国农村经济专著。吸引了一批优秀学子学习农业经济，据统计，“1920—1930年十年间，三、四年级农科学生总计504名。在最初四年中，农学院学生选读我讲授的农业经济学及农业工程学课程的占90%……30年代初期主修农业经济的学生亦逐渐增加，大家认识它的重要性。”③

在卜凯的努力推动下，1921—1924年间，金陵大学毕业生陆续加入农经系的教师队伍之中，逐渐增强了农业经济学本土化的力量。如徐澄在校期间便协助卜凯教学和调查，1923年毕业后到农业经济学组工作，教授农村金融、农村合作等课程；1924年2月孙文郁毕业后到系工作，他教授农业经济学、农场管理学等课程；乔启明于1924年7月来农经系工作，他是第四位来农经系参加工作的人，他的研究重点主要在农村社区活动、农村租佃问题、生活水准及人口成长。随着这些金陵大学毕业生先后到农经系工作，农经系的教学与研究初具规模。1930年春又将农林科扩充为农学院，农学院的教学与科研，如“森林之提倡，农作物之改良，农业经济之调查，家畜及作物病害之防治，无毒蚕种之制造，农业教育之推广等等，分途并进，已见成效”④。“农学院的科研代表了当时农学领域内的最高水平”⑤。其中，最有益的贡献

① 白永达：《望九琐忆》，济南：山东画报出版社，2007年，第79页。

② 卜凯著，卢良俊译：《金陵大学农业经济系之发展（1920—1946年）》，金陵大学农学院农业经济系在宁系友联谊会编：《金陵大学农学院农业经济系建系70周年纪念册》（1921—1991），1991年，南京，第362页。

③ 金陵大学农学院农业经济系在宁系友联谊会：《金陵大学农学院农业经济系建系70周年纪念册》（1921—1991），1991年，南京，第361页，第378—379页。

④ 章开沅：《章开沅口述自传》，北京：北京师范大学出版集团、北京师范大学出版社，2015年，第79页。

⑤ 金陵大学南京校友会组编，张宪文主编：《金陵大学史》，南京：南京大学出版社，2002年，第528页。

应为卜凯指导下的两次大规模的农村经济与土地利用调查，并以此为基础编制中国特色农业经济学教科书，开启了中国本位化的进程。他为金陵大学农业经济学学科建设做出了突出的贡献，同时在我国农业经济学建立与传播的进程中起到了关键性的作用，是农业经济学最有代表性的人物之一。

金陵大学也成为民国初期我国农业经济学教学与研究的最权威的机构之一。胡适曾说过："民国三年以后的中国农业教学和科研中心是南京，南京的中心先在金陵大学的农林科，后来加上南京高等师范学校的农科，这就是后来金陵大学的农学院和中南大学（中央大学）的农学院。这两个农学院的初期领袖人物都是美国几个著名的农学院出身的现代农学者。他们都能实行他们的新式教学方法，用活的材料教学生，用中国农业的当前困难来做研究。"① 著名历史学家章开沅回忆自己1946年求学于金陵大学时，曾多次提到"金大最好的专业是农经"②，"我之所以选择金陵大学，一个原因是金陵大学离家较近。更为重要的是，金陵大学有向往的国内外知名专业：农业经济系。"③ 他还指出，金陵大学农学院"从办学到抗战开始，大学本部和农业专修科，及各科训练班毕业生，约计一千二百余人，占全国高等农业学校的毕业生的1/3，而从事农业教育及农业改良工作的，占总数的95%。没有一个毕业后失业，且供不应求。我国在欧美留学农业的学生，到1948年为止，全国约计二百五十六人，而金陵大学农学院毕业生，却占一百二十余人，约占半数，全国农业机关，都有农学院的学生工作"④。这充分说明，金陵大学农学院农业经济学科的毕业生是普遍受到欢迎的，毕业学生"没有一个毕业后失业，且供不应求"，这在"毕业即失业"的年代里近乎神话⑤，这从另一个侧面也体现了金陵大学农业经济学科的办学成就和良好的声誉。

---

① 胡适：《胡适谈金大农学院的贡献》，转引自张宪文主编《金陵大学史》，南京：南京大学出版社，2002年，第528页。

② 章开沅：《章开沅口述自传》，北京：北京师范大学出版集团、北京师范大学出版社，2015年，第89页。

③ 章开沅：《章开沅口述自传》，北京：北京师范大学出版集团、北京师范大学出版社，2015年，第79页。

④ 章开沅：《鸿爪集》，上海：上海古籍出版社，2003年，第391页。

⑤ 金陵大学南京校友会组编，张宪文主编：《金陵大学史》，南京：南京大学出版社，2002年，第528页。

二、实证方法调查研究，出版中国农业经济学教材

我国农业经济学本土化进程是以农村经济调查为开端的，而最具有典型意义的正式的专门农村经济调查当以金陵大学农学院农业经济系为最早，成就也最卓著，而带头人就是卜凯。正如人们所讲的那样，“中国方面应用调查方法从事农场管理之研究，创自金陵大学卜凯教授”。[①]

金陵大学农林科早期的课程设置多参照美国农科大学，视教师能力而定的居多[②]，教材多“采用美国教科书作为农场管理教材”[③]。正如卜凯自己所说，“当余初执教时，系采取美国通用之课本。一年后，即首感于引用中国农村实际材料诠释农业经济原理之需要，俾教学切合国情，次复感觉利用学生于暑假期间亲赴农村搜集材料，实为最佳之教学训练”[④]，又感到中美两国农业有很大的不同，教学和课程设置“其中事例系根据美大农场及其先进技术，实验两学期后觉得很不合适”[⑤]，不符合中国国情的特点，遂决定根据中国农村实地调查资料编写符合中国国情的教材。其中以1921—1925年和1928—1933年分别进行的大规模农村经济调查和土地利用调查影响最大。这两次调查得到太平洋国际学会中国分会以及美国洛克菲勒基金会的资助。1921—1925年的调查共包括中国北部及中东部7省17处2866个农家。调查成果《中国农家经济》于1930年在美国出版，1936年翻译为中文本。之前，农林科农业经济及农场管理系学生陶延桥在家乡安徽芜湖102户农家的调查和崔毓俊在家乡河北盐山县150户农家的调查，分别以单行本《芜湖一百零二个田家之经济及社会调查》《河北盐山县一百五十农家之经济及社会调查》于1928年、1929年出版中文本。该调查内容主要包括农场之经营、租佃制度、农村副业、土地分配、农民生活、农村人口等，这两个调查涉及农家方面的

---

① J. L. Buck，W. M. Curtis著，戈福鼎、汪荫元译：《中国农场管理学》，上海：商务印书馆，1947年，第2页。

② 费旭、周邦任编撰：《南京农业大学史志》（1914—1988），南京：南京农业大学印刷厂，1994年，第6页。

③ 金陵大学农学院农业经济系在宁系友联谊会：《金陵大学农学院农业经济系建系70周年纪念册》（1921—1991），1991年，南京，第361页。

④ 卜凯：《廿二年来从事中国农业经济研究之感想》，《农林新报》1942年第19卷第34—36期，第7页。

⑤ 金陵大学农学院农业经济系在宁系友联谊会：《金陵大学农学院农业经济系建系70周年纪念册》（1921—1991），1991年，南京，第361页。

内容，可谓见微知著。1928—1933 年的土地利用调查涉及面更为宽广，遍及除东三省外的 22 省 186 个县 168 个地区 16786 个田场 38256 个农户。调查成果《中国土地利用》三大册（论文集、地图集和统计资料）于 1937 年在美国出版，同年，日本出版了两种日文译书，1941 年又有中文本问世。该调查关于农家土地利用、作物生产、农产贸易、农产物价、农业环境、农村人口、农家经济等均有详细缜密的分析，是中国历史上应用科学方法进行近代意义上的第一次较大规模的农业调查，在中国农业发展史上产生了深远影响。该书将我国分为八大农业区，系统阐明了我国农业地域差异的特点。“1979 年后，我国进行农业资源调查和农业区划的研究时，亦参考了这本著作”①。这些调查活动使得卜凯对中国农村经济情形有了深入了解，所取得的调查材料成为构建其农业经济学的基本数据，奠定了他的中国农业经济学的理论基础。这些调查资料在 1925—1926 年的农经系的年报中经评估认为，“目前农业经济系已拥有很多资料可作为一些课程一般原理的例证，而且所有统计数据均取自中国的资料”②。同时，这些调查资料有效解决了“中国是一个缺乏可靠统计的国家”的问题，且“搜集统计材料，不但使其在世界统计里面，可以因此而有地位；就是自己明了，对于自动的改进方面，也很有帮助”③。此外，卜凯所著《中国农场管理学》的主要依据也是金陵大学农业经济系所搜集的有关中国农家的实际材料。可以说，卜凯所主持的这些调查解决了中国农业长期以来没有统计数据的状况，一方面，为出版中国农业经济学教材提供了资料；另一方面，实现了用中国的农业数据阐释中国农业状况的变化，推进了中国农业经济学由西化向本土化的转变。

农业经济调查对于编写教材至关重要，同时，“收集资料对学生是一项好的学习方法”④。自 1922 年开始，卜凯指导学生利用暑假返乡作农家经济调

---

① 崔毓俊：《不能忘却的记忆：论为中国土地利用提出良策的美国友人》，《地理知识》，1989 年第 2 期，第 29 页。

② 卜凯著，卢良俊译：《金陵大学农业经济系之发展（1920—1946 年）》，金陵大学农学院农业经济系在宁系友联谊会编：《金陵大学农学院农业经济系建系 70 周年纪念册》（1921—1991），1991 年，南京，第 380 页。

③ 卜凯著，张履鸾译：《中国农家经济》，上海：商务印书馆，1936 年，第 565 页。

④ 卜凯著，卢良俊译：《金陵大学农业经济系之发展（1920—1946 年）》，金陵大学农学院农业经济系在宁系友联谊会编：《金陵大学农学院农业经济系建系 70 周年纪念册》（1921—1991），1991 年，南京，第 377 页。

查，并使之成为金陵大学农经系的传统，卜凯本人对于农业经济调查也极为重视。据 1945 届 A 班学生白永达①回忆，在入学后的第一个暑期，他和一位同学就在卜凯的指导下，调查成都四郊苹果园业经营状况，“卜凯设计的果园调查表不但扼要明细，而且要求的答案十分确实，一点也不能含糊，每次完一个苹果园，回来交表时，他都逐项审查，如果还有不清楚的地方，必须重新前去问明白，填写好了才算数，这对我们这两个本系的‘新生’是个很好的锻炼”。② 卜凯在指导学生毕业论文调查时更是认真、细致，对此，熊开智回忆说：“他（指卜凯）来到他们调查所在的农户，不但仔细翻阅了我的调查表格和一些记录材料，而且还同那家农户的主人闲聊了半点多钟。我一直催他早点返城，怕天黑了路上不好走，他总是说不要紧。……他的良好的教学方法，实干精神，认真负责的态度以及对学生既严格要求而又循循善诱和平易近人的作风，都给我留下了良好的、终生难忘的记忆。”③ 这样严谨的治学风格，使学生们终身受益。

卜凯所主持的农家经济社会调查，为社会提供了大量重要调研成果，并据此编写了多部教材和参考用书，如《中国农家经济》《中国土地利用》《中国农场管理学》《农村社会与组织学》《农业统计学》《农产物价学》《农业经济研究法》等等，前三部都是卜凯主持编写的。其中《中国农家经济》和《中国土地利用》是当时我国农业经济学界不可多得的重要著述，中华人民共和国成立前一直作为许多大学农学院培训农业经济人才的标准教材。这两部著作在 20 世纪 30 年代出版后，卜凯被广泛“尊为世界上关于中国农业经济最优秀、最权威的学者”。他不仅“划时代地建立起了中国近代农业经济的一套最完善的调查资料，并且他对中国农业经济的看法一直影响着后来的学者”。④《中国农场管理学》也被国民政府教育部列为农业经济学专业的指定教材。

---

① 白永达（1920 年—），河北安新县人，1941—1945 年在金陵大学农业经济系读书。

② 白永达：《望九琐忆》，济南：山东画报出版社，2007 年，第 79—80 页。

③ 熊开智：《怀念卜凯老师》，金陵大学农学院农业经济系在宁系友联谊会编：《金陵大学农学院农业经济系建系 70 周年纪念册》（1921—1991），1991 年，南京，第 48 页。

④ 陈意新：《美国学者对中国近代农业经济的研究》，《中国经济史研究》，2001 年第 1 期。

三、培养了一批优秀的中国农业经济学人才，在中国农业经济学的建设与发展中发挥了重要作用

卜凯在金陵大学农业经济学系的教学、学科建设、师资队伍培养等方面的贡献很大，培养了一批优秀的农业经济学人才，他们逐渐成为我国农业经济学创立与发展的中坚力量。如孙文郁，1924年毕业后留系任教，1930年获美国斯坦福大学食物研究所硕士学位，1934年任农业经济学系主任，后任农学院代理院长。中华人民共和国成立后任农业部计划司副司长，北京农业机械化学院教授、副院长，北京市作物学会副理事长等职。毕生致力于农业经济学的教学与科研，在金陵大学讲授《农场管理》《农业经济学》等课程，出版《农业经济学》《农业经济调查》《人口粮食与土地利用》等著作。乔启明，1924年农经学系毕业后留校任教，1932年赴美国康奈尔大学，1933年获农业经济学硕士学位，1934年任农经系主任，后又任国民政府行政院农产促进会技术组主任，中华人民共和国成立后任北京中国人民银行总行农业金融局副局长，山西农学院副院长等职。在金陵大学农经系讲授农村社会学、农业经济学等课程，主持江苏江宁县淳化县、江阴县肖歧镇和安徽省和县乌江镇、山西省清源县以及豫、皖、苏、陕4省8县11个地区等地区社会调查与乌江农业推广工作，出版《农村社会调查》《中国农村人口之结构及其消失》《中国乡村人口问题之研究》《中国农村社会经济学》等著作。应廉耕，1930年农经系毕业后留系任教，1937年赴美国康奈尔大学农业经济系学习，1938年获得硕士学位。1938年任金陵大学农业经济学系主任，1946年任北京大学农学院农业经济学系教授兼系主任，1949年任北京农业大学农经系主任，一生从事农业经济学的教学与研究，讲授土地经济、农村社会学、经营管理学、农业经济问题专题讨论等课程，编写了《以水为中心的华北农业》《台湾农业经济》等著作。杨蔚，1930年农经系毕业后留校，讲授农业统计学、农产物价学等课程，1933年考取中美庚子款公费留学生，在康奈尔大学攻读研究生，并于1936成为我国第一位获得农业经济学博士学位的学者。崔毓俊，1921年他进入金陵大学农经系学系，1922年，以半工半读的方式到农经组做统计工作，1923年在家乡河北盐山开展150户农家调查，1925年毕业后，在河北省沧县乐善园乡村师范学校任教，并开展农业推广与改良工作，1928年到农业

经济系任教，后任华北区调查主任，先后赴云南、四川等地调查，其讲授的农场簿记课程“常常联系到系里各专业的分工和所进行的研究与推广”，已经“注意到对学生做专业思想工作”①，等等。农业经济学系可谓人才辈出，对此薛暮桥回忆说，“全国解放以前各大学的农业经济学教授，几乎都是卜凯的学生”②。“据1992年统计，光祖国大陆方面，历届学部委员（院士）中，金大校友共27位，其中金大毕业生19位。另据1985年出版的《中国现代农学专家传》，共列现代著名的农学家54位，金大毕业的占18位”。由此可以看出，金大农经系所培养人才之众。同样，“在台湾，金大校友主导的‘中国农村复兴联合委员会’（简称‘农复会’）振兴和促进了台湾农业，奠定了台湾经济起飞的基础”③。可以说，卜凯指导下的农经系所培养出来的农业经济学人才对我国的农业经济学的发展产生了深远的影响，而这种影响又是多方面的，诚如邱德懋所言，卜凯老师“不仅教给了我们科学文化知识，读书和工作的方法，尤为重要的是，培养了我们的独立工作能力与刻苦学习，认真负责，求实务实的精神”④。卜凯认为“具有农场管理学训练之人士常为确定国家农业政策最优秀之官员”⑤。事实说明，卜凯所培养的学生在中国近现代农业的改革与发展中发挥了重要作用。

第三节 卜凯的中国农场管理学思想体系与研究方法

一、对“农场”的认识

卜凯认为，“农业经济乃所以处理农业上大体之问题，农场管理虽有时亦包括于农业经济范围之内，然大都系处置农家内部之问题，而农业经济乃所

---

① 王希贤：《在离开华西坝前后的日子里》，金陵大学农学院农业经济系在宁系友联谊会：《金陵大学农学院农业经济系建系70周年纪念册》（1921—1991），1991年，南京，第218页。

② 薛暮桥：《薛暮桥回忆录》，天津：天津人民出版社，2006年，第78页。

③ 金陵大学南京校友会组编，张宪文主编：《金陵大学史》，南京：南京大学出版社，2002年，第532页。

④ 邱德懋：《金陵之光，永播华夏》，金陵大学农学院农业经济系在宁系友联谊会：《金陵大学农学院农业经济系建系70周年纪念册》（1921—1991），1991年，南京，第274页。

⑤ J. L. Buck，W. M. Curtis著，戈福鼎、汪荫元译：《中国农场管理学》，上海：商务印书馆，1947年，第3页。

以处理农民与其他社会之关系耳”。[①] 卜凯眼中的“农场”，是“指每个农家所种的田场而言”，所以有的学者也将其称为“田场”。可以说农场是卜凯农业经济学教学和研究的基本单元。如1921年他进入金陵大学任教后，发现农场管理学所用教材均是根据美大农场编制的，不适应中国农场的教学。为此，他便组织学生返乡开展中国农家经济及社会状况调查。因而其调查成果多是以农家个体形式出现的，这主要体现在以下三项重要成果之中。

《中国农家经济》是对我国7省17处的2866个田场进行调查和研究统计的成果，是着眼于中国农家经济与社会的研究。内容涉及广泛，以农家农场的经营为中心，到观察田块的配置、土地利用、收支和面积、作物、肥料、耕畜等；从家庭人口到食物的消费结构、衣食住行、娱乐活动、教育以及生活程度等方面。其目的，一方面，“在训练学生使知如何利用调查方法，以研究农业经济与农业经营，并使其能了然于本国农家经济之机构与内容”，另一方面，“使国际间对于占中国人口绝对多数之农民，其生活资源与生活状态，得有更深切之认识”[②]。

《中国土地利用》是对我国22省168地区16786个农场及38256户农家的土地利用情况及家庭人口、经济和生活状况的调查，主要是中国的农业带、气候、地势、土壤、土地作物等自然资源及生产环境，以及人口、食物营养、家畜、田场大小、劳动力、交通和物价与赋税等人文社会状况的研究成果。全书共分为三册，一是论文集，二是地图集，三是统计资料。卜凯编写此书的目的在于，“第一，训练学生谙习土地利用之调查方法。第二，搜集中国农业知识，俾为改良农业之借鉴，及决定全国农业政策之根据。第三，俾世界各国关怀中国福利之人士，得知中国土地利用、食粮及人口之概况”[③]。

《中国农场管理学》注重引用上两种有关土地、劳力、资本农场企业等资料来综合例证农场管理学的分析研究。其目的“不仅供学生习读之用，并可供关注农民福利之改进者参考之用。其对农业推广人员，决定农业政策，以

① 卜凯著、刘润涛译：《农业经济学对于中国农村改进之可能的贡献》，《农林新报》，1932年第277—279期，第155页。

② 谢家声、章之汶：《序》，卜凯著，张履鸾译：《中国农家经济》，上海：商务印书馆，1936年，第1页。

③ 卜凯著，乔启明等译：《中国土地利用》（1941年影印本），台北，学生书局，1977年版，序言，第1页。

及农场管理者，均属有用，往往农业政策之抉择而于农场管理之原理并无充分之认识，此类原理应用于个别农场者，同样可用于一国之农业。因是凡对农业之改进关注者，足供参考”①。

上述三项成果均是以农场为中心，而《中国农场管理学》一书是卜凯集前两种姊妹作之大成，融理论与事实为一体，是其中国农场管理学的思想体系和研究方法的集中体现。

卜凯认为农场管理学与农业经济学二者的主要研究内容和范围都有不同。“农场管理学系以农场为一单位，研讨增进农民生产效率及经济利润之方法”②，其知识及其应用在于尽力为农民寻求美满的农场生活方法。农业经济学则不然，它是研究经济原理在整个农业上的应用，研究范围包括“农民彼此间之经济关系以及农民与社会其他阶层如地主、贷款者、银行家、商人、合作团体及政府等之经济关系”③。两者有着明显的区别和联系，“农场管理虽有时亦包括于农业经济范围之内，然大都系处置农家内部之问题，而农业经济乃所以处理农民与其他社会之关系耳”④。

显然，卜凯是将农场管理学作为一门独立学科来看待的，其研究内容涉及家庭农场经营的方方面面。根据卜凯所著《中国农家经济》一书可以清晰看出农场管理学研究所涉及的主要内容包括：田场布置与利用、田场周年经营状况、大小最适宜的田场企业、耕地所有权与农佃问题、作物、家畜和保存地力、田场的劳力、农家家庭与人口、食物消费等。其研究内容细致、全面和丰富，是同时期其他农业经济研究所未曾见到的。

在卜凯的思想意识上，“农业是一种企业。在利润方面，也和其他的企业，有同等的重要。但不幸在企业盈亏的原理方面，常易被人忽视。吾人欲明了田场周年间经营的状况，必须知道企业范围的大小，收支的数目和性质及其盈亏的结果。”⑤

---

① 沈文辅：《卜凯、刻替斯著：中国农场管理学》，《中农月刊》，1943 年第 4 卷第 1 期。

② J. L. Buck，W. M. Curtis 著，戈福鼎、汪荫元译：《中国农场管理学》，上海：商务印书馆，1947 年，第 1 页。

③ J. L. Buck，W. M. Curtis 著，戈福鼎、汪荫元译：《中国农场管理学》，上海：商务印书馆，1947 年，第 1 页。

④ 卜凯著，刘润涛译，《农业经济学对中国农村改进之可能的贡献》，《农林新报》，1932 年第 277—279 期，第 155 页。

⑤ 卜凯著，张履鸾译：《中国农家经济》，上海：商务印书馆，1936 年，第 47 页。

所以，他认为必须以经营的观念来管理农场，农业经营是农场管理的重要方面。“农业之经营为一种企业，一如经营商店或银行者然，农民必须具有企业上的知识”。跟其他企业自有其经营原理一样，“关于农场经营方面已有若干确切不移之原理”[①]。因此，农民要想获得农业经营的成功，必须引用企业原理从事经营。接着，卜凯对农场管理学做了更加明确的界定，即“农场管理学乃研究农场之组织与工作以求经营效率及最大且持久利润之科学也”[②]。由此，农场管理学又不同于其他诸如农艺学、作物育种学等仅研究农业经营某一方面的农业学科。他进而指出，一个优秀的农场管理者应该运用农业上的各种知识，来决定农场中作物、牲畜种类，肥料种类与数量，作物栽培的精疏，牲畜饲料种类与数量以及饲养方法，农具数量等。做到“农场中任何企业与各种措施在农场管理学中均视为一体，兼筹并顾，而无彼此之分也”[③]。

农场经营的直接目的是提高利润，他认为利润是其重要组成部分，为此他还制定了衡量农场利润的主要标准，主要包括“农场进款、工作赚款、工作进款、家庭赚款、家庭进款、财务状况之变迁、每工人之工作赚款、每工人之工作进款、每小时之工作赚款、每亩土地之报酬（经济地租）、每亩土地之纯益及投资利率等”，而至于具体“采用何种衡量为最优则视环境而定”。[④]

卜凯还分析了农场公司经营的优点与缺点，其优点主要有：可以大量购买与出售、可以雇佣有技巧之专才、可以筹集资金等。公司农场经营的不足，主要表现：工作者缺乏兴趣、工作时间缺乏弹性、监督费用较大、管理及会计费用大[⑤]。

卜凯强调农场管理研究必须持续不断，以适应农场情形日新月异变化的情况。进而，他将农场管理学原理的运用上升到国家的高度。他说，“一国农业必需应用农场管理学之原理，当政府确定国家农业政策之际，农场管理学

---

① J. L. Buck，W. M. Curtis 著，戈福鼎、汪荫元译：《中国农场管理学》，上海：商务印书馆，1947 年，第 1—2 页。

② J. L. Buck，W. M. Curtis 著，戈福鼎、汪荫元译：《中国农场管理学》，上海：商务印书馆，1947 年，第 1 页。

③ J. L. Buck，W. M. Curtis 著，戈福鼎、汪荫元译：《中国农场管理学》，上海：商务印书馆，1947 年，第 1 页。

④ J. L. Buck，W. M. Curtis 著，戈福鼎、汪荫元译：《中国农场管理学》，上海：商务印书馆，1947 年，第 5 页。

⑤ J. L. Buck，W. M. Curtis 著，戈福鼎、汪荫元译：《中国农场管理学》，上海：商务印书馆，1947 年，第 51—52 页。

原理乃一重要指南针，盖农场管理学原理之应用对于整个国家之助益一如其影响个别农场之利润也。”①

二、研究方法

卜凯认为，“静坐办公室中穷思寻求农民成败之原因鲜有能获正确之解答者，即经验丰富之农民，亦常误解农场经营成败之原因，甚至大学教授亦复如是”②。而适当方法应该是：“（一）寻求事实之真相，（二）忠诚分析并解释此种真相，最后更须提出改进与增加农场利润的建议”③。对此，他提出应该以多数农场为研究对象，且不能限于一个或少数农场，以免得出片面或错误的结论。“农业经济学者必须搜集事实之真相以解释其原因，研究多数农场乃一要诀，设所研究者仅为一个农场或少数农场，则错误之结论常易发生”④。

同时，卜凯还审视了以往人们试图通过设立试验农场以从事测验若干理论研究农业经济的做法。他认为此种方法对于农场管理科学方面并没有重大作用，“因农事试验场中所用之实验法，对于鉴定植物之新品种，动植物病害之防除，与夫动物育种等颇为适用，对于决定农场管理之原则则不相宜。”⑤

关于农场经营的研究方法，卜凯认为，经过农业经济学者多年的努力探索，研究农场经营的方法已有了很大的进步，普遍采用的方法首为记账法，次为调查法。至于具体应选择哪种研究方法，则要根据多种因素予以取舍。他指出，“研究之对象以一整个农场为单位，抑为农场作业之一种，研究经费之多寡，农民写读之能力，与其能否合作供给真实材料等项，均为选择研究方法时之决定因子。”⑥ 对于农业经营研究而言，他认为记账法较其他方法最

① J. L. Buck，W. M. Curtis 著，戈福鼎、汪荫元译：《中国农场管理学》，上海：商务印书馆，1947 年，第 2—3 页。

② J. L. Buck，W. M. Curtis 著，戈福鼎、汪荫元译：《中国农场管理学》，上海：商务印书馆，1947 年，第 14 页。

③ J. L. Buck，W. M. Curtis 著，戈福鼎、汪荫元译：《中国农场管理学》，上海：商务印书馆，1947 年，第 14 页。

④ J. L. Buck，W. M. Curtis 著，戈福鼎、汪荫元译：《中国农场管理学》，上海：商务印书馆，1947 年，第 14 页。

⑤ J. L. Buck，W. M. Curtis 著，戈福鼎、汪荫元译：《中国农场管理学》，上海：商务印书馆，1947 年，第 14 页。

⑥ J. L. Buck，W. M. Curtis 著，戈福鼎、汪荫元译：《中国农场管理学》，上海：商务印书馆，1947 年，第 14 页。

为理想，它能够避免因记忆问题而无法准确记住一年中家庭各项详细收支，因此所得数据也最为精确。农场记账法主要包括农场财产清查账，农场现金收支账，农场成本账三种。

卜凯基于中国农民大多不能写读的实际情况，认为农场财产清查账应为能够使农民实行的一种最简易的记账方法，即农民在一定时期将其所有资产与负债进行登记，而资产总值减去负债总值的差额即为农场的实有资产净值。如果农民“每年登记农场财产清查账一次，当可知逐年财务进展之情形”①。因而，提出应每年举行一次农场财产清查，而清查时间应在“农民手中存物至少之时”或“农闲之际，多数农场以严冬或早春为最适宜时期，在作物播种之后或收获之前举行有时尤称便利”。清查的程序为：先登记财产项目，然后计算其价值。具体清查项目包括“农具、牲畜、谷物、存物房屋与土地，至无关农场经营之个人所有物如家庭设备等普通多不列入农场清查”。财产价值计算则无论农民用何种方法，“每年所用者都应求一律，实为必要，农具之价值，可以目前购买同样新旧者需费若干计算，各种产品应以当时市价计算”②。

与农场财产清查账法比较，农场现金收支记账法用途要广一些。如将此类账目与财产清查账结合起来同时应用，农民则可清晰说明一年中的各项收支情况，并能对各种作业的净利润作精确的估计。至于农场现金收支账包括的内容，卜凯认为，最低限度应有“现金收入、现金支出、年初与年终之财产清查、各种作物之面积及其产量”③ 等四种。

卜凯认为，农场成本账为农场较详尽的记账法，它是一种完全的成本账，一年内各种作业的一切费用与收入在成本账中均须分别记载。对于成本账的记账内容，卜凯以水稻生产成本为例进行了说明，也就是对于有关水稻生产的一切收入与支出均须详细地记载。具体而言，支出项目包括：“种籽，肥料（包括土壤中上季作物没用完的肥料），人工、畜工、农具、土地与房屋如投资利息及修理费或租金缴纳等成本项目”；收入项目包括：“作物主副产之售

① J. L. Buck，W. M. Curtis 著，戈福鼎、汪荫元译：《中国农场管理学》，上海：商务印书馆，1947 年，第 15 页。

② J. L. Buck，W. M. Curtis 著，戈福鼎、汪荫元译：《中国农场管理学》，上海：商务印书馆，1947 年，第 15 页。

③ J. L. Buck，W. M. Curtis 著，戈福鼎、汪荫元译：《中国农场管理学》，上海：商务印书馆，1947 年，第 15—16 页。

款，牲畜及其产品之售款，作物留作种籽之主副产价值，作物主副产充作农场饲料或其他用途者之价值，施于作物厩肥之价值，家用作物及作物副产之价值，以及家用牲畜及其产品之价值”①。由此可窥农场经营情形的全貌，也可以据此知道何种作业获利或何种作业亏损。因成本记账所记载的材料较其他记账都详细，所以成本记账法不仅适用于农民，对于农场管理的研究与教学也均有裨益。

记账法虽然为农场管理研究的首要方法，但其存在的问题也是显而易见的。如以平教会在定县实验为例，平民教育促进会在定县进行实验时也曾在部分村庄采取记账法来记录农民全年的生活费用，但农民家庭成员大半都不识字，也没有记过账，且家庭记账始终会造成部分家庭的怀疑，多数家庭时间久了也嫌麻烦，尤其是在农忙时。虽然平民教育促进会也安排专人予以指导和协助记账，但仍存在许多账内或遗漏主要项目，或日期不全，无法使用的情况。② 对此，他也对记账法存在的若干不足进行了诠释。

卜凯指出，对农民个人来说，农场财产清查账“不失为一适用下之方法”③。而农场现金收支账法虽用途较广，但其应用也颇受限制。除非农民“能写能读或雇佣专人为多数农民记载外，甚难实行”，且所需费用也较多。而成本账的限制更为明显，“就搜集研究资料而论，此方法也最不经济”，且成本账的记载最少须有一年方可分析，农民对此易感到厌烦，需要严密的督导。因此，卜凯感慨成本账记账法最为费时、费资金，如“无大量经费，颇难普遍推行，则根据多数农家之比较以寻求经营农场之原则亦不可能”④。

其次，调查法。卜凯认为，与记账法耗时耗资金，不易推行相比，利用有系统的问题，搜集农场管理研究所需材料的调查法则是最适宜采用的方法。调查法的应用广泛，多以农场为一研究单位，所设问题皆为农民就其农场方面易于回答的。而最为理想的调查方法是在选定的地区“每年调查一次，对

① J. L. Buck，W. M. Curtis 著，戈福鼎、汪荫元译：《中国农场管理学》，上海：商务印书馆，1947 年，第 16 页。

② 李景汉：《定县社会概况调查》，上海：世纪出版集团、上海人民出版社，2005 年，第 286 页。

③ J. L. Buck，W. M. Curtis 著，戈福鼎、汪荫元译：《中国农场管理学》，上海：商务印书馆，1947 年，第 15 页。

④ J. L. Buck，W. M. Curtis 著，戈福鼎、汪荫元译：《中国农场管理学》，上海：商务印书馆，1947 年，第 16 页。

于丰年歉年，物价上涨下落，或正常之年，均可包括在内”。即便不能如此，“每五年或十年调查一次，亦属不差”①。

填写调查表是调查方法不可或缺的重要步骤，对此，卜凯认为“拟制完善之调查表格为帮助调查人员获得农人正确材料最有效方法之一”②。而一份完善的调查表格至少应具备三项条件，即：问题须简明易答，问题之排列须有层次，所留空白应恰够填写答案。卜凯还对调查表格的拟制和问题的发问等需要注意的事项进行了详细说明，他指出，次序合理的问题可使发问与回答迅速，因此在拟制调查表格时，应须注意农民的思想和他们所考虑的问题，并应设法使其容易而迅速地回答问题。在实地调查中，无论拟制时多么仔细，一经应用，往往发现应加修改之处甚多。所以，拟制表格必须先作试用，将表格在至少数个农家实地测验其适用与否，然后加以修改；此过程往往须经数度试用与修改才能形成一份较为完善满意的调查表格。并且，在不同农业方式下与搜集不同材料时，均须拟制各种不同的调查表格③。

调查方法的精确与否除需完善的表格外，与调查人员的关系也甚为密切。根据以往经验，卜凯认为，调查员应熟悉当地农业方式并须了解农民的心理与观念。因为农民见询问其农场详情时，常怀猜疑心态。这时调查员必须向其解释调查的意义，并表明“所集材料决不个别对外发表，亦不因而增加捐税，以求获得对方信任而使丝毫不存疑惧”。据此，他认为，“调查员应为当地之土著，最好能与农民熟悉者为合格”④。因为，“土著”的调查员“对于这许多场主大半有血族或友谊的关系，或者系由于亲戚朋友的介绍”，要“想得真确材料，这种接近的方法，是事实上所必须的”⑤。此外，卜凯还讲到，一个优良的调查员还应运用其智慧，“发问简捷而中肯，使调查时间缩短，所

① J. L. Buck，W. M. Curtis 著，戈福鼎、汪荫元译：《中国农场管理学》，上海：商务印书馆，1947 年，第 21 页。

② J. L. Buck，W. M. Curtis 著，戈福鼎、汪荫元译：《中国农场管理学》，上海：商务印书馆，1947 年，第 17 页。

③ J. L. Buck，W. M. Curtis 著，戈福鼎、汪荫元译：《中国农场管理学》，上海：商务印书馆，1947 年，第 17 页。

④ J. L. Buck，W. M. Curtis 著，戈福鼎、汪荫元译：《中国农场管理学》，上海：商务印书馆，1947 年，第 18 页。

⑤ 卜凯著，张履鸾译：《中国农家经济》，上海：商务印书馆，1936 年，第 49 页。

得材料正确。此点甚属重要，因调查时间过长，农民每感厌倦”[①]。

与记账法相比，就个别农场而言，用调查方法所得材料不如用记账方法所得的结果精确，也就是存在不够精确的弊端。“此种差误惟恃审慎拟制之表格与丰富之经验始可予免除”[②]。而要想获得准确的回答，卜凯认为调查者除有时可利用各种不同方式之问题或其他问题之引导以帮助农民回答正确之答案外，更应忠实记录农民的回答。偏误之发生或由于农民回答之错误，或由于调查人员之成见；填调查表格时必须填记农民之回答，同时须注意农民是否了解所答之问题；且调查者对于农民农事措施之注意，应较对农民意见之注意为甚。他还特别告诫，调查员在发问时切不可预示答案。无论调查者对所问之问题见解为何，均不应先有成见预示答案[③]，从而保证调查的真实性。

卜凯还指出，在调查时调查员应时常运用互校的方法以谋求准确的回答，避免偏误的发生。对此，他列举了在调查时可能遇到的一些问题，如农民“对于调查存有怀疑心理，认为与增加捐税有关时，常少报其土地面积”。对这些无意或有意的偏误，调查时都应利用相互校对的方法尽量予以免除。对调查表中所列的问题“应为农民极熟悉的事项”，比如农民“对其全年人工费用或不知确数，但对于雇工的日数及每日所付之工资每能道其确数。调查员常可比较其他相关问题之回答，以测农民所答是否正确”。而“日间调查的表格当晚就应加以校对，以求调查材料之翔实。遇有可疑时，应设法复查一次以校正”。[④]因此，调查员对调查的表格应及时校对与印证，力求不过夜和准确翔实。

同时，卜凯对调查农场的选择及其数目也相当重视，认为这对调查方法的正确程度与应用价值有重要影响。“所调查的地方不多，恐不足以代表全国的情形”[⑤]，而一个区域的农场大小、贫富、产量等都有很大差异，家庭大小

---

① J. L. Buck，W. M. Curtis 著，戈福鼎、汪荫元译：《中国农场管理学》，上海：商务印书馆，1947 年，第 18 页。

② J. L. Buck，W. M. Curtis 著，戈福鼎、汪荫元译：《中国农场管理学》，上海：商务印书馆，1947 年，第 19 页。

③ J. L. Buck，W. M. Curtis 著，戈福鼎、汪荫元译：《中国农场管理学》，上海：商务印书馆，1947 年，第 17—18 页。

④ J. L. Buck，W. M. Curtis 著，戈福鼎、汪荫元译：《中国农场管理学》，上海：商务印书馆，1947 年，第 17—18 页。

⑤ 卜凯著，张履鸾译：《中国农家经济》，上海：商务印书馆，1936 年，第 250 页。

也各有区别。因此，调查时对于各种农场都应一体视之，“调查对象切不可从事选择，必须采用‘随机抽样法’从事农场调查”，即“选定同一农业方式之地区，就该地区内随机调查若干农场”，并且调查对象的选择“应具有充分代表性，以能代表某一农业方式为合格”[①]。在卜凯看来，随机抽样较好的方法就是“沿途逢人即行调查，或随机选定若干村庄调查全体之农场，或遇见村庄即调查全体农场，或每间隔三个或五个村庄即行调查，如此则可避免选择之弊”。而“欲所抽之样能够代表一般，调查农场必须较多”。而至于具体调查数目的多寡，则要根据“调查区域内农业情形之相似程度，各农场间之差异程度，以及调查员之技巧而定”[②]。卜凯又举例说，譬如“在农业情形相似程度甚高的地区，调查农场数目可较在农场差异程度甚大之地区为少；调查员技能低劣，常生错误时，则调查农场数目必须增加”[③]，只有这样才能做到覆盖面广、科学合理。

对于记账法与调查法孰优孰劣，卜凯进行了比较。他讲到，“为个别农场计，成本账之记载自较调查记录正确多多，成本账材料可供校对调查材料之用，现金账与财产清查账乃有效之教导方法。因其对于个别农场之直接助益较调查法为优，但对于研究工作则不甚适用”。调查法作为一种研究方法对于农场管理学的研究是很适用的，这主要表现在以下几个方面，“一是调查方法所需费用节省，以一定费用而论，调查方法所能获得之材料较其他任何方法为多，农场一年经营状况可于半日之内调查获得，调查所需时间较其他方法为少。二是调查法之结果所能代表一地情形较其他任何方法为佳，如用记账法，则仅可使少数农民记账，结果必不能代表一般情形。三是欲寻求一区域内一切农业情形，则调查法尤为适用”[④]。然而要想了解一县的农业情况，“对全县农场一一调查，势不可能，且不必要；调查法的优点，即在能以调查

① J. L. Buck，W. M. Curtis 著，戈福鼎、汪荫元译：《中国农场管理学》，上海：商务印书馆，1947年，第18—19页。

② J. L. Buck，W. M. Curtis 著，戈福鼎、汪荫元译：《中国农场管理学》，上海：商务印书馆，1947年，第19页。

③ J. L. Buck，W. M. Curtis 著，戈福鼎、汪荫元译：《中国农场管理学》，上海：商务印书馆，1947年，第18—19页。

④ J. L. Buck，W. M. Curtis 著，戈福鼎、汪荫元译：《中国农场管理学》，上海：商务印书馆，1947年，第20页。

较少之农场，而知一大区域内之农业情形”①。虽然个别农场调查的正确性不能与记账法相比拟，“但根据多数农场调查结果，确定农场管理原则，其正确性殊无顾虑”。具体而言，如计算产量，“若干农人或失之太高，另一部农人则又难免失之过低，多数农人估计之平均数，则可消除太高过低之患，而给一极近之产量估计”②。虽然记账法和调查法各有优缺点，但卜凯认为它们对于研究农场管理的目的是一致的，即寻求事实、确定常态、把握农场管理之原则。

三、研究的主要内容和衡量利润的主要标准

根据卜凯所著《中国农家经济》一书可以清晰看出农场管理学研究所涉及的有关方面的内容，主要包括：田场布置与利用（旷田制，农舍、农地的利用，田场面积的变更，地权的获有方法）、田场周年经营状况（田场企业的大小，田场之投资、收入的数量与种类，支出的数量与分配，利润的多寡与计算法）、大小最适宜的田场企业（田场企业大小和利润多寡的关系、田场企业大小和生产要素之效能的关系、大小最适宜的田场、目下田场所以过小的原因、田场企业过小的救济方法）、耕地所有权与农佃问题（农佃问题的限度、地租类别、自耕农、半自耕农和佃农的经济状况之比较、地主的利润、公允租额与现行租额）、作物（作物制、农艺方式、作物的分布、商品作物、作物产量作物价格）、家畜和保存地力（家畜的数量与所占地百分比、家畜的密度、田场上肥料的生产、肥料的购进、保存地力问题的重要）、田场的劳力（每一公顷所需的劳力、每一田场所需的劳力、按半月计的人工支配、按半月计的畜工支配、每种作物之人工和畜工的支配及其工作之种类、工值、人工和畜工的效能、田场劳力问题之重要）、农家家庭与人口（农家家庭之亲属、家庭之大小、每家之成年男子单位、家庭之大小与田场大小之关系、农村人口之年龄与性别的分配、人口之迁徙、在外家庭之年龄及性别、人口密度）、食物消费（食物之消费量及其来源，食物能力之数量与来源，蛋白质之数量与来源，维他命、矿物质之成分，食物习惯）、生活程度（所用物品之分类、所用物品每项之

① J. L. Buck，W. M. Curtis 著，戈福鼎、汪荫元译：《中国农场管理学》，上海：商务印书馆，1947 年，第 18 页。

② J. L. Buck，W. M. Curtis 著，戈福鼎、汪荫元译：《中国农场管理学》，上海：商务印书馆，1947 年，第 17 页。

价值、物品之来源、生活必需费、生活改进费、家具费、医药费、个人嗜好费、杂项开支）等。可谓研究内容覆盖面广，内容涉及农场管理和经营的方方面面，是当时外国人研究中国农业经济状况最早、最为全面的学术专著。

卜凯认为，农场管理学主要研究影响农场利润的各种因素，因此上述内容乃是为达此研究目的所涉及的重要方面。由于农业经营的特征，衡量农场利润较其他非农业为难，最普遍的是在于估计农场主的工作与其管理价值的困难，以及计算农场生活（农场主家庭房租估值及家用产品价值）价值的困难。鉴于此，卜凯强调说，在比较农业及其他企业的利润时，对于所用的衡量标准必需明了。否则，差之毫厘，失之千里[①]。表2－10即卜凯所提出的各农场主要衡量标准的内容、计算方法及标准的优良程度。

表2－10 农场利润主要衡量标准及计算方法、优良程度

名称	标准的内容	计算方法	标准的优良程度
农场进款	农场主由其资本及工作所得之报酬，农场生活亦包括在内	现金收入，农场生活，资本增加等项相加，由此总和中再减去现金支出及家工工作估值	因其包括农场主工作所得及投资所得，不常用于农场利润之衡量
工作赚款	农场主周年工作之所得，农场生活为收入之一，资本利息为支出之一	将总收入减去总支出及平均资本全年之利息，农场资本利息须根据通行利率计算，且利率一经决定，全体农场均须以同一标准计算	中国农场衡量利润最优良方法之一，可以与城市工资相比拟
工作进款	农场主除去农场生活外周年工作之所得，资本利息为支出之一	将现金收入及资本增加相加之和减去总支出及资本利息	西方各国衡量利润最通用之一方法。在中国，农场生活一项往往几及农场现金收入相等数额，故不能列为衡量利润优良方法
家庭赚款	整个农家周年工作所赚得之数，资本利息不列为支出	将总收入与农场以外之收入二项之和减去现金支出	用以比较农场利润与他种企业之利润时甚为适用
家庭进款	农场主所得之现金可以支付现金生活费用及偿还负债之总数	自现金收入及农场以外之收入之和减去现金支出	农民最为关切之一衡量，生活程度可以由此决定

① J. L. Buck，W. M. Curtis 著，戈福鼎、汪荫元译：《中国农场管理学》，上海：商务印书馆，1947年，第5页。

续表

名称	标准的内容	计算方法	标准的优良程度
财务状况之变迁	农场主年初资产与年终资产之比较	将现金收入、农场以外之收入及资本增加等项相加所得之和，减去农场现金支出、家庭现金生活费用及资本减少而得	农场主需要加以衡量者。若比较农场效率，此项不能适用
每工人之工作赚款	农场中全体工人所得，包括农场生活，而以每工人所得表示之数	自总收入中减去雇工费用以外之现金支出及资本利息，所得余数再以在农场全年工作之工人数目除之即得	中国情形，农场生活占农场所得之相当部分，此项标准自较每工人之工作进款为佳
每工人之工作进款	农场中除去农场生活外，全体工人所得而以每工人所得表示之数	以现金收入及资本增加之和减去雇工费用以外之现金支出、资本减少及资本利息，所得余数再用农场上工作十二个月之平均工人数目除之	对于衡量农场全体工作者之所得现款自不失为一优良方法。唯何者为工作所得，何者为管理所得，无法划分
每小时之工作赚款	衡量工人每小时之工作所得之报酬，计算时农场生活列为收入之一，除工人费用以外之一切费用均须减去	以总收入减去现金支出（除去雇工费用，包括伙食）及资本利息，所得余数再以生产工作总小时数除之	用以比较农场上各种作业之所得颇为适合
每亩土地之报酬	由土地所得之收益	以总收入减去总支出（地租在外），资本利息（土地利息不计）及农场主工作估值，所得余数再用农场总亩数除之	在每单位土地人口众多，土地面积有限，每单位土地产量之增加重于每工人产量之增加的国家，极为适用。应用此法，以比较农业方式相同之农场面积为佳
每亩土地之纯益	土地之所得减去一切费用，资本利息（土地利息），及农场主工作估值后之纯益	以总收入减去总支出，资本利息及农场主工作估值，所余之数除以农场总亩数	衡量土地及其管理之得失之一良善方法
投资利率	农场主资本所得利息之多寡	以总收入减去总支出及农场主工作估值余数用年内平均资本额除之，再乘以100即得	在资本所得高于农场主时间之所值，为一良好标准，但多数农场情形不尽相同，此法遂不能普遍适用

资料来源：据 J. L. Buck，W. M. Curtis 著，戈福鼎、汪荫元译《中国农场管理学》第6—13页内容整理而成。

从表2－10中，我们既可以看到卜凯农场管理研究的主要方面和内容，同时，我们也可以看出卜凯农场管理学偏重于采取企业原理对农业经济进行研究的特征。这虽然对改进中国农业经营不无裨益，但其某种程度上脱离中国农村实际情形的缺点也是比较明显的，这也是他受到多方批评的一个主要原因。

四、评价

综上所述，可以看出卜凯农场管理学的主要内容和方法在中国农业经济学建立和发展过程中的重要作用。同时，我们也应看到其存在的不足，主要表现在以下几点：

第一，卜凯的农场管理学采用西方特别是美国大农场管理为样本，多采取企业管理的原理对中国的农场进行研究，这虽然对改进中国农业经营不无裨益，但在某种程度上脱离中国农村实际。

第二，中国是一个农业大国，农业历来是立国安民之本，在其作用上多注重其养家糊口、保本安民，远未发展到考虑其盈亏等相关经济因素，这与习惯了美国大农场的卜凯来看，显然要给其注入的是将农场作为企业运营的机制方法，这也是卜凯一直强调中国农场应加强农产经营管理的原因。

第三，中国农民历来延续传统农业的耕作方法，小本经营，小农经济，每块地的产出变动幅度不大，其收入微薄，农民一直处于勉强维持温饱的状态。再者，因为穷，多不识字，采取记账的方法显得很不现实，很难维持和延续下去。此外，农民常说“吃不穷，穿不穷，算计不到就受穷”，一方面反映了农民希望甚至是渴望提高土地产出效益的愿望，另一方面也表达出经过“算计”，精密化管理，土地可以适当提高产出，但远没有达到卜凯心目中理想的农场收益，更无须说大农场的经营管理了。

目前，随着我国土地流转政策进一步推进，农业的经营方式和规模将会发生很大的改变，卜凯加强农场管理的理论和方法具有现实的借鉴意义。

第三章　卜凯主持的中国农村调查

第一节　调查概况及成因

一、调查概况

卜凯认为要想准确了解中国农家经济和社会状况，从而得出关于中国农村经济发展的结论，而这些结论的准确与否，"只能用表格向一家一家的农人去调查才能证明。这种实地调查来的材料，不但能使西方人知道中国的实况，而中国人自己因此对于本国的情形，也可以更为了解。"[①] 因此，进入金陵大学任教后，他结合教学工作要求家是农村的学生暑假期间回到家乡进行至少一百个农家的调查。为此，他为这些学生提供了许多专业指导以及经费资助，希望学生的调查活动能够带回反映中国农村实际状况的真实数据，由此启动了他在中国广泛的调查实践活动。

卜凯在中国的调查活动内容丰富，被公认为中国调查历时最久、调查项目最详、调查地域最广、比较而言最具科学性的农村调查之一，为农业经济的深入研究提供了翔实的材料。[②] 卜凯的中国农村经济及社会调查之所以能取得如此之成就，在于他在进行调查之前对调查内容、调查方法、调查人员及调查技巧等方面进行了系统深入的反复研究后才深入广大农村进行调查的，所拟定的《农村调查表》成为卜凯及其指导的学生、当地农民进行调查的具体操作指南。该《农村调查表》有两个版本，分别由徐澄和章之汶翻译完成。具体项目包括：调查的目的、调查表的用法、调查询问的方式、调查内容等

① 卜凯著，张履鸾译：《中国农家经济》，上海：商务印书馆，1936 年，第 565 页。

② 叶坦：《调查研究的传统与学术创新——经济史学研究方法之反思》，《新华文摘》，2016 年第 20 期。

几部分。徐澄翻译的调查表共八个章节，包括导言、农业经济状况、农产、荒歉、地势、人口、健康与卫生、教育。章之汶翻译的调查表包括土地情形、人口、经济情形、农产、健康、教育和概论七部分。两个调查表格基本涵盖我国农村经济和社会的基本状况，同时又各具特色，徐澄翻译的调查表更加翔实、细致、缜密，章之汶翻译的调查表更加简洁明了，适用面广。关于调查范围，卜凯指出“调查选择农业情形相同之区域为调查范围，此种范围：一村及其周围之田地、一区或一乡、一县、不止一县”。农村经济调查要对“田产、田之大小、农民之状况、佃户、租田法、人工、信任借贷、赋税、买卖、输出输入、农具设备、家庭工业、工厂、燃料、灌溉、同工合作、运输交通”[①] 等十九项内容进行翔实、细致的调查，由此可看出卜凯农村调查工作的细致程度。关于设计调查表的目的，卜凯指出，“此种调查可谓为一种地方之详细分类记录，可供各地关怀本乡事业之人士，得以短少之时间，以研究本地之情形”，亦可供“中学及大学学生研究社会及经济学之资料则尤为适用”。关于调查询问的方式，即如何才能更好地实现调查的目的，卜凯认为“非逐家挨次询问，乃系访得深悉本地情形之一二人，而向之详细询问”。此外，卜凯还指出本调查表“所包罗者甚多，读者若能一一详细答出，则其调查地之情形，洞若观火，了如指掌，即入手改良之法，亦可由分析而得之矣。深愿邦人君子热心于农务者，曷不奋臂而起，从事调查乎”[②]。调查表是卜凯开展的农村经济和社会发展状况调查的工作指南，同时，对当时我国农村调查的有效开展发挥了很大的指导作用。

卜凯的中国农家经济及社会调查主要分为四个阶段，即1916—1919年对安徽宿州以及濉溪、怀远等县周边农村的调查，1921—1925年对我国7省17处2866个农家经济及社会状况的调查，以及1929—1933年更大规模地对我国22省168个地区16786个农场和38256个农家土地利用状况的调查；以及抗日战争全面爆发后，金陵大学西迁成都对四川的农业和土地利用调查。第一阶段的调查是尝试性的、多为个人零星、分散进行，内容主要包括种子改良、技术推广等，调查结果有力地推进了当地的农业改良与推广，为金陵大学农经系的建立奠定了基础；第二阶段的成果主要集中体现在《中国农家经济》

① 卜凯著，章之汶译：《农村调查表》，《中华农学会报》，1923年第39期，第39页。
② 卜凯著，章之汶译：《农村调查表》，《中华农学会报》，1923年第39期，第38页。

一书中；第三个阶段的成果主要集中在《中国土地利用》（分文字、图集、统计资料三册）一书中。第二、三个阶段是集体进行的，卜凯是组织者，指导者；第四阶段调查在四川进行，集中在农业生产和部分县的土地利用。众所周知，20 世纪二三十年代，中国大地上兴起了一股农村调查的风潮，除卜凯组织的农家经济、土地利用调查外，还有：陈翰笙组织的无锡、保定调查；南京国民政府农村复兴委员会组织的农村调查；李景汉主持的定县调查；日本满铁组织的惯性调查等。国外学者对中国农村的调查开始于 20 世纪初，比较著名的人士有狄特摩尔、戴乐仁、布朗等在华任教的美籍教授。与之相比，卜凯的调查并不是最早、最为全面的，但却是规模最大、成绩最为显著的。因此，卜凯也被尊为当时世界上关于中国农村经济最优秀、最权威的学者。

1922 年关于安徽芜湖 102 户农家经济的调查是卜凯来到中国后最早公开发表的调查成果。正如他自己所讲的那样"此篇仅为研究之开端，且为目下将要脱稿中数调查之一"。其目的就是"用由具专门知识者所编成之调查表，使受有相当训练者用之以调查所需各种之事实"①，来解决当时中国农村存在的"中国大多数农人，未受教育，能记账者，实属寥寥，现成记录既非常缺乏"② 等一系列问题。

河北省盐山县 150 户农家经济及社会的调查在卜凯的学术生涯中占有重要的地位。这次调查分 1922 年、1923 年两次开展，在中国北方农村进行，调查成果于 1926 年 6 月在美国以英文发表，1929 年孙文郁翻译为中文《河北盐山县一百五十农家之经济及社会调查》，并在《金陵大学农林科农林丛刊》第五十一号上发表。卜凯对这次调查的资料以及在其他 6 省 16 处 2736 农家调查资料进行了统计分析，于 1930 年发表英文版《中国农家经济》，后由张履鸾译成中文，1933 年由商务印书馆出版。该成果系"卜凯教授费了五年的心血，调查了分布在七省十七个地方的 2866 个农家而成就了这本空前的杰作，将一切错综复杂的现象，加以综合分析，使我们对于整个的农村社会，有一个概括的认识"③，是当时中国第一部研究中国农家经济学的专著。1929—1934 年

① 卜凯著，徐澄译：《芜湖附近一百零二农家之经济的及社会的调查》，《金陵大学农林科农林丛刊》，1928 年第 42 期，第 3 页。

② 卜凯著，张履鸾译：《中国农家经济》，上海：商务印书馆，1936 年，导言，第 1 页。

③ 卜凯著，张履鸾译：《中国农家经济》，上海：商务印书馆，1936 年，译者序，第 1 页。

受美国太平洋国际学会委托，卜凯主持了我国22省168处16786农场和38256户农家土地、作物、牲畜和农具的调查，计划以三年为期，后又延长两年，经过五年的辛勤工作，卜凯写成《中国土地利用》一书（分文字、图集、统计资料三册），1937年出版。土地利用调查为“国外机关资助本系事业之始”。1931年受南京国民政府的委托，卜凯又主持了民国二十年江淮流域水灾区域经济方面的调查，形成《中华民国二十年水灾区域之经济调查》报告，发表在《金陵学报》1932年第1期上，该调查“为国内机关资助本系事业之始”[①]。这些调查的开展使卜凯及其所主持的金陵大学农经系名声大振，“自1931年后，委托本系的调查或办理之事业，不一而足”[②]。主要包括1932年的“中日冲突引发上海近郊乡村损失的社会和经济调查”，1942年的“中国四川省的农业调查”，1944年的“中国四川省华阴县的土地利用”等等，可谓调查众多。

纵观卜凯关于中国农家经济及社会状况的调查，主要呈现出以下几方面的特点。

1. 在时间上，以1931年为节点，之前的调查成果其重要性和社会关注度比较高的，而且大都公开出版了单行本的调查成果，具有开拓性的意义。

2. 卜凯为这些调查的主持者、设计者或实际指导者，而具体实施调查者大多是他的学生或同事，协助调查者为“亲族”“亲友”“村董”“开通的小学教员”“教友”等。有的调查卜凯亲自参加，有的进行实地考察和验证，有的就有关问题到现场进行问询。

3. 重视调查的准备工作。卜凯亲自设计调查表格，对调查表反复试验后再进行使用。重视调查人员的培训，并聘用国外专家进行指导。如开展土地利用调查时，他“以兹事未可草率，乃于1929年冬返美与各方接洽，期得经济上之援助及技术上之合作”[③]之后，又对“调查表试查，并加以修订，以

① 《农经系之过去与将来》，《农林新报》，1942年第19卷第1—3期，第7页。

② 金陵大学农学院农业经济系在宁系友联谊会编：《系史概述》，《金陵大学农学院农业经济系建系70周年纪念册》（1921—1991），1991年，南京，第11页。

③ 金陵大学农学院农业经济系在宁系友联谊会：《系史概述》，《金陵大学农学院农业经济系建系70周年纪念册》（1921—1991），1991年，南京，第9页。

供次年（1930 年）农经系训练地区调查人员之用及开始二十二省的调查工作”①。以达到“用由具专门知识者所编成之调查表，使受有相当训练者用之，以调查所需各种之事实”② 的目的。

4. 卜凯对中国农家经济及社会的调查，其着眼点不仅仅是集中在富裕农民身上，还对半自耕农、佃农等乡村贫困群体予以关注。

纵观卜凯主持开展的这一系列关于中国农家经济的调查与他的出身和经历有着密切的关系。

二、成因

卜凯出身于一个美国农场主家庭，从小耳濡目染学习农业知识，参加农业劳动，在康奈尔大学农学院读书期间，一边打工一边学习，加入了芮思娄发起的中国研究俱乐部，并深受穆德“基督徒学生运动”的影响，他“对有机会出国很兴奋”，认为自己的兴趣在中国，“中国人民更需要了解科学的农业”③。因此，他拒绝了印度和美国农业部的邀请，于 1915 年来到中国。

卜凯来到中国后，先以传教士的身份在安徽宿州从事农村改良与推广工作。其间，他将主要工作精力用于农业改良而不是传教上。正如其前妻赛珍珠所讲的那样“他并不信教，但他是作为农业专家受雇于长老会传教使用的”。④ 在宿州的 5 年时间里，他总是脚蹬脚踏车出入村庄与农户，与当地农民交流农业知识，帮助他们进行农业改良，还开办了关于农业知识、技术的短期培训班，教授中学生农业课程等。但由于中美两国的国情不同，再加上中国农村的落后、农业的凋敝以及农民的贫困，他“很难找到切实可行的办法来帮助中国农民，随着时间的推移，这一点越来越明显”⑤。在这种情况下，1921 年他接受了南京金陵大学农学院院长、康奈尔大学校友芮思娄的邀请来

---

① 卜凯著，卢良俊译：《金陵大学农业经济系之发展（1920—1946 年）》，金陵大学农学院农业经济系在宁系友联谊会编：《金陵大学农学院农业经济系建系 70 周年纪念册》（1921—1991），1991 年，南京，第 378 页。

② 卜凯著，徐澄译：《芜湖附近一百零二农家之经济的及社会的调查》，《金陵大学农林科农林丛刊》，1928 年第 42 期，第 2 页。

③ John Lossing Buck：《The following is an interview with DR. John Lossing Buck held at his residence at Pleasant Valley, New York, on sept. 21, 1962.》, pp. 5 – 6.

④ ［美］赛珍珠著，尚营林等译：《我的中国世界》，长沙：湖南文艺出版社，1991 年，第 141 页。

⑤ ［美］赛珍珠著，尚营林等译：《我的中国世界》，长沙：湖南文艺出版社，1991 年，第 149 页。

到金陵大学农学院任教。进入金陵大学后，他对自己这一新的角色——农业经济学教授非常有兴趣和喜欢，并全身心投入到工作中去。教学中他发现自己所选用的美国农场管理学的教材对中国学生很不适应，美国的农场管理学主要是讲授关于农场的组织、管理与生产技术的，是对应于美国大农场的，而对于以一家一户为特征的中国农村来说却有很大的不同。同时，他也深深地感触到，“中国是一个没有可靠典型统计数量的国家”[①]，急需大量真实反映当时中国农村与农民生活实际状况的数据资料。因此，开展“社会与经济的调查，对于当地各种问题之明了上，甚为重要”，因为，“苟欲为任何改良之提议，必须先有各种事实之根据始可”[②]，而事实根据表明最重要的资料来源就是农村经济与社会调查。因此，他坚持理论教学与农家社会调查相结合，教学、科研和农业推广相结合，鼓励学生们走出校门，要求选学他课程的学生每人收集一百个以上农家的经济与社会状况的信息，以建立中国农村农家的数据资料库。从1921年到1925年，卜凯“用大量的时间来审查他学生的农家调查”[③]，这些调查包括7省15个县2866户农家，是在他的指导下由14位学生完成的。

卜凯在金陵大学农经系任教时为学生开设了农业经济学、农村社会学、农场管理学与农村工程学四门课程，是学校当时“唯一一位能同时教多门学科的人”[④]。在教学中他坚持“改进它，必先了解它；要了解它，只有调查研究它”的原则，要求学生读完上述四门课程后，还必须选定一个暑假完成至少一百个农家的经济和社会状况调查，对于开展农村调查的学生，给予一定的学分，并且“对家在农村，能在暑假至少调查一百个农场进行农场分析的大学生给予了一定的经费资助”[⑤]。崔毓俊回忆自己在金陵大学上学的经历时说过，“从1922年夏天开始，卜凯要求凡读过农场管理的学生回家乡调查100

① John Lossing Buck：《The following is an interview with DR. John Lossing Buck held at his residence at Pleasant Valley，New York，on sept. 21，1962.》，p25.

② 卜凯著，徐澄译：《芜湖附近一百零二农家之经济的及社会的调查》，《金陵大学农林科农林丛刊》，1928年，第42期，第2页。

③ Randalle Stross：《The Stubborn Earth—American Agriculturalists on Chinese Soil，1898 - 1937》，Berkeley：University Of California Press，1986年，p14.

④ John Lossing Buck：《The following is an interview with DR. John Lossing Buck held at his residence at Pleasant Valley，New York，on sept. 21，1962.》，p21.

⑤ Randalle Stross：《The Stubborn Earth—American Agriculturalists on Chinese Soil，1898 - 1937》，Berkeley：University Of California Press，1986年，p5.

家以上的农家经济情况，当年夏有陶延桥、毕汝藩、刘同欣三位同学回到家乡进行了调查，其中陶延桥的芜湖102户农家的经济调查，1924年单独发表。1923年夏有6个同学回乡进行调查，其中崔毓俊调查的河北省盐山县150户农家，在1925年也单独发表。”① 从当时崔毓俊所在的农科同一年级的学生数量看，共有两个班10名学生，而回乡参加农村农家调查的学生就有6名。由此可见，学生对卜凯所倡导的农家调查是非常感兴趣并踊跃参加的。

第二节　卜凯对安徽芜湖102户农家经济和社会的调查

一、调查概况

芜湖102户农家调查是卜凯任教金陵大学后，在他的指导下，第一个由学生以作业形式开展，并公开刊行的农家社会及经济调查报告。正如卜凯所讲的那样，“1922年夏，安徽芜湖的陶延桥及安徽来安的毕跋藩及浙江镇海的刘同显三位读完三年学业的学生完成此项调查而取得学分，我（卜凯）与华（伯雄）君及助理二人于1922年秋着手分析芜湖近郊102户农家资料。院方将其分析结果分二册印行，第一册以初步结果于1923年12月以《中国安徽芜湖近郊一百零二农家社会经济调查》为名发表”②。

本次调查地点为芜湖南郊高岗埠、渔港、塔塘三个村庄，三村距城约10余里，共有254家，三个村中最大的一村有120家。三个村调查的农家数量分别为高岗埠47家、渔港35家、塔塘20家。本次调查的目的或者说用意明确，主要表现在两个方面，“一是普通传播性质，乃供一般人士之阅读。二是学术研究性质，乃供有志研究中国之乡村经济社会状况及研究农民农作经营得失者之参考。”③具体实施调查的人员为金陵大学农林科农业经济及农场管理

① Randalle Stross：《The Stubborn Earth—American Agriculturalists on Chinese Soil，1898－1937》，Berkeley：University Of California Press，1986，p5.

② 卜凯著，卢良俊译：《金陵大学农业经济系之发展（1920—1946年）》，金陵大学农学院农业经济系在宁系友联谊会编：《金陵大学农学院农业经济系建系70周年纪念册》（1921—1991），1991年，南京，第362页。

③ 卜凯著，徐澄译：《芜湖附近一百零二农家之经济的及社会的调查》，《金陵大学农林科农林丛刊》，1928年第42期，第1页。

系学生陶延桥[①]。“被调查之农人，约占村中全数农人之半。对于该处之大农小农，陶君皆曾详细观察。就一般情形而言，陶君此举似非易事。盖农人或将疑其调查目的，别有作用，如增加田赋等不利于农人之事也。幸陶君得亲族之介绍，始得进行无碍，而竟其功。”[②] 也就是说芜湖102户农家调查中面临着农人对其调查目的的怀疑，但有幸得到了调查实施者亲族的帮助才得以完成，这为卜凯后续其他农家调查积累了经验。

二、调查内容

本次调查包括土地、作物和家畜、农业效率、收入与支出、人口、教育、生活与习俗等方面的内容。

（一）土地

芜湖102户农家调查中所调查土地“仅有四百二十四英亩之田地（每一英亩约合六华亩）”，“人口一百零二家（共五百八十八人），系全恃田地生产以生活者。”[③] 被调查的102户农家，以土地的田产权而分为田主、佃户与半田主三种。“其中田主占百分之五十五，半田主占百分之三十二，佃户占百分之十三。”[④] 土地的占有状况分别为“田主之农场，平均每家二十亩。半田主之农场，平均每家三十八亩。佃户之农场，平均每家十五亩。此三者中，以半田主一类之农人为最有利。盖因其除自有之田地外，尚租种他人之田地。故其农场之面积，乃较其他二类之农人为大”[⑤]。这一现象充分显示了该地区田主、半田主和佃农占有土地的状况以及半田主占有土地所呈现的特征。

调查的三个村土地比较分散，每个农场平均有7块土地，每块土地平均

① 陶延桥（1898—1985），九三学社上海市委顾问、二级教授、原华东化工学院工业化学教研组主任。陶延桥教授早年留学美国，在康奈尔大学获硕士学位，后又在英国里兹大学学习制革工艺，回国后先后在金陵大学、武汉大学任教，20世纪30年代编著《制革学》，于1936年出版，为我国现代制革化学界最早出版的一部专业巨著。

② 卜凯著，徐澄译：《芜湖附近一百零二农家之经济的及社会的调查》，《金陵大学农林科农林丛刊》，1928年第42期，第4页。

③ 卜凯著，徐澄译：《芜湖附近一百零二农家之经济的及社会的调查》，《金陵大学农林科农林丛刊》，1928年第42期，第1页。

④ 卜凯著，徐澄译：《芜湖附近一百零二农家之经济的及社会的调查》，《金陵大学农林科农林丛刊》，1928年第42期，第8页。

⑤ 卜凯著，徐澄译：《芜湖附近一百零二农家之经济的及社会的调查》，《金陵大学农林科农林丛刊》，1928年第42期，第15—16页。

3.5 亩。土地与各农家的平均距离为十分之一英里，相当于 0.32 华里。最远距离为二又三分之二英里，即 8.59 华里。

在调查中，卜凯发现芜湖 102 户农家售卖田地的办法颇具特点，具体表现为“地主将田出售时，得要求其有在该田上耕种之优先权。即田地虽由购主买入，惟不能另招他人租种，必须租于售主永久租种。如按此种条件履行，则售价可以较廉。如欲售主将租种之优先权一并放弃，则售价须较昂。购主由后法购得田地后，如另租于别佃户，则承租之佃户，于始租田时，须付于购主（即地主）五元以下之押板（即租田押金）。每年须缴有收量四分之一至五分之二之租米。在售主放弃租种优先权时，其地价每亩约在一百元至一百五十元之间。惟田地之售卖，大多数皆按保留租种权之办法行之。即购主须将田永久租于售主也”。① 从中我们可以看出该地的土地价格是与租种方式紧密联系在一起的，而这个连接纽带就是土地的“耕种优先权”。

关于田主的职业、租约和租金，在 102 户农家调查中，卜凯发现“半田主及佃户，合计共四十六家，其所租之田，系租种三十六家之地主者。此等地主之职业，商人二十三，士人四，农人二，官僚一，芜湖孤儿院一人，僧人二，学生一，无职业者一”②。这表明，田主的职业有 8 种，以经商者最多。而土地的租种行为，皆须签订租约。租约分为“永久租约”和“有限租约”两类，具体而言，“四十六家之佃户及半田主，其中有三十家之租约，系永久租种性质。其余有八家系五年期限，有六家系三年，有一家系两年。”同时，租约对维持土壤肥力做了明确的规定，即租户“每年须加肥料于地上，以免地力之耗空”。但对“每亩每年究应加肥料若干，则未曾规定”③。由于该地民风相对比较淳朴，地租较他处而言相对偏低，其原因在于“他处租田习惯中所常有之劣风，则此处无之”。“此处地主，多视利甚低，而非贪刻之徒。对于其年利二厘半之地租收入，亦无不满意。故此处田产所有权之利益，几

---

① 卜凯著，徐澄译：《芜湖附近一百零二农家之经济的及社会的调查》，《金陵大学农林科农林丛刊》，1928 年第 42 期，第 50 页。

② 卜凯著，徐澄译：《芜湖附近一百零二农家之经济的及社会的调查》，《金陵大学农林科农林丛刊》，1928 年第 42 期，第 64—65 页。

③ 卜凯著，徐澄译：《芜湖附近一百零二农家之经济的及社会的调查》，《金陵大学农林科农林丛刊》，1928 年第 42 期，第 65 页。

可谓已低至极度矣。”[①]

关于田地收租的方法，卜凯指出此地区收租方法主要有两种，一是地主亲自收租。地主租出的田产在五十亩以下者，多用此法。二是地主派庄头（佃户领袖）代其收租。“地主中亲自收租者，占百分之十一。派庄头收租者，占百分之八十九”。具体办法为“于稻将熟时，庄头偕地主至各租地巡视，以定稻作收成之等次”[②]。头等收成收稻米160斤，次等收140斤，三等以下收租在120斤以下甚至免租。由此，我们可以看出，此地区地主派庄头收租者占大多数，并以收成的丰歉来确定收租的数额。

（二）作物和家畜

关于作物的种类和种植面积，卜凯指出该地“各农场中皆种稻，而作物面积中有冬季空闲者，故稻作所占之作物亩数，得略超过作物亩总数之一半”。这表明水稻是芜湖地区主要的农作物。此外，油菜在当地也是一种重要的农作物，“其作物亩数逾共有作物亩三分之一”[③]。通过调查，卜凯发现该地区冬季作物中小麦种植面积逐渐减少，油菜种植面积逐渐扩大，之所以出现这种趋势，其原因主要在于当地的油菜籽输出日本，售价高，使得油菜种植面积增大。

芜湖作为南方水稻区，人们所食用的粮食主要为稻米，“各家所食之稻米，为量特巨。盖此地之农人，其食米之量，较城市中人为大。……每人每年约食米六百斤。”[④] 而生活所需的蔬菜基本自给自足，盖因“当地农家，多注意于家种菜圃”。虽“菜畦之面积甚小，而产量甚微也，惟此已足供农家每日之需。”而农民生活所采用的燃料主要来源于“各种庄稼之秸秆”，且这种秸秆有时也“供修葺屋顶及饲畜之需”。因此，这些秸秆并不能满足农民的燃料需求，只是提供农民所需燃料的一部分。此外，在当地的农村中，还存在着多用泥炭作燃料的现象。“这种泥炭，多由附近之塘底掘下二三尺得之。其

① 卜凯著，徐澄译：《芜湖附近一百零二农家之经济的及社会的调查》，《金陵大学农林科农林丛刊》，1928年第42期，第71页。

② 卜凯著，徐澄译：《芜湖附近一百零二农家之经济的及社会的调查》，《金陵大学农林科农林丛刊》，1928年第42期，第65—66页。

③ 卜凯著，徐澄译：《芜湖附近一百零二农家之经济的及社会的调查》，《金陵大学农林科农林丛刊》，1928年第42期，第26页。

④ 卜凯著，徐澄译：《芜湖附近一百零二农家之经济的及社会的调查》，《金陵大学农林科农林丛刊》，1928年第42期，第36页。

所以掘之者，不仅为得泥炭，盖亦欲使塘加深，多储水，以备灌溉之用”①，可谓一举多得。

对于家畜的饲养，参加调查的各家，“皆养有鸡，平均每家约有十只。有黄牛之农家，约居全数三分之一，而有水牛之家则居三分之二，黄牛与水牛皆供工作之用。有水牛之家，在佃户农人中占百分之三十一，在田主农人中占百分之五十一，而在半田主农人中则占百分之八十一。”② 通过对当地农民土地占有情况的分析，可以发现该地区家畜的饲养与该地不同农人所占有的土地面积基本状况相一致。

（三）农业效率

芜湖102户农家的调查表明，农具、农工、畜工的效率与田场面积的大小成正比。“面积较大之农场，其工具设备之效率皆较高”。具体而言，“大农场男工之效率，等于小农场男工效率之二倍。于十亩或十亩以下之农场中，每人仅做五亩。而于三十一亩或三十一亩以上之农场中，则每人做十亩。大农场畜工之效率，几等于小农场者之三倍。于十亩及十亩以下之农场，每畜仅做一零．六亩。而于三十一亩及三十一亩以上之农场，则每畜可做二八．八亩”。③

而在农具设备效率上，大农场与小农场是有差别的。“用于大农场的农具设备，其效率约等于小农场者之二倍。用于十亩及十亩以下之农场，用价值二十元之农具设备可做四亩。而于三十一亩及三十一亩以上之农场，则用同一价值之设备可做七．一亩④”。具体的使用情况为“在十五亩以下之农场中，值四十元之农具设备，可耕二．八亩。在自十六亩至三十亩之农场，以同量之农具设备，则可耕四．九亩。而在三十一亩以上之农场，则可耕六．六

① 卜凯著，徐澄译：《芜湖附近一百零二农家之经济的及社会的调查》，《金陵大学农林科农林丛刊》，1928年第42期，第41页。

② 卜凯著，徐澄译：《芜湖附近一百零二农家之经济的及社会的调查》，《金陵大学农林科农林丛刊》，1928年第42期，第44页。

③ 卜凯著，徐澄译：《芜湖附近一百零二农家之经济的及社会的调查》，《金陵大学农林科农林丛刊》，1928年第42期，第16页。

④ 卜凯著，徐澄译：《芜湖附近一百零二农家之经济的及社会的调查》，《金陵大学农林科农林丛刊》，1928年第42期，第16页。

亩"①。可见，在较大之田场，农具设备的使用有更高质的效率。

在有效使用家畜方面，卜凯发现该地"每一工畜于一全年中之工作，仅等二十四满日。故在当地如何善用家畜，使其不致闲废，已成一种普遍的问题"。针对此问题，卜凯提出，"可仿江苏南部之办法，用畜力引水溉田，以代人力"。通过畜力代替人力，"可使男子有暇从事稻作之耕耘。儿童可以入学校。妇女可有较多之时间，以操持家务"②。进而，他以该地区人力与畜力每日工作的功效进一步论证此问题。他指出在芜湖"一农人能种十亩，一水牛能耕二十至三十亩……每人平均种七．一亩，而每畜平均耕二四．八亩"③。"农人如何支配其一年中之工作，俾无论何时不致有过闲或过忙之弊，亦一重要问题。"而"芜湖当地农民，对于此点尚未得适当之解决。因彼等之工作支配，甚为不匀也。……有时作工甚多，有时竟至无工可做。解决之法，如欲变更作物之种类似较难。或者提倡家庭工艺为副业，或于闲暇时季得有额外之职业则较可行"④。而至于畜工方面，情形亦然。并且工畜的"不匀质程度，较人工为尤甚。因工畜于一全年中，仅做二十四全日之工作也"。⑤ 因而，应大力提倡和改进农民和所用畜工的效率。

（四）收入与支出

芜湖102户农家的现款收入几乎全部为售粮所得，具体情况为，"由稻作所收入者，占半数以上。由油菜所入者，占三分之一以上。由家畜所收入者，则仅占现款收入总数百分之三．六。此种之现款收入，为数甚微"。而农产品自用情况是，"田主农人自用产品价值，平均占其收入总数百分之四八。佃户农人所用者，平均占其收入总数百分之四八．七。而半田主所用者，则占百分之三七．八"。也就是说，"半田主一类之农人，所售出之庄稼，较其他两

① 卜凯著，徐澄译：《芜湖附近一百零二农家之经济的及社会的调查》，《金陵大学农林科农林丛刊》，1928年第42期，第68页。

② 卜凯著，徐澄译：《芜湖附近一百零二农家之经济的及社会的调查》，《金陵大学农林科农林丛刊》，1928年第42期，第19—20页。

③ 卜凯著，徐澄译：《芜湖附近一百零二农家之经济的及社会的调查》，《金陵大学农林科农林丛刊》，1928年第42期，第53页。

④ 卜凯著，徐澄译：《芜湖附近一百零二农家之经济的及社会的调查》，《金陵大学农林科农林丛刊》，1928年第42期，第28页。

⑤ 卜凯著，徐澄译：《芜湖附近一百零二农家之经济的及社会的调查》，《金陵大学农林科农林丛刊》，1928年第42期，第70页。

类农人为多。”其原因是半田主“经营之范围较大也，半田主农人所售各种产品之总值，平均约等田主或佃户所售者之两倍或三倍”①。

田主、佃户及半田主三类农人的食用状况，以半田主的食用为最优。“因其食用品之种类既多，而每种所用之量亦较大也。此种情形，按之事实，亦甚相符。盖收量丰而进款多之农民，其食用自较歉收少进之农人为优也。至于彼等所食用者，是否过奢，抑仅达必需程度。则须待继续考察，始能定之。”② 这表明卜凯注意到对“收量丰”“进款多”与“歉收少进”农民的食用状况进行比较，但程度上“是否过奢”抑或“仅达必需程度”需要今后进行考察和研究。

芜湖 102 户农家平均收入情况是，“每家现金进款为一百六十元四角二分，每家自用田产之价值为一百九十七元四角八分，两者合并总进款为三百五十七元九角一分。……北方之物价较南方为廉，故以同量之金钱，在北方所购者，自较在南方所能购为多。”③ 这也就是说中国南北方的物价是有差别的，南方要高于北方。

在粮食销售方面，芜湖地区有“小粮行”和“大粮行”，“内地粮商”和“外地粮商”之分。粮食交易的方式是“农民之粮食，由当地乡间之小粮食行经手，售于贩卖商。贩卖商以船将粮运至芜湖中之大粮行内。外处来芜湖之粮商，多来自上海。彼等购粮时，由大粮行经手，向内地之贩卖商购之。无论市中之大粮行，及乡间之小粮行，于此种之交易中，皆居一种经纪代办性质。介绍售者与购者至一处，商议价目，粮食过斗及调和争执等事。粮行所取之佣金甚微”。因为“出产地及芜湖之粮食市价，时有涨落不定。故内地贩卖商，常有亏赔之虞”④。

农场的工作费用比较高，工资占比较大，“工资费用所以占若是之大部分者，盖因各种田作，多系徒手工作，每日所做之工甚少，忙时不得不多雇工

① 卜凯著，徐澄译：《芜湖附近一百零二农家之经济的及社会的调查》，《金陵大学农林科农林丛刊》，1928 年第 42 期，第 34 页。

② 卜凯著，徐澄译：《芜湖附近一百零二农家之经济的及社会的调查》，《金陵大学农林科农林丛刊》，1928 年第 42 期，第 36 页。

③ 卜凯著，徐澄译：《芜湖附近一百零二农家之经济的及社会的调查》，《金陵大学农林科农林丛刊》，1928 年第 42 期，第 42 页。

④ 卜凯著，徐澄译：《芜湖附近一百零二农家之经济的及社会的调查》，《金陵大学农林科农林丛刊》，1928 年第 42 期，第 30 页。

人。而忙时一过，闲者甚多。工作之支配不匀，时有过忙过闲之弊。"① 其原因是农场工作多为手工劳动，且忙闲不均。

芜湖102户农家调查中，有13家为佃户，而佃租的利率很低。田主所得"平均仅达年利二厘半，即每百元每年可得两元五角之利息也。此种利率，可谓极低矣"。而"地主之利所以如此之小者，盖因地主将田租出，仅得其田中稻作收量四分之一，其余之一大部分皆归佃户"。这一情形可以为该地经常提到的"佃户农人之进款，较田主农人进款为多"② 作一种解释。

（五）人口

芜湖102户农家的总人数为547人，其中男302人、占55.2%，女245人、占44.8%，可谓男多女少，平均每家有5.36人。而田主、半田主以及佃户的平均人口又有较大差异，"田主农家平均每家有四．九人，半田主农家平均每家有六．二人，佃户农家平均每家有五．三人"③。可以看出田主的家庭人口要少于半田主和佃户的家庭人口，且以半田主家庭人口为多。卜凯又将当地人口按年龄分为七个年龄段组，即十岁以下、十一岁至二十岁、二十一岁至三十岁、三十一岁至四十岁、四十一岁至五十岁、五十一岁至六十岁、六十一岁至七十岁。通过对七个年龄段的统计分析，被调查的102户农家中，10岁以下占27.1%，11至20年龄段占16.5%，21至30年龄段占21.4%，31至40年龄段占18.1%，11至20年龄段占16.5%，41至50年龄段占8.2%，51至60年龄段占6.9%，61至70年龄段占1.8%，从各年龄段的占比分布看，该地区年龄结构呈现一种扩张型的金字塔结构。尤其是在二十岁以下两组中，两组占比高达43.6%，接近一半的比重，且"男子百分率，皆较女子为高。男子占组中三分之二，而女子仅占三分之一"。卜凯就这一问题"曾询之本地人，该处是否有淹毙或抛弃女孩之恶习。答者略不犹豫，即此为常见之事。尤有一种情形，即生计艰困甚贫之家，多将女孩送至芜湖孤儿院

① 卜凯著，徐澄译：《芜湖附近一百零二农家之经济的及社会的调查》，《金陵大学农林科农林丛刊》，1928年第42期，第70页。

② 卜凯著，徐澄译：《芜湖附近一百零二农家之经济的及社会的调查》，《金陵大学农林科农林丛刊》，1928年第42期，第64页。

③ 卜凯著，徐澄译：《芜湖附近一百零二农家之经济的及社会的调查》，《金陵大学农林科农林丛刊》，1928年第42期，第59页。

中抚养"[①]。也就是说，将女孩子"淹毙""抛弃"或"送孤儿院"的事情时有发生。此外，十岁以下及十一岁至二十岁两组年龄段高达43.6%的占比也表明，"该地人口之密，可谓已达充分程度。"而若想"不将人口减疏而欲改良当地人民之生活，则必需求得额外之工作始可"。他认为解决的办法"应期之家庭工艺之发达，因该处之地，全为稻田，改种他类之忙工作物，亦颇不易也"[②]。

在调查中，卜凯还发现该地场主平均年龄为43岁，而结婚年龄平均为21.7岁。其中"最幼者17岁，最长者26岁"。场主妻子出嫁的年龄，平均为19.5岁，"最幼者14岁，最长者25岁。"[③] 从中我们可以看出，该地区存在着早婚现象，且女性结婚年龄低于男性。

当地的农人从事工商业者很少，"间有至芜湖市中做工于制烛厂者，惟仅居极少数，故本篇所调查之一百零二家中，竟无一人从事于农业以外之工作也。"[④] 当地居民，"皆系本乡人，亦间有因人口过密之故，而外迁至他处者。迁居者之大部仍继续务农于近处人口较稀之各村中，直接徙入城中者甚少。"[⑤] 由此，可知该地区农民很少外迁，且外迁的人也多是在近处务农，进入城市工作和生活的很少。

（六）教育、生活和习俗

卜凯在分析场主受教育的状况时指出，受教育程度并没有与农人的工作收入成正比，"未受教育农人之场主工价，平均为每人六十元五角七分。而受教育农人之场主工价，平均每人仅有四十九元一角一分。未受教育之农家，较受教育之农家，平均每家每年多得九元。"产生这一问题的原因是"农人所受之教育，乃系一种旧式教育"，而"旧式教育，非惟不能于农事改良上有所

① 卜凯著，徐澄译：《芜湖附近一百零二农家之经济的及社会的调查》，《金陵大学农林科农林丛刊》，1928年第42期，第60页。

② 卜凯著，徐澄译：《芜湖附近一百零二农家之经济的及社会的调查》，《金陵大学农林科农林丛刊》，1928年第42期，第61—62页。

③ 卜凯著，徐澄译：《芜湖附近一百零二农家之经济的及社会的调查》，《金陵大学农林科农林丛刊》，1928年第42期，第54页。

④ 卜凯著，徐澄译：《芜湖附近一百零二农家之经济的及社会的调查》，《金陵大学农林科农林丛刊》，1928年第42期，第52页。

⑤ 卜凯著，徐澄译：《芜湖附近一百零二农家之经济的及社会的调查》，《金陵大学农林科农林丛刊》，1928年第42期，第61页。

贡献，且犹有使农人变成低能农夫之一种倾向。因彼等所受之教育，仅能使其自傲，且以田作为耻也”①。因此，他建议必须革除中国旧式教育产生的弊端。

卜凯此次调查中特别对场主的品行问题进行了研究，认为场主“好品行者对于其经济进款，颇有辅助”。而本次调查中，“有百分之六十六之农人，乃好品行者。彼等平均每人之场主工价为八十六元，至其余百分之三十四之坏品行者（饮酒赌博等）平均每人之场主工价为负数三元。坏品行之农人，有百分之七十二为田主农人，故此点亦可作为田主农人场主工价较低之一种解释。”此外，在调查中的另一发现也证明了这种现象，即“好品行之农人，合计共增田产八十七．五亩。而坏品行之农人，则共计减产七七．五亩”②。这充分表明，好坏品行对场主的收入和田产的增减都是有重要影响的。

就居住的房屋来说，他指出该地农家平均每家“有屋六七间，最少者有三间，最多者有十八间。所有各家房屋中之地，皆系土地”。各农家平均支配房屋的用途为“卧室二．九间，厨房一间，客室一．一七间，储物室〇．七五间，家畜厩栏〇．八四间”③。应该说房舍的数量不少，功能尚齐备。

该地农人获取田产的方式和途径是，“有百分之七十三之农人，其产业系完全祖遗者，有百分二十二之农人，乃有祖产而兼有自购者，至于完全自购田产之农人则仅居百分之五。”④ 这表明，当地大部分农人的田产是继承祖上遗产而来，自购田产的人占少数。

农家中“有百分之二十四，雇用长工”，几乎占四分之一。场主对长工很尊重，“长工皆住于场主家中，与场主同食，饮食同等。”⑤ 可以说场主和长工是同吃同住。

当地婚俗状况是，村民在同一村庄内嫁娶者甚多，且“在当地有童养媳

① 卜凯著，徐澄译：《芜湖附近一百零二农家之经济的及社会的调查》，《金陵大学农林科农林丛刊》，1928 年第 42 期，第 63 页。

② 卜凯著，徐澄译：《芜湖附近一百零二农家之经济的及社会的调查》，《金陵大学农林科农林丛刊》，1928 年第 42 期，第 62 页。

③ 卜凯著，徐澄译：《芜湖附近一百零二农家之经济的及社会的调查》，《金陵大学农林科农林丛刊》，1928 年第 42 期，第 52 页。

④ 卜凯著，徐澄译：《芜湖附近一百零二农家之经济的及社会的调查》，《金陵大学农林科农林丛刊》，1928 年第 42 期，第 54 页。

⑤ 卜凯著，徐澄译：《芜湖附近一百零二农家之经济的及社会的调查》，《金陵大学农林科农林丛刊》，1928 年第 42 期，第 54 页。

之家，甚为常见”。卜凯在调查中了解到，“此次所调查之农家中，其女子之送至他家为童养媳者，较他家之女子至此等家中为童养媳者之数为多。”究其原因，主要两种：一是“有女子之家，因经济之压迫，遂思将女尽早送至夫家，藉减供给之担负”；二是“娶妇之家，因事繁需人工作，于是遂将未达成婚年龄之女，接至家中为童养媳。照上述之情形观之，则此固一举两得之事也”①。这也是旧中国童养媳现象普遍存在的原因。

该地对于圩堤的维持非常重视，因为芜湖地处长江下游，“地势甚低，必须筑堤护之，以免淹水，堤高自十尺至十五尺不等。”对于圩堤的管理，“往昔始筑堤时，系由当地之田主，集合组织一种机关，举行筑堤，以防水淹，此机关曾在县署立案”。筑堤费用“大部分系由政府补助，惟亦有个人捐助者”。即以政府资助为主，辅以个人捐助。维持的方法和所需费用是“即堤筑完后，就近有田之家，须负长久维持之责。维持之道有两种办法：（一）由此机关雇工修理，计每人每日付工资四角，且管饭。（二）由附近有田之家，自行担任修理。如田属于地主，则由佃户担任修理。其所作之工，按上述之价值，于应缴之租稻内扣除”②，可谓职责分明。

三、评价

1. 在调查的时间和内容上。该调查时间为1921年5月至1922年4月，是卜凯的学生第一篇以作业形式完成的调查，可谓时间早，开启教学与学生调查相结合之风。调查内容，与盐山150户农家调查相比，“芜湖一百零二家之社会的及经济的调查，农家生产生活之经济状况，缕晰明瞭”，而“直隶之盐山一百五十家之社会的及经济的调查，较诸芜湖之调查，更为精密。不仅农事方面多所讨论，即家庭人口食物等问题，莫不旁搜靡遗。”③ 前者简洁明晰，后者更加全面细致。

2. 在调查的方式上。卜凯作为芜湖102户农家调查的设计者，在学生调

---

① 卜凯著，徐澄译：《芜湖附近一百零二农家之经济的及社会的调查》，《金陵大学农林科农林丛刊》，1928年第42期，第59页。

② 卜凯著，徐澄译：《芜湖附近一百零二农家之经济的及社会的调查》，《金陵大学农林科农林丛刊》，1928年第42期，第67页。

③ 过探先：《金陵大学农科之发展及其贡献》，《中华基督教教育季刊》，1927年第3卷第1期，第24页。

查完成后，针对调查中的有关问题，亲临调查地点进行考察和问询。如针对“各家所食之稻米，为量特巨。盖此地之农人，其食米之量，较城市中人为大”这一情况，卜凯曾亲至该地调查。“且以之数询于熟悉该处情形之人。其所答者，与调查所分析者相符合，即每人每年约食米六百斤”①。这充分证实卜凯科学的态度和严谨的学风。

3. 提出“半田主”“乡民”的概念和以“工业之发达”解决人口稠密的思路。

该调查将农人按其拥有田产的性质分为“田主”“佃户”和“半田主”三类。半田主“乃指农人之耕种一己田地，而兼租种他人之田地者而言”；“佃户”，“系指农人之完全租种他人之田产者而言。”② 通过对三种类型的人进行比较分析后，他认为，“半田主农人中，品行好（不过于饮酒赌博）勤作求进者居多数，故能使此组农人，在当地成为胜利之农人。彼等于一己之田产外，复租进田地，以增大其农场之面积，使其营业之范围，达于一种有利经营之程度。”③

关于“乡民”，他针对“通常所谓百分之八十或百分之八十五之‘农民’者”，建议“此农民之名词，应改为乡民。因其中有若干人民并未务农，惟乡居耳，如车夫船夫等类是”④，这一建议是符合当时该地实际状况的。

针对人口密的问题，卜凯提出用发达的工业来解决人口稠密的问题。他认为，“本处如欲藉改变农作经营之方法，而使其多用人工，意即变更作物之种类而用重工作物（或曰忙工作物），则甚为困难。”所以“当地欲维持其过密人口，则从事于工业之发达，或更有望”⑤。

4. 该调查为卜凯研究之开端，丰富了其农场管理思想。芜湖调查为卜凯

---

① 卜凯著，徐澄译：《芜湖附近一百零二农家之经济的及社会的调查》，《金陵大学农林科农林丛刊》，1928年第42期，第36页。

② 卜凯著，徐澄译：《芜湖附近一百零二农家之经济的及社会的调查》，《金陵大学农林科农林丛刊》，1928年第42期，第6页。

③ 卜凯著，徐澄译：《芜湖附近一百零二农家之经济的及社会的调查》，《金陵大学农林科农林丛刊》，1928年第42期，第71页。

④ 卜凯著，徐澄译：《芜湖附近一百零二农家之经济的及社会的调查》，《金陵大学农林科农林丛刊》，1928年第42期，第72页。

⑤ 卜凯著，徐澄译：《芜湖附近一百零二农家之经济的及社会的调查》，《金陵大学农林科农林丛刊》，1928年第42期，第72页。

"研究之开端，且为目下将脱稿中数调查之一"。① 他在调查报告总论部分中论述道："本调查所发现关于农场管理方面之各种原则，与在美国所发现者，实际无殊。故我侪可断言，农场管理学之各种基础原则对于全世界各国，皆同一真确，正与他种之农业科学相同也。"不同的是"各地农场之胜利经济，对于各种要素所需程度之多少及高低"不同；而相同的是"经营范围之大小，经营之性质（每亩收量及每畜产量），与运用男工畜工及资本等之效率种种，对于各胜利之农场经营"② 关系。通过中美及与世界各国农家的比较，进一步丰富了他的农场管理思想。

第三节　卜凯对河北盐山县150户农家经济和社会的调查

一、调查缘起

卜凯在盐山县的农家经济和社会状况调查共分为两次，第一次是1922年4月至1923年3月，调查的农家为吴家阁85户，郭家庄56户，杨帽圈9户，共计150户；第二次是1923年4月至1924年3月，调查的农家有段庄102户，赵家庄21户，李小店子8户，吴家阁2户，共计133户。

这次调查之所以选择河北省盐山县的三个村庄，最主要的原因是直接调查者为卜凯的学生崔毓俊，而崔毓俊为盐山县吴家阁人，被卜凯视为"农场管理班上唯一从农村来的学生"。③ 与他虽国籍不同但同为农民的儿子，知道怎样与农民进行交流。开展农家调查具有得天独厚的优势，符合他"善能与农民接近"，有过"与农民经过长时间的共同生活的经历"④ 的标准，是进行农家调查最佳人选。吴家阁位于县城东2里，是崔毓俊的出生地，乡里乡亲，有诸多便利条件。郭家庄位于县城东北5里，与吴家阁是邻村，地与地相连，

① 卜凯著，徐澄译：《芜湖附近一百零二农家之经济的及社会的调查》，《金陵大学农林科农林丛刊》，1928年第42期，第2—3页。

② 卜凯著，徐澄译：《芜湖附近一百零二农家之经济的及社会的调查》，《金陵大学农林科农林丛刊》，1928年第42期，第68、69页。

③ 崔毓俊：《忆往拾遗》，1993年10月，未刊，第50页。

④ 卜凯著，张履鸾译：《中国农家经济》，上海：商务印书馆，1936年，第4页。

亲朋多，特别是还有崔毓俊要好的发小同学，走访方便。杨帽圈位于县城南18里，紧邻公路，交通方便，且崔毓俊的“母亲幼年丧母，同姨母二人是由帽圈姨姥姥抚养长大，其幼年时代去住姥姥家，实际是住姨姥姥家，姨姥姥家姓刘是帽圈的首户。”[①] 笔者在搜集资料和走访三个村庄的长者时还发现，20世纪20年代的吴家阁和杨帽圈是天主教徒比较多的地方，杨帽圈还建有一所教会小学，是当时附近农村小有名气的“文化村”，共同的宗教信仰也是调查村庄选择的一个重要因素。

此外，1920年华北大旱，国内外人士在北京发起成立了“华北华洋义赈会”开展放赈救灾工作。1921年，当救灾工作告一段落后，该会将赈灾余款的四分之三捐赠给金陵大学农学院，同时要求该校将农业改良和推广工作的重点放在华北，调查后期统计工作的经费资助也来源于此组织，这些无疑也是此次盐山调查得以顺利完成不可或缺的原因之一。

二、调查人员

卜凯在安徽宿州农业改良与推广的实践证明，“利用当地地主来推广农业技术为有效的途径。”[②] 他在开展中国土地利用调查时，调查人员就选择当地工作人员，且“一般要求高中毕业，熟识农民并能说当地语言，由地方上有威信的组织或个人推荐，教会与地方人士关系密切，帮助甚大，由于此项调查由一私立大学来进行，故尽量避免引起地方机关的误会，调查人员必须经过训练方可使用调查表”[③]。

卜凯认为调查“结果的可靠与否，须视调查表的性质，调查员的能力，与农人的自身，三者同其重要。不过在事实上，前两者尤居首要”。[④] 由此可见调查人员在其实施调查中的作用。根据盐山县150户农家经济及社会调查的状况分析，参加调查的人员主要分为三类，即主持人和指导教师为卜凯教授，直接调查者为学生崔毓俊，协助调查为“开通的小学教员”“村董”“亲

① 崔毓俊：《忆往拾遗》，1993年10月，未刊，第19页。

② 卜凯著，卢良俊译：《金陵大学农业经济系之发展（1920—1946年）》，金陵大学农学院农业经济系在宁系友联谊会编：《金陵大学农学院农业经济系建系70周年纪念册》（1921—1991），1991年，南京，第352页。

③ 卜凯著，卢良俊译：《金陵大学农业经济系之发展（1920—1946年）》，金陵大学农学院农业经济系在宁系友联谊会编：《金陵大学农学院农业经济系建系70周年纪念册》（1921—1991）第381页。

④ 卜凯著，张履鸾译：《中国农家经济》，上海：商务印书馆，1936年，第2页。

友”等。崔毓俊是1922年秋季进入金陵大学农学院学习的，“由于家中供给的费用有限，深知需找个工作自助的机会才能完成学业”。[①] 因此入学不到两周的时间，他便经过申请批准以半工半读的方式到农经系卜凯教授的办公室工作，在课余时间帮他英文打字和打算盘做统计，“每日工作不少于两小时，每小时两角钱，一连三年，直到毕业为止。”[②] 与卜凯教授课上与课下的学习与交流，为他从事盐山150户农家经济及社会调查，以及参与卜凯主持的中国土地利用调查打下了坚实的基础。后期统计整理调查数据，审查、核实和分析工作主要是由卜凯负责。1924年夏，卜凯再次派崔毓俊回到他的家乡盐山县开展农家调查，并要求他针对1923年调查中离县城较近的问题，选择离县城较远的村庄进行。根据卜凯教授的建议，崔毓俊选择了离县城相对较远的段庄、赵家庄、李小店子、吴家阁4个村的133户农家。其间，卜凯亲自来到盐山指导和检查这次调查，对崔毓俊的调查方式、方法和真实性表示满意，并在崔毓俊的陪同下，走访了1923年曾调查过的村庄。据崔毓俊回忆，“卜凯走过不少村庄，也访问了不少农家，还向吴家阁农民作了增加农民收入的报告”[③]。并且，劝农民多种红薯等高产作物和充分利用农闲发展手工业。

在实施调查的过程中，由于当时中国特殊的社会环境，卜凯深深感受到当地农民对调查的疑虑，这些疑虑主要是：“一、此调查为将来增加税捐之根据；二、此调查为将来办赈之预备（前华洋义赈会赈灾之初，曾经调查一次）；三、此调查为将来曹锟被选总统后收买土地之根据（因当时民间有曹锟被选为总统后，将收买河北全省之土地，使农民皆为其佃户之谣）。”[④] 据此，为保证调查工作的顺利进行，调查中只得“先与较开通之小学教员及村董等，详细解释其用意，使之无所怀疑。然后再由小学教员及村董等，辗转向农民解释开导，如是则农民之误会，大半免除，而其真相可见矣”[⑤]。卜凯在以后主持的中国农家经济调查时，继续延用这种方法，可见“开通的小学教员”

---

① John Lossing Buck：《The following is an interview with DR. John Lossing Buck held at his residence at Pleasant Valley，New York，on sept. 21，1962.》，p41.

② 崔毓俊：《忆往拾遗》，1993年10月，未刊，第21页。

③ 崔毓俊：《忆往拾遗》，1993年10月，未刊，第72页。

④ 卜凯著，孙文郁译：《河北盐山县一百五十农家之经济及社会调查》，《金陵大学农林科农林丛刊》，1929年第51期，第2页。

⑤ 卜凯著，孙文郁译：《河北盐山县一百五十农家之经济及社会调查》，《金陵大学农林科农林丛刊》，1929年第51期，第2—4页。

“村董”“亲友”这些协助调查者是盐山150户农家调查顺利进行的重要保证。

三、调查目的和方式

盐山县150户农家经济及社会调查主要是针对当时国内外“对于中国农业状况所知太少，一般人对于中国农业所下的结论，都系从偶然的观察而来”① 的状况而进行的，“其目的在就普通农区、普通年成，而考察各农家成功与失败之各种主要因素。此种因素，如能悉心研究，该农区多数农家之农场周年出入状况暂可得其梗概。”② 并且，通过走访农家，填写调查表格，“这种实地调查来的材料，不但能使西方人知道中国的真况，而中国人自己因此对于其本国的情形，也可以更为了解。”③ 以便为改变中国农村、农业和农民的贫困落后状况提供真实、准确的数据资料。

在调查方法的选择上，卜凯认为“中国大多数农人，未受教育，能记账者实属寥寥，现成记录，既非常缺乏，而调查方法，实际上成为唯一的办法”。在调查中，他采用了抽样调查的方法，并辅以美英等西方国家先进的调查和统计方法。他认为“假使所采的标样，确具代表性，偏见亦已避免或解明之，同时被调查的农家为数甚多，则由调查方法所得的误差，比较上确甚微渺。此因农人之估计过高与过低者，机会相等，如将其答案，一一平均，自与事实相近”④。因此，调查力争做到了点与面、远与近的有机结合。被调查的三个村庄的150户农家均为我国华北地区普通村庄的农家，可以代表当时华北农村农家经济和社会生活的一般状况。此外，150户农家分别是吴家阁92户中的85户，郭家庄127户中的58户，杨帽圈18户中的9户，分别占被调查村庄农家的92.39%、45.67%、50%，抽样比例合理。再加上调查内容的全面性，可以说覆盖面较广。三个村的位置分别是县城东2里、县城东北5里和县城南18里，在村庄选择上注意了与县城之间距离远近的问题，将县城发展对各农家发展的影响等因素考虑进去。而在资料的统计分析上，做到西方经济理论与中国北方农村农家的实际情况相结合，比较真实、全面地反映

① 卜凯著，张履鸾译：《中国农家经济》，上海：商务印书馆，1936年，第565页。

② 卜凯著，孙文郁译：《河北盐山县一百五十农家之经济及社会调查》，《金陵大学农林科农林丛刊》，1929年第51期，第1页。

③ 卜凯著，张履鸾译：《中国农家经济》，上海：商务印书馆，1936年，第565页。

④ 卜凯著，张履鸾译：《中国农家经济》，上海：商务印书馆，1936年，第1页。

了盐山农家的经济及社会状况。

四、调查内容

卜凯的盐山县150户农家经济及社会状况调查的落脚点为村庄，以户为单位开展调查。本次调查共使用150份农户调查表，每份包括实例调查表14种，在资料整理中共汇总统计表64种，图片24种。除直接与农场、农村经济有关的项目外，比如农场的组织、农家与人口、其他的社会经济等问题；还有诸如“间接影响于农业成败之问题，举凡人口、教育、道德嗜好等等，亦皆在研究之列”[①]。通过这些内容的调查使中国北方农村农家经济及社会的状况更加清楚准确地显现出来。

在农场的组织方面，此次农家调查摸清了农场的布置、佃种问题、农场的大小、经营方式、内容和经营状况等方面的问题，并对农场周年经营做了总结。卜凯非常关注农业生产技术的发展，对农场生产状况的调查自然成为本调查的重点，本部分共汇总统计了34种表，占本次调查的1/2强，可见这部分的重要性。此外，卜凯还发现该地农场布置松散，农作物的比重过大，有役家畜比例远大于生产家畜等问题和佃农在中国北方并不多见的现象，对农场的位置、经营、效率等方面提出了切实可行的建议。

农家与人口方面的调查是本调查中比较有特色的部分，也是以往此类调查所忽视的部分，卜凯认为“研究农场管理各种问题时，同时对于农人之本身，亦得有相当之研究。此种情形在中国尤为显著，盖中国农家之社会及经济两方面之关系，比之美国农家，较为密切”，而美国“对此种关系鲜有论及者”[②]。通过对场主及其家庭人口等方面的调查，为我们清晰地展现出农家与农场经济各因素之间的关系。此外，卜凯还就盐山县所出现的人口过剩等问题提出了增加生产、迁移人口于较稀之区、发展社会及家庭工业、农暇之时多从事其他种工作等四点临时解决方法和根据粮食之数量节制人口生殖等根本解决方法，这些建议虽然是近百年以前提出的，而且对当今中国社会人口

① 卜凯著，孙文郁译：《河北盐山县一百五十农家之经济及社会调查》，《金陵大学农林科农林丛刊》，1929年第51期，第1页。

② 卜凯著，孙文郁译：《河北盐山县一百五十农家之经济及社会调查》，《金陵大学农林科农林丛刊》，1929年第51期，第101页。

问题都是很有借鉴意义的。

盐山其他与社会经济有关联的娱乐、集会、市集、借贷、合作、物价、卫生等方面问题也在此次调查之列，虽不是本次调查的重点，但从中可以看出卜凯对上述问题的重视，以及这些方面在中国农村农家经济发展和社会生活中的重要作用。

五、评价

1922年卜凯主持的《芜湖一百零二农家之社会及经济的调查》被称为他的“第一本学术专著”①，可以算是他最初的调查研究成果。在书中，他“试图用美国术语分析中国农村经济问题，书中充满了沃伦式的晦涩难懂之语”②，而《河北盐山县一百五十农家之经济及社会调查》无疑更能体现他的学术思想和成就，卜凯的硕士论文就是以这次调查资料为依据而写成的。卜凯对盐山150户农家经济及社会状况的调查资料以及同期在其他6省16处2736农家调查获得的资料进行了汇总、统计和分析，在此基础上还完成了他的博士论文，获得了康奈尔大学的博士学位，可以说这次调查在卜凯学术生涯中具有重要的地位。

1. 河北盐山县150户农家经济及社会调查是在3个村庄进行的，被调查的农家分别占3个村庄农家总数的92.39%、45.67%、50%，使用了150份农家调查表，每份包括实例调查表14种。在资料整理过程中，共汇总统计表64种，图片24张。可以说内容设计缜密，统计认真、细致，资料较为翔实和准确，结论也不失为公允，将经济及社会内部各因素关系一一呈现在我们面前，对国内外了解、研究中国农村农家经济与社会状况提供了第一手的重要资料。

2. 这一调查在卜凯的学术历程中具有承前启后的作用，同时也体现了他在中国南北方农村、农家调查研究中的互补性，成为以后开展其他农家经济调查的典范。如调查区域因人而定，随机抽样，重点调查生产力、生产技术

① John Lossing Buck：《The following is an interview with DR. John Lossing Buck held at his residence at Pleasant Valley, New York, on sept. 21, 1962.》, p60.

② John Lossing Buck：《The following is an interview with DR. John Lossing Buck held at his residence at Pleasant Valley, New York, on sept. 21, 1962.》, p30.

方面内容，以“开通的小学教员”“村董”“亲友”打开初期调查的尴尬局面等均是在这次调查中奠定的。所采用的理论体系以及调查内容和方法更加成熟和完善，如芜湖调查基本上按各小类划分，主要涉及农场组织经营方面的内容，而盐山调查不仅进一步完善了这方面的内容，还加入了农家与人口以及其他社会经济问题的调查，没有了那么多“晦涩难懂的沃伦式”的语言，更符合中国农村农家的实际，为后来进行的中国农家经济和土地利用调查提供了借鉴。另外，卜凯来到中国后，一直在中国南方的安徽、江苏等地从事农业知识传播、改良以及农家经济和社会状况的调查工作，而对中国北方农村了解得却相对较少，河北盐山县150户农家经济及社会调查无疑使他工作和学术研究的范围扩展到了中国的北方。因为中国是一个地区之间差异非常典型的国家，中国南北方农家经济及社会状况调查的开展，可以更加客观真实地反映中国农村农家的现状，同时也是卜凯学术研究日趋成熟的重要体现。

3. 农场生产状况是盐山县150户农家调查的重点。当时的中国农村，土地集中，农村落后，农民贫困，各种社会矛盾凸显，尤其是生产关系方面的矛盾更为突出。而卜凯认为解决这一问题的症结是提高农业生产技术和发展生产力，没有对当时农村生产关系对生产力所产生的影响予以足够的重视，也没有充分地认识到这一点，这是由他的出身和服务的对象在中国当时的社会性质所决定的，我们不能苛求于他。

4. 对发展中国农村农家经济和改良农村生活状况提出了一系列科学、合理的建议。如针对中国田场分散的特点，提出发展大农场、适度规模经营；针对小农场的状况，提出移民、发展工商业，改良农业生产、提高单位产量；针对当时的农村发展和出现的各种灾害，提出控制人口、保护生态环境等。这些建议虽然因为当时中国特殊的社会环境而没有引起国民政府的重视，但具有科学的预见性和前瞻性，对今天我国政府所倡导的实行人口均衡发展、发展乡镇企业、解决“三农”问题、实施乡村振兴战略等无疑都具有非常重要的指导作用，这也是他的农村农家经济和社会调查越来越受到人们重视的原因之所在。

5. 关于此次调查人员选择的偶然性、地点选择的局限性以及调查数据的准确性问题。这次调查是以他的学生崔毓俊的作业形式而出现的，同期参加调查的学生还有另外5人，之所以选择崔毓俊的调查作为样板，并没有进行事前的计划和安排，具有一定的偶然性；调查的地点选择完全取决于学生崔毓俊自己的意志；而被调查的“盐山县实为中国寒苦之农区”，三个村庄位于盐山县的西部，“惟若以全县而论，西部实为盐山最肥富之农区”①。就全县来说，这三个村庄的150户农家的经济状况是相对较好的，而东部盐碱地多、比较贫瘠的村庄没在调查之列，使得此次调查的数据受到一定的局限性。卜凯自己也注意到这一问题，他指出“河北盐山曾经调查过两个区域，因为土壤不同，所以田场面积也不一致。一九二二年调查的区域是在该县的本部，土中碱质很多，田场面积不大，不足以维持其一家的生活。所以一九二二年调查的区域，田场面积中数只有一．五三公顷，而一九二三年调查的则有二．九一公顷”②。另外，此次调查的对象是我国华北地区比较贫困乡村的贫苦农家，加上自1920年以来该县持续三年的旱灾和军阀混战造成的社会的动荡不安，农民对调查人员有所恐惧，调查内容上有所保留，这也在一定程度上影响了农村调查的准确性。上述因素应该引起我们足够的注意，但我们不应因此而否定这次调查内容的科学性、方式方法的合理性以及数据资料的客观性和真实性。

六、需要说明的几个问题

（一）关于盐山150户农家经济及社会调查的时间

卜凯称此次调查日期“自民国十一年四月一日起至十二年三月三十一日止”（1922年4月1日—1923年3月31日）③，1936年出版的卜凯所著的《中国农家经济》一书第一表中也写到河北省盐山县150户农家的调查日期为“1922年4月—1923年3月”，这充分证实了他关于调查日期为“1922年4月—1923年3月”的说法。但据此次调查的直接调查者崔毓俊在《忆往拾遗》中的回忆，他是于1922年夏天毕业于北京燕京大学预科的，1922年秋季入学到金陵大学农科学习，并多次提到于1923年夏天回乡进行调查。由此我们可以推算，此次调查的准确时间应为1923年暑假期间。

① 卜凯著，孙文郁译：《河北盐山县一百五十农家之经济及社会调查》，《金陵大学农林科农林丛刊》，1929年第51期，第4页。

② 卜凯著，张履鸾译：《中国农家经济》，上海：商务印书馆，1936年，第192页。

③ 卜凯著，孙文郁译：《河北盐山县一百五十农家之经济及社会调查》，《金陵大学农林科农林丛刊》，1929年第51期，第1页。

（二）关于同一成果名称不同的问题

1923 年此次调查进行时，盐山县隶属于直隶省，因此，1926 年该书在美国以英文刊印时以直隶省相称。1928 年直隶省改为河北省，1929 年中文版刊印时，改称为河北省盐山县，因而出现了同一书英文、中文版本名称不同的问题。

（三）关于被调查三个村庄的行政归属和名称问题

民国十八年（1929 年）刊印的《河北盐山县一百五十农家之经济及社会调查》中提到，“本调查所及之三村皆属班吴镇”①。笔者查阅了民国五年（1916 年）贾恩绂先生编纂的《盐山新志》及相关的历史档案资料，并走访了当地仍健在的长者，证实当时盐山县设 5 区 29 铺，吴家庄、郭家庄隶属于“边务铺”②，杨帽圈隶属于“帽圈铺”③，“三村皆属班吴镇”之说有误，“班吴镇”应为“边务铺”。关于此次被调查三个村庄的名称。民国十八年（1929 年）刊印的《河北盐山县一百五十农家之经济及社会调查》中三个村庄翻译为：吴家庄、郭家庄和杨帽圈，民国二十五年（1936 年）商务印书馆出版的《中国农家经济》一书中三个村庄则翻译为：吴家、郭家和杨帽，两种资料三个村庄的名称虽然不一致，但只是翻译上的详和略，没有大的差别。而实际上，当时的杨帽圈和现在村的名称都称为“杨帽圈”，而不是“杨帽庄”。“郭家庄”当时包括邵郭庄、魏郭庄、李郭庄、邓郭庄四个村庄，此次调查资料中的“郭家庄”应该是四个村庄的合称。

第四节　卜凯对河北平乡县 152 户农家经济和社会的调查④

卜凯在河北省农村的另外一个调查就是 1923 年关于河北省平乡县豆庄 96 户（全村 225 户），辛店 56 户（全村 56 户），共计 152 户农家的调查。

---

① 卜凯著，孙文郁译：《河北盐山县一百五十农家之经济及社会调查》，《金陵大学农林科农林丛刊》，1929 年第 51 期，第 140 页。

② 孙毓琇修，贾恩绂纂：《盐山新志》（1916 年铅印本），台北：成文出版社，1976 年，第 9 页。

③ 孙毓琇修，贾恩绂纂：《盐山新志》（1916 年铅印本），台北：成文出版社，1976 年，第 7 页。

④ 本节在写作过程中霍席卿先生之子霍绍光教授和之孙霍赞教授提供了珍贵的资料，河北平乡县档案局局长贺庆省，西豆庄村村民霍彦国、王永考及第二疃村民田秀文，任县辛留垒村村民等人提供了重要的线索和口述资料，在此一并表示感谢！

一、调查人员、时间和地点

平乡调查的具体实施者是卜凯的学生霍连珍。霍连珍（1893—1987），河北省平乡县节固乡西豆庄村人，出身贫寒，童年时流落到河北省邢台市区，被当地基督教会收留，以勤杂工的方式换取免费在教会学校——宏道学堂读书学习的机会。1921年考入南京金陵大学农学院，在宏道学堂的资助下得以完成学业。霍连珍从金陵大学毕业后改名为霍席卿[①]。据他的儿子霍绍光和孙子霍赞回忆，霍连珍“是一位非常严谨的人，对待学术的态度极为认真”。在金陵大学读书时，他是卜凯盐山调查的实施者崔毓俊的同乡和舍友。据崔毓俊回忆，“霍连珍是农学院年龄较大的同学，休学两年后1924年秋又回到学校……霍岁数较大，又是一位虔诚的基督徒，处世为人都是我们的好榜样”[②]。

平乡县调查的具体时间是在1923年2月至1924年1月，当时的霍连珍正在休学期间，为了完成卜凯布置的作业，也为了更多地了解他幼年时即已离开的家乡，霍连珍在其亲属的帮助下进行了此次调查。

调查的地点是平乡县豆庄和任县辛店。豆庄村得名源于明永乐年间，原名为豆王庄，“后来逐渐形成两个自然村，合称豆二庄，居西的称西豆庄，居东的称东豆庄”[③]。在《平乡县志》的附录部分，附有《清光绪三十三年平乡县详图》，清晰可见东豆庄和西豆庄两个村庄，说明《中国农家经济》中的平乡县豆庄，其实是东、西豆庄的合称。东西豆庄位于平乡县西北部地区，距

① 霍席卿（1893年1月—1986年11月），男，原名霍连珍，汉族，河北省平乡县人，1925年7月毕业于南京金陵大学农学系。1925年从金陵大学毕业后改名霍席卿。曾任山西名贤学校农科教员、太原实验学校农科主任、金陵大学农学院教授兼西北农场场长、陕西省农业改进所副所长、国民政府农林部西北农业推广繁殖站主任、财政部郫县（四川）烟叶示范场场长；新中国成立后，他先后任陕西省泾惠渠农场场长、省农业综合试验站生产股长、省棉花研究所栽培室副主任、省特种作物研究所烟草研究室负责人、副研究员。在十年“文化大革命”动乱中，他惨遭迫害，1978年得以平反。霍席卿一生从事农业科技教育、生产管理和烟草科学研究、技术推广等工作，在理论和实践上造诣颇深，主要论著有：《农村小学自然研究教学法》（上海黎明书局出版）；《论各类作物黑穗病问题的研究》《碱性土壤问题》（上海中国科学月刊社主办的《农业周报》）；《西北60号302号小麦之育成与推广》（1944年出版）；《目前我国烟草事业应用之措施》（《农业通讯》1944年2月号）；《西北517号改良棉花的育成及栽培方法》（1948年出版）。1950—1960年，曾多次参加全国、西北区农业科学会议，并先后发表专业论文十余篇，获得人们好评。1960—1966年，霍专职从事烟叶丰产栽培技术研究，他深入实地调查研究，能理论联系实际，在主持完成的《烤烟增产技术研究》（获省农科院成果奖）等课题中，提出了烤烟增产的六项技术措施，为这一时期的陕西烤烟生产做出了贡献。

② 崔毓俊：《忆往拾遗》，1993年10月，未刊，第25页。

③ 平乡县地方志编纂委员会：《平乡县志》，北京：方志出版社，1999年，第83页。

离县城10公里左右。民国时期平乡县共分五区，其中“第三区公所设于节固店”[①]，东、西豆庄与节固店紧邻，隶属于第三区。经笔者实地走访，当年的节固店今已改为节固乡，节固乡乡政府驻地就设在西豆庄。辛店在西豆庄的西北部，位于任县县城东20公里处。《中国农家经济》一书中提到辛店属于邢台县，可能是一种误解。因为辛店一直隶属任县，任县地名由来已久，且平乡县与任县接壤，并不与邢台县接壤，邢台县也从无叫做“辛店”的辖地。

另据掌握的资料和实际走访的结果，笔者对辛店这一调查地点的名称也持怀疑态度，认为调查点在另外一个名为辛庄的村落的可能性更大些。

第一，卜凯在《中国农家经济》一书中列出平乡调查中辛店的农家户数为56户，但据民国版《任县志》记载，1915年时，辛店早已是一个镇，而且当时已有432户人家。[②]

第二，1915版《任县志》中的任县地域全图，与《平乡县志》中的光绪十二年版平乡县地域全图比对，我们发现在西豆庄村西侧有一个“辛庄”村，距离西豆庄村仅3.5公里，现在是任县辛店镇留垒村的一部分。留垒村由四个组成部分，分别是留垒、孔留垒、杨留垒、辛留垒，辛留垒即辛庄。据笔者实地走访，几位当地老人都非常肯定地说中华人民共和国成立时辛庄尚不足80户人家，如今也仅170余户人家。按照人口自然增长规律推算，辛庄在20世纪20年代仅有50余户是很有可能的。

第三，卜凯称在十七处调查中，中国北方“只有河北平乡和邢台，亦施灌溉工作，平乡有60%的土地，由河水灌溉，2%的土地由井水灌溉，而在邢台，则只有10%的土地由井水灌溉”[③]。通过查阅相关资料得悉，滏阳河穿西豆庄村和辛店镇而过，西豆庄村可得河水灌溉之利，辛店怎么可能不汲滏阳河之水？而辛庄由于距离滏阳河和留垒河稍远，其土地无法得到河水的灌溉，确实仅能依靠井水之力。

二、调查内容及主要数据资料的考证

平乡调查没有形成单行本的研究成果，调查结果以数据的形式呈现在

---

① 《视察平乡县各项情形之报告》，《视察特刊》，1929年第2期，第393页。

② 王亿年修，刘书旂纂：《任县志》（1915年铅印本），台北：台湾成文出版社，1968年，第223页。

③ 卜凯著，张履鸾译：《中国农家经济》，上海：商务印书馆，1936年，第17页。

《中国农家经济》一书中。从该书来看，卜凯主持的7省17处2866个农家经济及社会状况调查内容有：田场布置与利用、田场周年经营状况、大小最适宜的田场企业、耕地所有权与农佃问题、作物、家畜和保存地力、田场劳力、农家家庭与人口、食物消费、生活程度等共十章。平乡调查涉及除食物消费一章外其他九章的绝大多数内容。全书共使用表格250个，示图71个，照片39幅，其中涉及平乡数据的有表格128个，示图6个，应当说平乡调查的内容是比较全面和丰富的。

卜凯的《中国农家经济》十七处调查中，平乡调查的主要数据显示该地区农家经济状况非常贫困，如表3－11所示，该地人均耕地严重不足、农家盈利和消费水平很低、农民生活程度最低、人口密度最大。那么当地情况是否真的如此呢？笔者运用当地的乡土资料对平乡调查的数据和论述的真实性进行了考证①。

表3－11　各地人均作物面积、进款及消费情况

地区	每人之作物面积（标准亩）	田场赚款	消费总值	恩格尔系数	每一平方公里之人数（作物面积）	家庭平均人口数目
平乡	3.6	102.33	88.62	66.4%	452	4.44
盐山（1922）	5.6	100.67	113.13	55.0%	291	5.35
盐山（1923）	10.7	62.31	155.20	56.7%	152	5.17
北部平均	7.7	196.41	190.63	62.1%	240	5.78
中东部平均	5.8	288.19	288.63	53.8%	324	5.53
全国平均	6.8	239.60	228.32	58.9%	282	5.65

资料来源：据卜凯著，张履鸾译：《中国农家经济》一书中多个表格整理而成。

（一）人均土地面积

平乡调查的结果是每人作物面积平均为3.6标准亩，作物面积是指田场中栽培作物的面积，而“专为生长草木以充燃料的未垦地面积，亦包括在内”②。也就是说，作物面积应当是每人拥有的可利用土地的面积，平乡的田

① 在此有必要做出说明的是，《平乡县志》至今有7个版本，除1999年版以外，距离现在最近的是光绪十二年（1886）版了，考虑到民国四年（1915）版《任县志》在时间上与卜凯调查的时间更为接近，便于对照，并且卜凯平乡调查的数据资料是平、任两地共同调查的结果，因此进行考证时，笔者主要运用了民国四年（1915）版《任县志》和其他一些资料。

② 卜凯著，张履鸾译：《中国农家经济》，上海：商务印书馆，1936年，第20页。

场总面积中栽培作物面积所占之百分率，即土地利用率为 86.6%，而平乡本地一亩等于 0.92054 标准亩，这样计算，则平乡调查的结果，人均土地面积应为 4.52 亩（本地亩）。另据 1915 年版《任县志》载，“人口则逾十万度田计口人止五亩”[①]。两者相比，卜凯调查的数据虽稍偏低，但总体相差不多。

（二）农家盈利和生活程度

平乡调查的结果是平均每户农家田场盈利为 102.33 元，但这仅是田场总收入减去田场总支出所得，这里的田场总支出仅为从事农业生产的成本，并未扣除农家每年的各项生活费用。卜凯在《中国农家经济》一书中曾提到，所调查的十七处，“各项费用（生活费用）总值，每户平均为 228.32 元，最低者为河北平乡，每户只 88.62 元”，将田场年终盈利减去农家生活费用，会发现平乡纯以务农为生的农家，其每年的净收入仅为 13.71 元。那么这个数字是否准确呢？《河北平乡的民变及其社会背景》一文中曾提到“（平乡）就是一个最能干的农夫，种了十亩田地，假若凑巧是个丰收年，那么可能有七八担的收获，除去父母妻子一年的食粮外，所余可粜二十元，全年的农本、衣服、纳税、日常消耗，都要从这二十元支出，如何能够？假若来一个旱年或大水，那就一扫精光，惟有束手待毙了”[②]。1915 年版《任县志》中也曾提到，“度田计口人止五亩，而赢五亩之收不过五石，五石之值多或三十贯，少仅二十贯，供徭给赋而外，有俯仰之事畜焉，有婚丧之庆吊焉，有塞社之报祈，宾朋之酬酢焉，时复被水旱，疾疫不虞之需，尚不知凡几，民方救死之不暇。”[③] 虽然计算方式和货币单位不一样，但是平乡农家生活的拮据状态是非常明显的。也正是因为极低的收入，所以农民除了维持最低限度的生活外很难再有其他生活费用的开支，足以证实平乡农家恩格尔系数确实很高。

（三）人口密度

平乡调查的人口密度为每平方公里（作物面积）452 人，如果将作物面积转换为实有土地面积，则约为每平方公里 391 人。此数据与当时河北省政

---

① 王亿年修，刘书旂纂：《任县志》（1915 年铅印本），台北：台湾成文出版社，1968 年，第 231 页。

② 赵泽生：《河北平乡的民变及其社会背景》，《东方杂志》，1935 年第 32 卷第 10 期，第 129 页。

③ 王亿年修，刘书旂纂：《任县志》（1915 年铅印本），台北：台湾成文出版社，1968 年，第 231—232 页。

府1933年的调查结果差距较大，该调查结果显示平乡的人口密度为：每平方公里294人，任县241人[①]。另据1915年版《任县志》的《城乡户口地亩均计表》记载，辛店镇的人口数为2018人，地亩数为5500亩；留垒村的人口数为1632人，地亩数为9500亩。[②]计算下来，则辛店镇每平方公里（作物面积）649人，留垒村每平方公里（作物面积）303人，这与卜凯平乡调查的结果仍然差距较大。然而，"河北省人口稠密之区甚广……人口最稠之区在该省之中南部，而以中部人口为尤稠"[③]。而平乡县即位于河北省的中南部，是河北省人口稠密地区，由此可知平乡调查的结果虽然与其他资料存在着较大差距，但对平乡人口特点的把握还是比较准确的。

（四）作物种植

《中国农家经济》一书中，平乡调查的数据和描述比较全面客观地反映了平乡当时的土地类别和作物种植情况。

首先，土地类别。《中国农家经济》一书为平乡单列的作物种植方式一表显示，平乡县的17种不同栽种方式的土地均为低地，卜凯所说的低地即"常被水患的耕地"[④]。事实的确如此，"平乡之地，左漳滏而右沙洺，外高亢而中卑下，素有水患，其来旧矣……秋水时发，诸河溃溢，辄合为一……恒为民患"，"水潦不登者，则又自原庄抵节固镇"[⑤]。经笔者实地走访也证实，卜凯平乡县所调查的这几处村庄，临近滏阳河，均为地势低洼之地，平乡段滏阳河水20世纪70年代之后才断流，可以想见民国时期每逢夏秋，这里的确易涝且多为盐碱。

其次，种植习惯。平乡调查的结果是在各种作物所占作物公顷之百分率中，以小麦所占最多，小麦的播种面积占作物面积的29.8%，其次为高粱、谷子、大麦、大豆、黑豆、蔬菜[⑥]。1915年版《任县志》也曾提到，"谷类以麦与高粱为大宗，谷与杂粮次之，麦地二十一万四千余亩，高粱地一十一万

---

① 《河北省各县人口密度表》，《冀察调查统计丛刊》，1936年第1卷第2期，第22页。

② 王亿年修，刘书旂纂：《任县志》（1915年铅印本），台北：台湾成文出版社，1968年，第223—224页。

③ 《河北省人口之密度》，《冀察调查统计丛刊》，1936年第1卷第2期，第20页。

④ 卜凯著，张履鸾译：《中国农家经济》，上海：商务印书馆，1936年，第243页。

⑤ 平乡县旧志校注工作委员会：《平乡县志》（康熙十六年版），北京：中国文史出版社，2012年，第103页。

⑥ 卜凯著，张履鸾译：《中国农家经济》，上海：商务印书馆，1936年，第263页。

二千余亩，谷地八万二千余亩”[①]，分别约占总耕地面积的35.6%、17.8%以及13.7%，这与卜凯的调查数据相近。由此，可以证实平乡调查的结果是准确的。当地比较特殊的作物是大麻和靛青，“大麻系河北平乡县的唯一纤维作物，占现金收入的四分之一”[②]。1915年版《任县志》和《平乡县旧志校注》中也都提到平乡和任县物产中均有麻和靛。

此外，平乡调查中对农民种植习惯的分析有两点值得我们注意。其一，棉花的种植比率为零。据笔者实地走访，当地村民都提到，在根治海河运动之前，滏阳河两岸常年水患，土地不仅盐碱程度严重，而且土质为黏性潮土，当地民众风趣地称之为“湿了黏，干了硬，不湿不干胶皮性，累死老牛拉不动”。所以极不适宜棉花种植，因此当地一直不种棉花。其二，平乡调查中所记录的17种不同栽种方式，第二季种植蔬菜者高达9种，其中种植白菜者有5种，可见蔬菜特别是白菜种植的普遍性。这一现象也是有其它史料可佐证的，据《平乡县志》记载“滏水至平邑……夹岸畦园若干顷，灌汲之利，于斯普焉”[③]。蔬菜生产成为当地的一大优势，特别是滏阳河两岸，由于土质较为肥沃，灌溉较为便利，蔬菜特别是白菜种植历史悠久，播种面积较大。现在的西豆庄亦是平乡县蔬菜种植基地，滏阳河贡白菜是当地的特产。

通过以上分析，可见卜凯平乡调查结果基本如实地反映了当地农业发展的状况，因而其真实性是比较高的。

三、与盐山调查比较

卜凯主持的全国农村调查中只有盐山县和平乡县两地属河北省，因而两地的调查具有很强的可比性和参照性。

1. 两者的相同之处。调查均为卜凯主持的全国农村调查的重要组成部分；调查员均为卜凯在金陵大学的学生，且为同学和舍友，同时又是虔诚的基督教徒，有着相同的宗教信仰，调查采用的理论体系和内容、方法也相一致；调查开展的时间大体相同，均为1922年至1923年；调查地点同为海河流域

---

① 王亿年修，刘书旂纂：《任县志》（1915年铅印本），台北：台湾成文出版社，1968年，第231页。

② 卜凯著，张履鸾译：《中国农家经济》，上海：商务印书馆，1936年，第94页。

③ 平乡县旧志校注工作委员会：《平乡县志》（乾隆十六年版），北京：中国文史出版社，2012年，第147页。

的盐碱地带，农业环境和文化传统非常接近。

2. 两者的不同之处。

从内容来看，盐山调查更为全面，涉及《中国农家经济》一书的所有内容和各类表格，而平乡调查缺少“食物消费”一章，其他章节的调查内容也有少量缺失。

从成就来看，盐山调查进行了前后两次，分别是1922年（平常年）和1923年（灾年），可以说盐山调查拥有可以相互对比的两份资料，卜凯也高度重视盐山调查的结果，亲自进行核实，并将调查结果专门结集出版和作为其硕士、博士毕业论文的基础资料。而平乡调查仅有一次，调查结果基本是以数据的形式呈现于《中国农家经济》一书的各个表格中，成就和地位均不及盐山调查。不过，作为一个严谨的农业经济学专家，卜凯对这一调查极为认真，“曾有某处调查，因价值上发生疑问，即将该处全部调查，弃置未用。又表格中之有疑者，亦皆剔去未用，以免累及全体”①。由此我们可以看出平乡调查能够保留在《中国农家经济》一书中，本身已经说明了卜凯对此次调查质量的肯定。

从调查地点来看，虽同属海河流域的盐碱地带，平乡比之盐山，人口密度更大，人均耕地占有量更小。《中国农家经济》反映的两地生活程度的典型性需要做进一步研究。因为盐山第一次调查地点是在盐山县的西部，“惟若以全县而论，西部实为盐山最肥富之农区”②，第二次调查选择区域有了扩大，但调查数目不够。而平乡调查的地点则是平乡较贫穷的地区，20世纪30年代初还曾爆发过激烈的盐民暴动③，可见农民生活的困窘和阶级矛盾的尖锐。所以，不能单以两个调查的结果就断定两县或者冀东南和冀南经济状况的差异。

但是，两处的调查数据可以互为参照，互相佐证。一方面，证实了两地数据的真实性；另一方面，两地的人口密度和农民生活水平的差别也成为卜凯提出“人口过剩是贫困根源”观点的有力依据。

① 卜凯著，张履鸾译：《中国农家经济》，上海：商务印书馆，1936年，第4页。

② 卜凯著，孙文郁译：《河北盐山县一百五十农家之经济及社会调查》，《金陵大学农林科农林丛刊》，1929年第51期，第4页。

③ 赵泽生：《河北平乡的民变及其社会背景》，《东方杂志》，1935年第32卷第10期，第128—129页。

四、评价

卜凯调查方法的科学性历来为学界所关注，如有学者批评卜凯的抽样调查方法在选取样本时不均衡①，有的村庄接受调查的户数仅有几家，因此质疑其统计数字不能反映当地的真实状况。但是就平乡调查而言，进行调查时东、西豆庄村共有农家225户，被调查者96户，占比为42.7%，“辛店”共有农家56户，接受调查者56户，占比达到100%，是十七处调查的所有村庄中唯一一个全部农户接受调查的村庄。合计接受调查者共152户，占到三个村庄农家总数的54.1%。在十七处调查中，平乡调查的总体抽样比例位列第三，可以说此次调查的涉及面较广，而选样的广泛性也增强了平乡调查的可信度。

谢家声、章之汶在《中国农家经济》的序言中曾这样写道：“本书不特材料丰富，持论亦复公允，盖其一切论断完全根据与调查所得之数字，故其准确程度，远非一般仅能代表个人观感之著作所能同日而语也”②。卜凯的结论，是建立在实地调查所获得的第一手资料和数据基础之上的，经过与卜凯七省十七处另外的十六处调查数据相比，平乡调查数据所反映的该地农村经济状况是：人口密度最大、人均耕地最少、农民生活程度最低。三个“最”使我们对平乡县农家的生活贫困程度有了清晰的认识。同时，引发了卜凯对中国农民贫困根源的思考。在将平乡调查与他处特别是与盐山调查相比较之后，卜凯得出的结论有：“中国的贫困在于农场面积的零细”，而土地的过于零细，降低了土地利用率和单位面积上的劳动生产率，进而减少了田场盈利，造成了农民生活的贫困。是什么导致了土地的零细呢？是人口压力。繁重的人口压力加快了分家的速度，所以平乡的家庭规模也是十七处中最小的，平均每家仅4.44口人。很明显，分家析产速度加快，必然导致土地被越分越小，进而使土地的零细化程度进一步加剧。所以卜凯认为，农村人口的过快增长是导致农场面积过小、农业劳动生产率低下的重要原因。进而，人口压力、人口过剩则成为“中国贫困的总根源”。有鉴于此，卜凯强烈建议中国必须控制人口的增长。可以说，平乡调查的结果为卜凯对中国农业基本看法的形成提供了重要依据。

① 钱俊瑞：《评卜凯教授所著〈中国农场经济〉》，《中国农村》，1935年第1卷第2期，第91页。

② 卜凯著，张履鸾译：《中国农家经济》，上海：商务印书馆，1936年，序言，第1页。

平乡调查对霍席卿的学术发展产生积极影响。他自金陵大学毕业后尽管一直从事农学育种研究，但一直深受卜凯农村调查的影响，非常重视对中国农村的调查。如1934年，霍席卿在山西铭贤中学任教时，有感于作物学教材资料的匮乏，曾组织并指导其学生利用寒假回归故乡之便，对山西二十余县的农作物种类及耕作方法进行调查，并对调查结果进行统计和整理作为教授作物学的参考资料。其调查的内容主要包括“各种作物栽培面积之百分数，每亩普通年之产量，播种期，播种方法，每亩播种量，中耕次数，平均田场面积”① 等。这与卜凯调查的原因，方式和内容基本相同。他的山西调查，与其在平乡调查过程中的历练和学习是分不开的，这说明，卜凯的学术思想和调查研究方法被他的学生传承和发扬。

平乡调查的价值还在于对于区域历史的研究有着极高的史料价值。20世纪二三十年代，国内外学者和团体在中国农村进行调查可谓蔚然成风，在河北地区比较著名的调查有满铁中国农村惯行调查、李景汉定县调查、张培刚清苑调查等，但这些调查主要集中在冀东和冀中地区，几乎没有触及冀南地区。而平乡地处冀南，所以此次调查对于了解民国时期冀南地区的农村状况有着极为重要的意义，有利于完善和丰富河北省乃至华北地区的乡村社会状况的研究。对于平乡而言，作为一个经济文化落后的小县，文献资料很少，像这样以统计数据为主且内容翔实丰富的历史资料可以说弥足珍贵，所以卜凯的平乡调查对于发掘平乡的乡土文化与历史有着重要的参考价值。

第五节　卜凯对1931年江淮流域水灾及经济的调查

1931年江淮流域发生严重水灾，卜凯受当时南京国民政府救济水灾委员会的委托，带领金陵大学农学院农经系的师生与当地的小学教师以及教会团体的布道员共271人对此次水灾进行了深入调查。这一调查是该院“国内机关资助本系事业之始，自此以后，国内机关委托本系或办理事业甚多”②。最后，形成了《中华民国二十年水灾区域之经济调查》报告。报告对此次水灾

① 霍席卿：《山西农作物之调查比较》，《新农村》，1934年第13—14期，第247页。

② 《农业经济系之过去与将来》，《农林新报》，1942年第19卷，第1—3期，第7页。

受灾概况及其成因进行了总结与分析，就建立农产预测报告机构、设立常设调查机构以及防灾保险等方面提出了富有前瞻性的建议。目前，学术界关于1931年江淮流域水灾的研究主要集中于三个方面，一是对此次水灾本身的研究，主要研究内容包括对水灾发生地域及其成因的研究；二是对水灾所产生的影响进行研究，主要内容包括水灾对农业、流民、疫病的影响；三是对水灾救济的研究，内容主要包括民间救济、慈善机构以及地方政府与国民政府的救济等。虽然，这些研究成果对于卜凯的《中华民国二十年水灾区域之经济调查》时有引用，但是对卜凯所主导的此次水灾调查本身缺乏系统深入的研究。鉴于此，本节就其对1931年江淮流域水灾概况、水灾成因以及其提出的水灾防治主张与措施进行梳理分析。

一、调查概况

此次江淮流域水灾，使湖南、湖北、江西、安徽等省百余县受灾，灾民达七八千万之多，被当时国人视为“我国民族生活史上最惨痛的一页”[①]。为全面了解此次水灾的具体受灾实情，卜凯致函当时的南京国民政府救济水灾委员会“建议举行一精密之调查，以明灾况之究竟”[②]。国民政府经济水灾委员会，“深知此种调查之重要，极力赞助”[③]，鉴于金陵大学农学院，“正从事全国土地利用调查，人才集中，设备齐全，在事实上最能肩此重任”[④]，遂将调查工作委托给金陵大学。在国民政府救济水灾委员会的委托之下，时任金陵大学农业经济系主任的卜凯带领金陵大学农业经济系的师生、当地乡村小学教师及教会人员对江淮流域水灾进行了实地调查。

（一）调查时间

此次水灾调查自1931年10月19日开始筹备，21日各分区调查主任先后开始出发，1932年1月11日完成统计分析工作，历时近3个月的时间。卜凯

① 《二十年份水灾调查》，《中行月刊》，1932年第4卷第1—2期，第66页。

② 金陵大学农学院经济系编刊：《中华民国二十年水灾区域之经济调查》，《金陵学报》，1932年第2卷第1期，第1页。

③ 金陵大学农学院经济系编刊：《中华民国二十年水灾区域之经济调查》，《金陵学报》，1932年第2卷第1期，第1页。

④ 金陵大学农学院经济系编刊：《中华民国二十年水灾区域之经济调查》，《金陵学报》，1932年第2卷第1期，第1页。

对水灾调查非常重视，早在1931年8月20日即向国民政府救济水灾委员会提出水灾调查的建议，“随又将所制之调查表，经一度实地实验后，再向该会做第二次之建议”①，足见其诚意和决心。

（二）调查范围

本次调查主要包括江淮流域之湖南、湖北、安徽、江西、江苏、河南6省。具体而言，有安徽省南部芜湖、望江、桐城等17县，北部亳州、蒙城等15县，共32县；湖北省的汉口、汉川、天门等共16县；江苏省的南部镇江、江浦、扬州等10县，北部宿迁、高邮等11县，共21县；江西省南昌、湖口、九江等11县；湖南省的常德、岳阳、长沙等10个县；河南省的永城县1个县；共90个县。而此次江淮流域水灾共有131个县受灾，此次调查县达到了68.7%。可以说调查的范围广，具有代表性。

（三）调查人员构成

此次水灾调查设总主任、统计主任和副主任、制图主任、事务主任和分区调查主任等职务，分别由卜凯任总主任、华伦任统计主任、叶懋任统计副主任、史迈斯任制图主任、沈宪耀任事务主任，其中卜凯、华伦、史迈斯为美国专家。总调查区域下面又具体分为9个调查分区，担任分区调查主任的分别是孙文郁、邵德馨、张履鸾、杨铭崇、刘润涛、潘鸿声、应廉耕、顾贞祥、马立炎。他们“大都系金陵大学农业经济系土地利用调查中之自然区调查主任，对于调查工作，皆积有极富之经验”②。而具体从事调查的人员，除了金陵大学的师生外，“大都皆系熟悉当地乡村情形之小学教师及布道员”③。此次调查在地图方面还受到了交通部扬子江水道委员会、参谋本部陆地测量总局航空测量队、导淮委员会等单位及个人的资助，还有金陵女子文理学院学生多人参与统计分析。可以说，此次水灾调查是在卜凯的主持下由中外专家、个人与团队相互合作、分工负责、共同努力的结果，诚如卜凯所言，“此

---

① 金陵大学农学院经济系编刊：《中华民国二十年水灾区域之经济调查》，《金陵学报》，1932年第2卷第1期，第1页。

② 金陵大学农学院经济系编刊：《中华民国二十年水灾区域之经济调查》，《金陵学报》，1932年第2卷第1期，第3页。

③ 金陵大学农学院经济系编刊：《中华民国二十年水灾区域之经济调查》，《金陵学报》，1932年第2卷第1期，第3页。

次调查，苟非各处私人与团体之热忱合作，将不能进行如此顺利”[①]。

（四）调查内容

《中华民国二十年水灾区域之经济调查》报告，对水灾原因、水灾发生日期、水淹深度、水灾轻重、被灾之人口与耕地、损失与需要、流离疾病与死亡、物价变化与赈济等方面的内容进行了详细的分析。同时，还对收容所进行了系统调查。可以说，此次调查内容全面细致。

（五）调查方法

本次调查采用“标样”方法，调查共分为三种，即农家调查、村庄调查、县调查。在被灾县区域，“选择十个可以代表该地灾况之村庄，用村庄调查表加以调查”，然后，“选择五十家被灾农民，挨户调查”，在重灾区，“每县调查二百个农家，与四十个村庄”。对于调查的每一问题，调查员“皆不惮烦劳，用农户调查表，挨户探问所得之答案”[②]。同时，“每一地区调查员，须于地图上，注明其所调查之村庄，以及该村庄等所能代表之区域”[③]，以保证调查的准确性，防止重复调查情况的出现。对于调查数据的分析，卜凯采用了平均数和百分率的统计方法，主要包括了农户平均数、村庄平均数、县平均数与省平均数四种。并用受灾指数，将受灾程度分为三个等级，“凡指数自 68 至 100 者，为被灾最重区域。自 34 至 67 者，为被灾次重区域。而自 0 至 33 者，为被灾较轻区域”[④]。通过受灾县域、受灾指数相差悬殊的情形比较，他要求每县必须调查一个地区以上，以全面反映当地的实际状况。

二、受灾情况

此次水灾面积广，不仅限于江淮流域，唯“江淮流域，则大陆沉者，达

---

① 金陵大学农学院经济系编刊：《中华民国二十年水灾区域之经济调查》，《金陵学报》，1932 年第 2 卷第 1 期，第 1 页。

② 金陵大学农学院经济系编刊：《中华民国二十年水灾区域之经济调查》，《金陵学报》，1932 年第 2 卷第 1 期，第 3 页。

③ 金陵大学农学院经济系编刊：《中华民国二十年水灾区域之经济调查》，《金陵学报》，1932 年第 2 卷第 1 期，第 4 页。

④ 金陵大学农学院经济系编刊：《中华民国二十年水灾区域之经济调查》，《金陵学报》，1932 年第 2 卷第 1 期，第 5 页。

数月之久"①，致使131个县，2520万人受灾，受灾户数达420万之多，受灾比达53.2%，870万亩耕地受灾，受灾比达56%。各地区田地中水最深时，平均在9尺以上。湖南省最深达11.7尺，安徽北部达11.5尺，安徽南部最浅达5.9尺。"屋内地面上，平均水深为4.2尺。"其中湖南地区最深达6.9尺，安徽北部最浅2.3尺。许多房屋被淹，致使房屋不能居住，平均不能居住天数为51天，其中安徽省南部的无为县最长，平均达114.7天。以受灾程度论，"江苏北部运河以东之区域，受灾最为惨重，各地区内几乎百分之百之农村均报告积水太久，播种冬季作物，完全无望。"② 九江上游一带、湖北汉口一带、皖北淮河一带等受灾程度大多处于"次重"水平。

就具体受灾农户而言，受灾程度在68%至100%之间的有42个县，其中湖南省安乡县355户，江苏省宝应县560户，兴化县849户，安徽省五河县189户全部受灾，受灾率均为100%，占受灾总数131县的32.1%；35%至67%之间共有52个县，占131个县的39.7%；0至33%之间共有37个县，占131个县的28.2%。其中，受灾程度最低的县为湖南省临丰县162户仅8户受灾。

就受灾田地而言，受灾程度在68%至100%之间有46个县，其中湖南的安乡受灾100%，南县为99%。湖北的汉口为98%，沔阳和汉川同为95%。安徽的汤阳为92%，占131个县的35.1%；34%到67%共有45个县，占131个县的34.4%；0%到33%之间包括40个县，占131个县的30.5%。其中，湖南省的临丰县田地受灾最低，仅为5%。

而各省平均受灾指数，"湖南，48；湖北，56；江西，68；安徽南部，72；江苏南部，58；安徽北部，49；江苏北部，61；各省全数县份总指数，59"③。

总体而言，此次江淮流域水灾致使131个县之农作物、房屋、役畜等共计损失20亿元。损失严重程度排在前10位的分别为：作物（占47.1%）、房屋（占23.7%）、役畜（占7.1%）、农具（占6.2%）、谷类（占4.1%）、衣被（占3.6%）、燃料（占3%）、家具（占2.8%）、家畜（占1.6%）、秣

① 金陵大学农学院经济系编刊：《中华民国二十年水灾区域之经济调查》，《金陵学报》，1932年第2卷第1期，第6页。

② 金陵大学农学院经济系编刊：《中华民国二十年水灾区域之经济调查》，《金陵学报》，1932年第2卷第1期，第7—8页。

③ 金陵大学农学院经济系编刊：《中华民国二十年水灾区域之经济调查》，《金陵学报》，1932年第2卷第1期，第8—9页。

草（占0.8%）。（详见表3－12）“而损失之圩堤与道路，与夫秋冬作物之因积水而无法播种，其损失几何，且犹未计及焉”①。

表3－12　江淮流域131县受灾损失调查统计（单位：万元）

类别	作物	房屋	役畜	农具	谷类	衣被	燃料	家具	家畜	秣草
数额	91100	45710	13730	12020	7960	6900	5890	5420	3000	1540
比例（%）	47.1	23.7	7.1	6.2	4.1	3.6	3	2.8	1.6	0.8

资料来源：据《中华民国二十年水灾区域之经济调查》（《金陵学报》，1932年第2卷第1期第9页）内容整理而成。

注：表中各项每单位价格的标准，需要之食粮，每担7元，储存之谷类每担5元（储存之谷类，大概系未脱壳之稻，故较食粮之价格略低）；种子每担5元，燃料与秣草每担1元；衣被每件3元；役畜，皖北每头50元；而他处每头80元；家禽每只3角；猪，每头6元；手车，每个20元；犁耙，每个8元；大车，每个100元；水车与小船，每个35元；零星小农具，每件1元；家具，每件3元；被淹之作物，皖北每亩8元；而他处则每亩15元；房屋则依每个农家所报告之价值为准。

若以户为单位计算，则每家之损失，“被淹作物215元，房屋108元，役畜33元，农具28元，储存之谷类19元，衣被16元，储存之燃料14元，家具13元，生产家畜7元，储存之秣草4元，总计每家损失，平均为457元。”② 在民国时期，“我国普通农家每年之纯收入，则只有300元，此次损失，竟较其全年纯收入，且犹超过许多”③。由此可见，此次水灾的严重程度和残酷性。

水灾除造成农户财产损失之外，还致使大量流民的形成与疾病的流行以及死亡的加剧。此次水灾“水势最高之时，平均深达9英尺，普通农民，势非流离在外不可”。据此次调查，“流离人口，约占灾区总人口的40%”，约有1900万人，“其中三分之一，系举家而行，9%则系单身出外”④。同时，水灾造成疫病的流行。据调查，“17%的人口，皆患疾病，其中热病约占6%。

① 金陵大学农学院经济系编刊：《中华民国二十年水灾区域之经济调查》，《金陵学报》，1932年第2卷第1期，第9页。

② 金陵大学农学院经济系编刊：《中华民国二十年水灾区域之经济调查》，《金陵学报》，1932年第2卷第1期，第10页。

③ 金陵大学农学院经济系编刊：《中华民国二十年水灾区域之经济调查》，《金陵学报》，1932年第2卷第1期，第19页。

④ 金陵大学农学院经济系编刊：《中华民国二十年水灾区域之经济调查》，《金陵学报》，1932年第2卷第1期，第15—16页。

腹泻，占5%，而其他种种疾病，则共占6%。”而死亡人数，自“水灾发生之日起，至11月1日止，约100天内，每千人中约死亡22人，而婴孩之死亡，或犹有遗漏焉”，其中“约有25%之死亡者，系由溺死，病死者约占70%，饿死者约占1%”①。

三、水灾成因、建议及措施

（一）水灾原因

关于此次江淮流域水灾的成因，当时我国学术界对此也进行了研究分析，如历史气候学的奠基人，著名科学家竺可桢在《长江流域三十年未有之大雨量及其影响》一文中，通过对长江流域三十年的气温与降雨量的变化对比，指出1931年7月降雨量超过标准降雨量3倍以上，降水天数较标准平均数多8天，而气温则低于平均水平，均破过去纪录，并认为，“此次东北寒流之来势非常强烈……气温低降，致成为长江流域7月份多雨之主因”②。宋希尚则在《扬子江水灾原因及标本整理之商榷》一文中认为，“今岁阴寒天气，为期特长，时届盛夏，未觉酷暑，向有大风，迟来吹零，行序失乎，雨量乃巨”③，侵占湖泊，沙洲淤塞，从而使短时间的大雨无法排泄而漫过堤坝致使水灾的发生。王惠民在《中国水灾之成因及其救治》一文种将此次水灾成因归因于自然与人事两个方面，在自然原因方面，“一是，地势降度差异大；二是，河流沙量大；三是，气候变率大”。在人事方面，“一是，水政系统之紊乱；二是，森林之滥伐；三是，州渚之圈垦”④。《民国二十年水灾记》则将此次水灾原因分为主因和副因。“成灾主之因，阴雨连绵，雨量过巨，以致山洪暴发，河流泛滥。而其副因，则有次之各端（一）上游森林失于培护，雨水无以涵蓄。（二）各河流域两岸之堤防，年久失修，无以捍御。（三）湖泽本有调节水量之效用，乃多围堤为田，与水争地，面积日狭，储水力弱。（四）河

① 金陵大学农学院经济系编刊：《中华民国二十年水灾区域之经济调查》，《金陵学报》，1932年第2卷第1期，第16页。

② 竺可桢，刘治华：《长江流域三十年未有之大雨量及其影响》，《时事月报》，1931年第5卷第3期，第163—170页。

③ 宋希尚：《扬子江水灾原因及标本整理之商榷》，《扬子江水道整理委员会季刊》，1931年第3期，第6页。

④ 王惠民：《中国水灾之成因及其救治》，《建国月刊》，1931年第6卷第1期，第49—51页。

床淤浅，不能容纳大量之水，一旦大雨连绵，下游即难畅行，上游自必横决。（五）各省水利机关，各自为政，难收指臂之效。（六）治水经费过少。（七）水利当局过于疏忽。（八）淮水之深未治，而其治理之机关，又失之太大，至无人负责。"[①]

卜凯通过实地调查，从气候、人民生活居住习惯、水道管理等方面对此次水灾原因进行了认真的剖析。

（1）恰逢降雨量大和长江水位处于最高时期

卜凯认为，"中国之气候差别甚大……雨量，自东南部向西北部逐渐减少……百分之八十之雨量降于夏月。……雨量剧烈之变化，对于水灾旱灾与灾荒之关系，至为密切"[②]。1931 年江淮流域之所以发生大范围的严重水灾，其主要原因在于"一短时期以内，猝遭大雨，而此雨适又降落于平时长江水位最高之时……平均全年雨量之半数，竟降落于一个月之内"，因此，"此种反常之雨量，实为此广大区域所以成灾之主因。"[③] 卜凯对于雨量大加之长江水位高致使水灾发生的解释，我们可以从当时各种报刊对江淮流域降雨量的报道中得到更为详细的印证。据竺可桢《长江流域三十年未有之大雨量及其影响》一文所言，"在七月份首都（南京）阴雨连绵，晴天少见，计降雨量为 23 天较标准平均数多 8 天，全月所得雨量为 618. 3 公厘（毫米），超过七月份标准雨量约三倍有奇"。而九江有 19 天降雨，降雨量 404. 4 毫米；安庆有 17 天，降雨量为 691. 9 毫米；镇江有 22 天，降雨量为 602. 6 毫米，上海有 21 天，降雨量为 344. 8 毫米[④]。再如《民国二十年之长江水灾》记载："七月间，汉口有 21 日之雨天，雨量为 545 毫米，此数已占该地全年平均雨量 34%"[⑤]，集中的降雨汇集成洪流致使江淮流域各河流水位暴涨，如汉口一带，7 月 1 日，长江水位在 39 尺；14 日，水位达 51 尺；18 日涨至 53. 2 尺；29 日，水位达 50. 1 尺；8 月 19 日达 53. 6 尺，而长江水堤为 48 尺，高于江堤

① 《民国二十年水灾记》，《国立北平研究院院务汇报》，1931 年第 2 卷第 6 期，第 6 页。

② 卜凯著，方绩佩译：《中国之农业》，《农学月刊》，1939 年第 1 卷第 4 期，第 49 页。

③ 金陵大学农学院经济系编刊：《中华民国二十年水灾区域之经济调查》，《金陵学报》1932 年第 2 卷第 1 期，第 6—7 页。

④ 竺可桢，刘治华：《长江流域三十年未有之大雨量及其影响》，《时事月报》，1931 年第 5 卷第 3 期，第 163 页。

⑤ 白郎都：《民国二十年之长江水灾》，《扬子江水道季刊》，1933 年第 1 期，第 9 页。

5.6尺，以致自7月23日至9月23日止，两个月间，汉口各地均遭淹没①。从这些报道中，我们可以看出卜凯将此次水灾的主因归于“降雨量大又恰逢长江水位处于最高时”是综合各地的降雨量和长江水位分析后得出的结论，是被大家所公认的。

（2）人们傍水而居的生活居住习惯

人们多傍水而居，兴修的水利措施没有改变居驻地低洼的状况。早在1923年盐山150户农家调查过程中，卜凯就指出：“盐山县之村庄，大半皆沿洼地之边缘，四处散布。此种情形，不独在盐山为然，且足以代表冀鲁豫诸省及苏皖二省之北部，凡有洼地之区，大都皆如是也”②。这些省份大都位于我国的黄河、淮河和海河流域，是水灾频发的地区。

在1931年江淮流域的水灾调查之时，卜凯从历史的角度以及长江、淮河沿岸人民排除水患的办法与措施方面进行了分析，并指出“事实上农人之择居于江淮沿岸之低地，远在该地已臻农业上安全时期以前，因此人类乃与大自然奋斗，沿江一带所筑之堤圩，竟密如蛛网，藉以控制河流之泛滥……盖若无此等建筑则此广大之平原，将日见填高，而不似今日之低洼也”③。人们世代居住在江淮沿岸，习惯于这里的生活，一些水利措施也没有改变人民居住地低洼的状况。这种居住习惯在此次江淮流域水灾调查之中得到了充分体现。如湖北省7月后，“阴雨连绵，山洪暴发，兼以地滨江汉，同时泛涨，堤防溃决，田庐淹没，即或地称高阜之区，亦积水尺许”④。江西省赣北九江等二十余县，因沿江关系，地势稍低，江水盛涨，加之赣江上游又复洪水横流，巨大圩堤，悉数冲毁，多数财产损失殆尽。⑤ 具体而言，在邵伯镇，堤坝溃决，“决口傍之房屋，均冲毁仅存二三尺残垣，堤内堤外，水势相差至六七尺，一泻而下有如瀑布，沿河数千户，到处仅见墙倒壁塌”⑥。在皖北淮河流域地区，卜凯发现“此地区有一最奇之事，乃灾情次重之地区，多

① 白郎都：《民国二十年之长江水灾》，《扬子江水道季刊》，1933年第1期，第10页。

② 卜凯著，徐澄译：《芜湖一百零二农家之社会的及经济的调查》，《金陵大学农林科农林丛刊》，1928年第42期，第13页。

③ 金陵大学农学院经济系编刊：《中华民国二十年水灾区域之经济调查》，《金陵学报》1932年第2卷第1期，第20页。

④ 《各省水灾概况》，《赈务月刊》，1931年第2卷第7期，第3页。

⑤ 《各省水灾概况》，《农业周报》，1931年第1卷第24期，第950页。

⑥ 《水祸吁天录（三）》，《国闻周报》，1931年第8卷第39期，第3页。

环绕该地区之外，而较轻者，则聚集于区域之中心”，而农作物受损之百分率，“内部平均只有72%，而外部则有91%”[①]。之所以出现这种情况，便是由于此地区人民世代居住在低洼之地。

（3）政府疏于管理，水利工程设施质量不佳

有人将这次水灾归因于“水灾之起，起于水利不修”[②]，这是基于当时的现实情况分析后得出的结论。众所周知，近代以降的中国水灾与水利问题一直都很严重，这与自民国建立以来，各地战争不断，各届政府莫不是投身于争权夺利的战争而漠视于民生不无关系，“与农事至有关之治水之一事，未尝设法，至水旱之灾，无岁蔑有。”[③] 虽然，江淮流域“有堤之处，水灾之损失”，虽时有所闻，但唯1931年水灾独重。卜凯通过实地调查指出“造成此种损失之重大原因，第一因堤防管理疏忽，易于破坏；第二因建筑工程欠佳，不能耐久”[④]。

对于民国时期政府疏于水利管理，1931年各地报刊对此也进行了报道，如《二十年份水灾调查》报高邮地区“北关用费不过四五十元耳，而去岁曾支闭关费四百元，主持以廿四元包与工头，而承包者又以十二元转包与人，遂草率从事，仅以短桩稻草略为遮御”，从而使“河东各堤岸被冲破者十之七八，而城北决口，死十万人”[⑤]。又如汉口入夏以来，大雨不断，至7月26日，水淹日租界之时，而政府当局及特三区（前英租界）管理当局却漠然不以为意，一若不必无事自扰也者，27日金炉溃决，才用汽车装运沙包堵水，而工程简陋，无济于事，至28日夜舟水池溃决之时，并没人知道，所谓护堤抢险的人，当时不见一个影子，以至铁路以外都成了一片汪洋。而对于年久失修、蚀剥不堪的铁路单洞门，市政府、水利局、路局，虽得警报，乃采取纵容安详态度，未有任何布置，8月2日，单门口溃决[⑥]。更有甚者，湖北省政府中人，有与水灾责任有关者为川江龙公司，博取重利，结果该公司借故

① 金陵大学农学院经济系编刊：《中华民国二十年水灾区域之经济调查》，《金陵学报》1932年第2卷第1期，第8页。

② 《全国大水灾情纪要》，《福建教育厅周刊》，1931年第88期，第5页。

③ 君实：《中国之农利增进》，《东方杂志》，1918年第15卷第11期第11号，第79页。

④ 金陵大学农学院经济系编刊：《中华民国二十年水灾区域之经济调查》，《金陵学报》1932年第2卷第1期，第20页。

⑤ 《二十年份水灾调查》，《中行月刊》，1932年第4卷第1—2期，第56—57页。

⑥ 公达：《汉市水灾之由来》，《生活》，1931年第6卷第35期，第752—753页。

倒闭，堤款全失，以致沿江堤工，未能修理。[①] 水利局官员“或敲诈人民之产，甚至民间耕牛，偶至堤上吃草，亦可私自罚金。至于每岁修防之费，大都彼辈分肥，上下相蒙”[②]。因此，政府管理的不善，政府官员的玩忽职守，中饱私囊，“对于天灾之预防救补，绝不注意，故水、旱、风灾，亦成农民之最大痛苦。”[③]换言之，1931 年江淮流域水灾，“实由当局之颟顸昏聩所造成”[④] 的。

（二）建议与措施

1931 年江淮流域水灾发生后，无论是政府层面所采取的各种补救措施，抑或民间团体、个人，更甚是国外相关人士都对于水灾的预防与救治提出了一系列的建议，如宋希尚将水灾整理措施归结为治标与治本两个方面，治标方法：1. 修复原堤，何处加高，何处增厚，何处应改道都应切实施工；2. 亟施工赈。治本方法：1. 束水归洪，提高泄洪功效。2. 水库研求，以分纳、减缓洪水。3. 造林禁垦，一则调和空气水分，减少雨量雪量之特殊变异；二则免除与水争地之弊，维持蓄水之容量。[⑤] 王惠民将水灾救济方法总结为治灾与水政改良两种：第一种是治灾方法，1. 蓄纳法，具体包括修筑防洪库、拦洪坝、石篓以及造林四种。2. 宣泄法，具体包括分流、引河、清漕、裁湾、排水五种方法。3. 除淤，又分为疏浚、挑水坝、海坝、减道四种。4. 防堵，包括设闸、筑堤两种。第二种方法是水政改良，1. 统一水政机关，具体包括计划齐一，责任集中，人才之罗致与利用和排除分支四种。2. 提高水政人员之地位，3. 确保水政经费独立。[⑥] 志青认为水灾治理在治标方面，“最切要的工作有急赈、工赈、调济粮食”；在治本方面，“最切要的工作有开河、筑堤、造林三项”[⑦]。白郎都通过分析汉口水灾的成因，建议国民政府“不能因困于经济而不从事治理，沿江应设立修防所、水位预测及报告等设置”[⑧]。除此外，

---

① 《水祸吁天录（一）》，《国闻周报》，1931 年第 8 卷第 37 期，第 5 页。

② 《水祸吁天录（三）》，《国闻周报》，1931 年第 8 卷第 39 期，第 7 页。

③ 章有义编：《中国近代农业史资料》（第二辑），上海：三联书店，1957 年，第 617 页。

④ 公达：《汉市水灾之由来》，《生活》，1931 年第 6 卷第 35 期，第 752 页。

⑤ 宋希尚：《扬子江水灾原因及标本整理之商榷（续）》，《扬子江水道整理委员会季刊》，1931 年第 4 期，第 1—7 页。

⑥ 王惠民：《中国水灾之成因及其救治》，《建国月刊》，1931 年第 6 卷第 1 期，第 51—55 页。

⑦ 志青：《救济水灾的整个计划》，《民众周报》，1931 年第 189 期，第 2—3 页。

⑧ 白郎都：《民国二十年之长江水灾》，《扬子江水道季刊》，1933 年第 1 期，第 18 页。

当时国人防治水灾的建议或措施主要集中于兴修水利和植树造林两个方面[①]。

关于1931年江淮流域水灾，卜凯通过对江淮流域水灾的调查，对中国的水灾预防、灾中和灾后的治理进行了认真研究，并提出以下防治建议与措施。

第一，政府出面建立农产预测报告机构。其职责是收集灾荒时的各种材料并及时予以报告或公布。这样做的效果，“不但平时能供给农人商人以及社会上各种人士以灵敏之消息，而且一有灾荒，则对于灾荒之限度与性质，亦能有详确之报告矣”[②]。以便制定应对措施和开展赈灾活动。

第二，加强堤防并在高处建造坚固的房屋。在此次实地调查之中，卜凯认为中国人善于“择居于此江淮沿岸之低地”是此次水灾甚重的一个重要原因。因此，他提出应充分调动农民的积极性，“激发其利用闲暇时间，自动护堤之工作，及建造较好之房屋，若能屋基增高，屋身坚固，堤防日事修筑，则绝不易为水所侵蚀也”[③]。卜凯在安徽芜湖调查时同样发现，该地区“地势甚低，必须筑堤护之，以免淹水。堤高自十尺至十五尺不等……举行筑堤，以防水淹”[④]。修筑堤坝，可减少大水对房屋的侵蚀，可更好地保护农户的农具、衣被、牲畜以及存储的粮食，以减缓灾情，避免造成更大的财产损失。

对于堤坝的修筑，建议参考安徽芜湖地区的方法。此地区，“往昔始筑堤时，系由当地之田主，集合组织一种机关，此机关曾在县署立案。而筑堤经费之大部分系由政府补助。惟亦有个人捐助者。受资助时之条件，即堤筑完后，就近有田之家，须负长久维持之责。维持之道有两种办法：（一）由此机关雇工修理，计每人每日付工资四角，且管饭。（二）由附近有田之家，自行担任修理。如田属于地主，则由佃户担任修理。其所作之工，按上述之价值，于应缴之租稻内扣除”[⑤]。

第三，积极采取经济有效的防灾办法与措施，如设立水灾保险等。灾后

---

① 具体如张均鉴《预防水灾之根本方法》，黄沛霖《水灾后应有之认识》，《农业季刊》，1931年第1期；凤年《中国的水灾问题》，《文化界》，1931年第1期。

② 金陵大学农学院经济系编刊：《中华民国二十年水灾区域之经济调查》，《金陵学报》，1932年第2卷第1期，第20页。

③ 金陵大学农学院经济系编刊：《中华民国二十年水灾区域之经济调查》，《金陵学报》，1932年第2卷第1期，第21页。

④ 卜凯著，徐澄译：《芜湖一百零二农家之社会的及经济的调查》，《金陵大学农林科农林丛刊》，1928年第42期，第67页。

⑤ 卜凯著，徐澄译：《芜湖一百零二农家之社会的及经济的调查》，《金陵大学农林科农林丛刊》，1928年第42期，第67页。

农赈与经济救济，是应对灾害所采取的必然措施。然而，灾后“地主商人受荒歉影响，亦将无力供给，农人偶有所需，势必重利以求，其害更不堪设想”[①]。在传统社会里，灾害发生之后，物价必将上涨、地价必然下跌，这已成为历史规律。卜凯在江淮流域受灾区域的调查得知，“灾区中之食粮燃料秣草与建筑材料等，价格皆逐渐涨高。燃料与秣草之价格，在去年十一月初，比未发生水灾前，增高百分之三十，而谷类之价格，则增高百分之二十”，“贷款利率，增高三分之一，而地价则反之减低三分之一”，以致造成“目下农人最重要之贷款方法，只有抵押田产，银根紧急，可见一斑。且利息如此之高多数农人，决无法清偿，势非尽丧失土地不止，则结果富者愈富，而贫者尽贫矣”[②]。因此，卜凯建议应筹措巨款，以作水灾保险之用，这一办法“可从农村借贷及储蓄合作方面下手”[③]。“如吾人年付八厘之利息，向外借款，以作防灾之用，若期限亦在六十年以上，而本利共计，不得超过此次大水灾损失二十万万元时。则目下能借之款，决难超过两千万元。杯水车薪，似亦难期实效。”[④] 有鉴于此，他又主张，“吾人与其借巨款以防灾，不如实行小规模之计划，以谋增加田长之收入。”[⑤] 制订计划，谋求增加农家收入，才是长久之计。

四、评价

（一）特点

通过对卜凯江淮流域6省90县的水灾调查过程以及结果的分析，我们可以看出此次调查具有以下几方面的特点。

1. 调查范围广、内容全面细致。此次江淮流域共131个县受灾，共调查90个县，调查县占比为68.7%。调查主要包括人口、耕地、农作物、役畜、

① 孟昭华：《中国灾荒史记》，北京：中国社会出版社，1999年，第759—760页。

② 金陵大学农学院经济系编刊：《中华民国二十年水灾区域之经济调查》，《金陵学报》，1932年第2卷第1期，第17页。

③ 金陵大学农学院经济系编刊：《中华民国二十年水灾区域之经济调查》，《金陵学报》，1932年第2卷第1期，第21页。

④ 金陵大学农学院经济系编刊：《中华民国二十年水灾区域之经济调查》，《金陵学报》，1932年第2卷第1期，第21页。

⑤ 金陵大学农学院经济系编刊：《中华民国二十年水灾区域之经济调查》，《金陵学报》，1932年第2卷第1期，第21页。

农具、房屋、衣被、燃料、家具、家畜以及离村与死亡人口等十几项内容。又如对水灾灾民死亡病因的调查，具体将死因分为“热病约占6%，腹泻占5%”，这些调查内容之全面细致是此前调查所无法相比的。同时，也为以后的灾害调查提供了范本。

2. 调查人员团体合作，专业化程度高。参与此次调查的人员达271人之多，大部分为金陵大学农学院与金陵女子学院的师生，还有当地乡村小学教师与教会布道员。各分区调查主任大都系金陵大学农业经济系土地利用调查中之自然区调查主任，而各“地区调查员，大都皆系熟习当地乡村情形之小学教师及布道员”。这些调查员“自各县到达中心地点后，乃由分区调查主任，加以充分之训练”①。对于调查表格“多半先经分区调查主任之就地校核，发现错误之表格，或弃之不用，或发还复查”②。因此，可以看出这些富有“调查经验”又“熟悉当地乡情”的调查员，在经过专业训练之后参与调查，既保证了调查的专业性，又保证了调查数据的准确性，充分体现了此次调查的专业化程度高。

3. 以户为基本调查单位，形成了“户—村—县”的三级调查体系。卜凯所主持的此次水灾调查采用标样方法，“调查表格共有农家调查表，村庄调查表，与县调查表三种”。在受灾各县，“先选择十个可以代表该地灾况之村庄，用村庄调查表加以调查。然后再就所调查之村庄中，选择五十家被灾农民，而挨户调查之”，在重灾区，“每县调查二百个农家，与四十个村庄”③。在完成对农家的调查之后，调查员还要对调查村庄做受灾统计调查表；最后，再对调查县做一整体的受灾情况调查表，从而形成了“户—村—县”的三级调查体系。这样，可以直观系统地反映出此次各地区受灾的情形及其地区受灾差别，从而更好地指导救灾。

4. 以西方统计学为主要调查和分析方法，多进行对比分析，清楚明了。此次水灾调查包括农家之损失、房屋之损失、每家急需之项目、人口之流离、

① 金陵大学农学院经济系编刊：《中华民国二十年水灾区域之经济调查》，《金陵学报》，1932年第2卷第1期，第3页。

② 金陵大学农学院经济系编刊：《中华民国二十年水灾区域之经济调查》，《金陵学报》，1932年第2卷第1期，第3页。

③ 金陵大学农学院经济系编刊：《中华民国二十年水灾区域之经济调查》，《金陵学报》，1932年第2卷第1期，第3页。

重要物品价格之指数等28个调查分析表，不仅分类齐全，而且内容丰富。如卜凯将受灾农户的财产损失，每家损失之数量细分为“夏季作物被淹19亩；田场房屋全倒者百分之四五；储存之谷类，4.2担；储存之燃料，17.1担；储存之秣草，5.3担；衣被，5.4件；役畜0.45头；家禽10.1头；猪仔0.8头；大农具1.2件；小农具5.3件；家具4件”①。而灾后农户的所需，每家为“食粮，17担；种子，2.7担；燃料，21担；秣草，9担；役畜，0.4头；家禽，3只；衣被，4.6件；家具，4件；大农具，0.8个；小农具，4件”②。在对各地区受灾情况及各项调查内容进行分析之时，卜凯主要采用了平均数和百分率的计算方法，“先求每地区之平均数及百分率，然后再平均每一县中所调查各地区之平均数，而得县平均数”③。这样的统计方法，既可以精确、清晰地展现各县、各村、各户的受灾情形；也充分揭示了水灾后灾民的所需，从而减少了资源的浪费，以便更好、更快、更有效地救灾。

（二）存在的不足

卜凯所主持的1931年江淮流域水灾调查开政府委托该校调查之始，其采用的调查方法之先进，调查范围之广、内容之全面是我国以前水灾调查所没有的，这些实地调查报告为我们研究民国时期江淮流域的水灾以及乡村农业经济状况提供了第一手的调查资料。然而，此次调查仍存在着一定的不足。

一是此次调查范围虽然达6省90个县，但与水灾救济委员会指出的此次江淮流域水灾共8省271个县受灾的数量仍有一定的差距。可以说，此次调查范围仍不够全面，缺乏很多重灾地区的调查材料。如卜凯在调查报告中所言“江苏南部沿太湖各县，未及调查”，而据《二十年份水灾调查》所报告，“宝应、邵伯、高邮、洪泽四湖同时泛滥……以致高邮、南通、江阴、镇江……徐州等地悉罹重灾，田禾淹没，而苏省以太湖产米最丰之区，收成亦不及一二”④，这些地区正是卜凯所未调查的。此外，卜凯在河南省仅调查永

① 金陵大学农学院经济系编刊:《中华民国二十年水灾区域之经济调查》，《金陵学报》，1932年第2卷第1期，第10页。

② 金陵大学农学院经济系编刊:《中华民国二十年水灾区域之经济调查》，《金陵学报》，1932年第2卷第1期，第15页。

③ 金陵大学农学院经济系编刊:《中华民国二十年水灾区域之经济调查》，《金陵学报》，1932年第2卷第1期，第6页。

④ 二十年份水灾调查室:《二十年份水灾调查》，《中行月刊》，1932年第4卷第1—2期，第55—56页。

城一县，事实上，此次水灾，河南省“已报成灾者 77 县，被灾面积为四十二万六千六百八十九方里，被灾最重者有 20 县，受灾农户 15.86 万户，约为 1500 余万人受灾，死亡 2998 口人，346.95 万亩农田被淹”①。以一概全、其不足可见一斑。

二是此次调查主要集中于江淮流域受灾的乡村，并未深入到沿线江淮流域的城镇，特别是长江、淮河、太湖流域的武汉、南京、镇江、徐州、南通等主要城市并没有进行调查。从而使他的调查报告很难从整体上把握在自然灾害之下，城市和乡村在受灾情况、受灾类型，以及城市居民和乡村民众在灾中自救与灾后恢复等方面不同情况。

三是此次调查并未对长江、淮河流域的水文、堤防、城市、农村以及田地的排泄排涝状况进行实地调查，因此，在对此次水灾原因分析之时，卜凯仅仅用“平均全年雨量之半数，竟降落于一个月之内。此种反常之雨量，实为此广大区域所以成灾之主因”② 进行简单的概括，而没有实地考察乡村田地、堤坝的排泄排涝能力，致使难以全面反映出此次水灾之所以严重的综合性影响因素。

此外，卜凯的此次调查还缺乏对灾民在灾害中的自救、如何恢复生产、灾后流民去向对乡村社会所产生的影响等内容的调查。这些调查内容的缺失，对调查本身而言是一种缺陷，对于乡村社会史及乡村经济研究而言，这些内容无疑是重要的材料，使我们很难在整体上了解民国时期自然灾害状态下乡村社会民众具体生存现状以及民众同乡村社会的互动关系。

综上所述，卜凯此次 1931 年江淮流域水灾调查是一次全面细致的调查，其调查内容之丰富，调查方法之准确，调查人员之专业是我国当时社会调查所未有的，为以后我国水旱灾害的调查提供了范例。同时，卜凯针对此次水灾所提出的诸如建立农产预测报告机构、设立水灾保险等措施具有很强的针对性和前瞻性。然而，由于主客观的原因，此次调查仍存在着很多不足，而所表现出来的不足同样在同时期其他类型的社会调查中存在。

---

① 二十年份水灾调查室：《二十年水份灾调查》，《中行月刊》，1932 年第 4 卷第 1—2 期，第 60 页。

② 金陵大学农学院经济系编刊：《中华民国二十年水灾区域之经济调查》，《金陵学报》，1932 年第 2 卷第 1 期，第 7 页。

第四章　卜凯与中国农业改良与推广

第一节　卜凯对中国农业改良与推广的认识

卜凯非常重视农业改良和推广工作，他认为当时的一种观点，即“改良农业，不仅限于物质方面，并须使农民之社会的及经济的地位增进，使其可成为一更有用、更干练，而道德更高尚之人。或有谓改良之步骤，宜先改良其经济之地位，而后始可使其在社会及道德方面发展，此言实误”，进而提出，“盖好饮酒赌博之农人，即使其有大宗进款，亦不能对其家庭有如何之裨益。因彼之智力及志愿，尚未充分发达而能善用此款也。故吾侪苟欲农人获得最大之益，必须将各方面之问题，同时进行”①。也就是说，增进经济地位与道德修养应齐头并进，而不分先后。卜凯身体力行并著书立说阐明这一观点，1935 年，他发表了《农业改良之意义》一文，并附有《改良中国农业大纲》《农业推广方法》。积极倡导农业改良工作，认为要保证农业改良工作的顺利进行“必须有两种组织，即研究（Research）及推广（Extension）是也。研究应有全国或分区组织机构，分区组织可以包括数省。全国组织应成立在先，待经费、人才充裕时，再设立分区组织”。在如何处理两者的关系时，他认为，“昔时我们任推广事业者反喜作研究之工作，此系我国近业研究太形缺乏之一种自然趋向”，再加上“一县或数县之地方组织常乏研究之经费或人才，故少有成就”②，“一方面是推广人员喜欢坐在屋里从事研究，不深入到农民当中去，一方面是县级地方机构缺乏经费和人才，致使农业推广与改良

---

① 卜凯著，徐澄译：《芜湖附近一百零二农家之经济的及社会的调查》，《金陵大学农林科农林丛刊》，1928 年第 42 期，第 3 页。

② 卜凯著，叶有琪译：《农业改良之意义》，《农业周报》，1931 年第 1 卷第 14 期，第 524 页。

工作难以取得实效”[①]。鉴于此，他提出，“吾人须知研究工作，正所以搜集推广之材料，研究工作得有结果时，推广工作始能进行；否则推广工作，极为有限”[②]，即先搜集推广资料，在此基础上开展研究，根据研究的结果再进行推广工作。他针对当时中国农业落后的状况，积极借鉴和推介美国的农业推广方法，为此，他将美国的农业推广方法概括为12种，见表4－1：

表4－1　美国农业推广方法

项目	用费（美金元）
报纸	1.70
通告信	2.59
集会	2.76
办事处召集	3.04
报告册子	3.38
农家访问	4.19
领袖人才训练及方法指示	4.55
成绩示范	10.08
通信	10.53
电话	10.77
推广学校	13.94
展览	26.33

资料来源：卜凯著，刘润涛译：《农业推广方法》，《农林新报》1935年第12卷第26期，第659页。

从上表可以看出，这12种方法中，报纸的费用最低，仅为1.70美元，展览推广的费用最高，为26.33美元。他认为报纸推广，虽然费用最少，但“目下中国大多数农民还是不识字的，利用报纸推广，自然不及美国那么效用大”。而“示范推广”和“领袖人才训练及方法指示”两种方法，中国“亟应采用施行”和“广为施行”。在“领袖人才训练及方法指示”中，他主张“训练县长、乡长、村长、农村教师以及农村传教的牧师等的会社，应该广为

① 卜凯著，叶有琪译：《农业改良之意义》，《农业周报》，1931年第1卷第14期，第524页。
② 卜凯著，叶有琪译：《农业改良之意义》，《农业周报》，1931年第1卷第14期，第525页。

设立，逐渐普及，使他们得有机会担负新改进实施的推广”。这一主张与他开展农业调查所依靠的“开通的小学教员”“村董”“教徒”等是相一致的。综合这两种方法，卜凯认为“目下于中国有帮助的推广方法，要以成绩示范为最”①。而“在举办成绩示范的区域内，集会与农民训练推广方法，亦极相宜。最不实用的方法莫如设立模范农场或模范村，绝对不可采用”。同时，他还提醒农业推广人员，“务须牢记自动的原则，即鼓励农民实行自助”②。

卜凯在中国的农业改良与推广活动可分为在安徽宿州和金陵大学任教两个时期。在安徽宿州的5年是他深入农家了解中国农村状况，建立实验农场进行种子改良实验和培训农民农业知识与技术的时期；进入金陵大学后，卜凯创建了农业经济系，开展农业经济和土地利用状况调查，更多的是从理论上进行阐释和通过学生、教师进行农业改良与推广工作。

第二节 卜凯与新式农具的推广与应用

新式农具的推广是卜凯对我国农业改良与推广工作的重要组成部分，他虽然主张中国农村应试用推广新式农具，但认为“对于何种新式农具，绝不能贸然采用，在未购买之先，须就下列各点细加考虑：1. 能不能省工，省下的工能不能利用到家庭工艺等生利事业上面去。2. 工作是否较佳，例如新式犁既便于深耕，又能将作物根株全部装入土内，同时还可以使土块细细庄碎；而打禾机能在农忙的时候省工，并且还可以将麦粒清洁，因此可以得到较高的价值，这都是工作佳良的明证。3. 能不能减少童工与女工的工作时间。农人常常说因为田里忙不得不教儿童帮忙，所以不能给他们读书。假使田里工作过忙，农妇们对于管理儿童方面当然同时也不能兼顾了”③。同时，还要认真核算一下选择或采用的新式农具所花费用是否合算。因为“一架农具的费用不只是购买时所费的那几个钱，利息、常年修理费等等也是一笔很大的开支。损耗费每年约占原价百分之五至百分之二十五。多寡依农具之种类与使

① 卜凯著，刘润涛译：《农业推广方法》，《农林新报》，1935年第12卷第26期，第660页。

② 卜凯著，刘润涛译：《农业推广方法》，《农林新报》，1935年第12卷第26期，第661页。

③ 卜凯著，张履鸾译：《采用西洋农具应注意的几点》（续），《农林新报》，1929年第187期，第1页。

用之审慎与否而定。每年的利息、修理、损耗等费一共算起来约占农具的原价百分之十五至二十五”①，这对贫苦的农民来说也是一笔不小的开支。农人采用农具设备关键还是考虑能否增加利润，能否增加生产。正如他所讲的那样：“农事工具，机器与设备乃为使农事之工作能做较好而经济，较易而迅速，且胼手胝足所不能做之工作，农具能为之。农人对农具设备应用之限度全视其使用能否增加利润以定，农具之使用能使农人之耕作面积及每人之生产增加”②。

卜凯还以打禾机与旧式打麦的落稞费用为例作进一步说明，他认为打禾机确比落稞来得经济。然而，“这种打禾机，本来可以推广，后来因为南京附近没有好的道路机器行动不便，所以没有采用下去。”③ 他还指出，引进美国等国家的农业机器或采用新式农具，要考虑中国的实际，具体表现为，“我们的牲畜的力量实在太弱，非注意育种不行。同时农人对于深耕的利益，还毫不知道，所以对于新式犁的印象都不及对于任何新式农具之佳，这也未尝不是中国旱灾频仍之一主要原因。深耕可以饱涵水源，可以减低蒸发，可以使土壤保持适当的温度，实在是防旱的有效方法之一。”④ 换言之，在卜凯眼里改良牲畜育种，深耕田地以饱涵水源是预防旱灾的重要措施。

此外，卜凯还将农具设备分为6类，即：（1）耕作农具与机器，（2）灌溉与排水器具，（3）收获与脱粒器具，（4）储藏与清理器具，（5）运输器具，及（6）其他器具。⑤ 在分析了各自优点的基础上，他推出适合于中国国情的农具16种。（如表4－2）

① 卜凯著，张履鸾译：《采用西洋农具应注意的几点》，《农林新报》，1929年第186期，第1页。

② J. L. Buck，W. M. Curtis著，戈福鼎、汪荫元译：《中国农场管理学》，上海：商务印书馆，1947年，第128页。

③ 卜凯著，张履鸾译：《采用西洋农具应注意的几点》，《农林新报》，1929年第186期，第2页。

④ 卜凯著，张履鸾译：《采用西洋农具应注意的几点》（续），《农林新报》，1929年第187期，第2页。

⑤ J. L. Buck，W. M. Curtis著，戈福鼎、汪荫元译：《中国农场管理学》，上海：商务印书馆，1947年，第128页。

表4－2　各种新式农具及其优点

序号	农具名称	优点
1	钢制犁	1. 拖走省力 2. 容易扶持 3. 工作佳良：a土块易于反转，b犁背弯曲度深，土块易于酥松，c可以随意深浅，d犁沟深度平均 4. 坚固耐用：a主要部分系由纯钢及冷生铁制成无断折弯曲的危险，b犁头系由冷生铁制成且较钢制者经用数倍 5. 其价值甚廉
2	玉蜀黍脱谷器	1. 工作效力大节省时间 2. 能使谷粒清洁
3	玉蜀黍与豆类之条播器	工作效力大节省时间
4	弹簧齿耙	土壤易于酥松
5	钉齿耙	因齿密易得较佳苗床
6	人力中耕器	易于土质轻松而行间致密之田园
7	畜力中耕器	1. 工作效率大节省时间 2. 比用锄中耕之效力大
8	谷类点播器	1. 同时可以点播数行 2. 播种均匀
9	小麦与大麦之打禾机	1. 工作效率大节省时间 2. 谷粒清洁易得善价
10	引擎	可供灌溉及脱谷之用
11	发电机	数十百千倍于人力节省时间
12	自动割禾机	能于农忙的时候经济时间
13	机力、风力、畜力等等抽水机	同时能供给多量之水
14	风车	省畜力与燃料
15	分土犁	播种于干燥土壤时可以应用
16	心土犁	能将心土耕起使空气流通水分易于吸收

资料来源：据卜凯著，张履鸾译《采用西洋农具应注意的几点》（《农林新报》1929年第187期）内容整理而成。

卜凯本着对推广新式农具的审慎态度，提醒人们“应牢记之原则，即中国之人力十分丰富，机器之主要需要为：1. 所做工作必非为人力所能办到，

2. 由机器所做工作能较经济，3. 所做工作较为迅速，4. 能充分利用而费用合算者”[①]。针对中国农村实际，他提出，改良农具或使用新式农具与机器较为合算，可加采用者如下，其他甚多省工之机械亦能发展。比如，整土用者：①改良及较大之犁（一人驾驶较多而力壮之役畜使用之耕犁，较良之打样，较坚固之质料，适合土壤之种类）。②改良及较大之耙（能用较多而力壮之役畜者，耙齿较多，耙齿较长，按适合角度安置耙齿）。种植用者：③条播器（多孔，较佳而大者）。中耕用者：④中耕器（以役畜牵拉者）。⑤锄（用较佳之铁而锄口较锋利，较能耐久之质料，特殊型式适合特殊用途者）。灌溉用者：⑥抽水机（人工较少或高地灌溉之区所用）。⑦役畜牵动之水车。⑧利用水力抽水机之改良及其推广应用。收获用者：⑨镰或简单收割机。⑩玉蜀黍脱壳机。脱粒与清理用者：⑪简单脱粒机。⑫玉蜀黍脱粒机，⑬较好之种籽清理及分级机。防治病虫害者：⑭简单之喷雾器及洒布机[②]。涉及整土、种植、中耕、灌溉、收获、脱粒、清理以及防治病虫害七个农业生产环节 14 种农业机械。

卜凯进而结合美国农场农具的使用情况对中美两国的农具进行了比较分析。他认为，在宽度上，“美国大多数机器每种工作均超过一英尺之宽度。中国除耙以外，大多数农具每种工作均不足一英尺之宽度，中国之农具多较小，而往往构造不良，所用拉牵之力较少，乡间到处所见之农具打样多有缺点”。在工率上，“一人一具及一或多头役畜每种农事工作所做之量，美国则较中国为多”[③]。“具一定效率之一种农具之使用费因其制造材料之种类及一年之使用日数而定，此种费用包括农具之投资利息、折旧、贮放、修理及动用诸费用（动用费用如滑油及机器之燃料油）。中国各种农具此类费用，据调查，平均每作物市亩为〇．三六五元。每农场之农具总费用占农具资产清查价值百分之四一（以计算时之市价计）。此种费用较美国农具与机器之使用费约占农具清查价值百分之二十者高达两倍。中国之利率较美国为高，而农具亦较不

① J. L. Buck，W. M. Curtis 著，戈福鼎、汪荫元译：《中国农场管理学》，上海：商务印书馆，1947 年，第 133 页。

② J. L. Buck，W. M. Curtis 著，戈福鼎、汪荫元译：《中国农场管理学》，上海：商务印书馆，1947 年，第 132－133 页。

③ J. L. Buck，W. M. Curtis 著，戈福鼎、汪荫元译：《中国农场管理学》，上海：商务印书馆，1947 年，第 128 页。

坚固耐用。”① 可以说，中美两国农具在宽度上、工作效率上、费用上的差别是显而易见的。

卜凯认为现代农业机器的应用不仅要考虑其成本，而且还要根据农场的布置状况而定。如中国农村田地面积过小，形状太不规律，田间道路太窄等，这些都会使机器不能有效运用。由于“中国之田丘过小而零散，大多数机器不能适用”，因此，“若干小型机器及改良农具应予采用，大机器在中国普遍运用于目前尚难办到。如田场足大而适于大机器，则很多农人将无工作可做，除非能够觅取其他职业如工业、运输及一般职业”。另外，动力机器的“另一缺点，即其燃料油必须购进，……再则机器损坏时每延误农事之工作”②。由此，我们可以看出中国田地的特殊性决定了农业机械的使用状况。

除以上因素外，卜凯将新式农具的推广与中国农村其他社会问题结合起来进行系统考量。他认为“若干人士每以为中国农业如运用大机器，可立即有甚大之改进”的观念是错误的。其原因在于“中国农人与土地数量相较实为过多，人工较投资于机器之资本为廉，即中国多数农场应用机器对全国之生产仅能稍微增加，或全无增加”③。然而，“大规模之农场经营亦有甚多弊端，其生产费用常较合家庭大小之农场为大。仅当中国发展其工业、运输及一般职业时际，农业人口始可减少，惟此种改变进行甚缓。当此种改变开始及当其发展时际，若干农事工作将感农工缺乏，则需要省工之农具与机器。机器可能使每人之生产增加，每人之生产量高，则可增加农人之进款，而提高其生活水平。在人口甚密之国家，农业引用机器耕种时，必使农事以外之工作能有机会雇佣失业之农人。人口甚密之国家能否采用甚多农业机械如人口稀少之国家同样有利，尚属疑问”④。采用农业机器可增加生产，提高生活水平，但在人口密度高与人口稀少的国家多采用农业机械是否更为有利，有待进一步探讨。

① J. L. Buck，W. M. Curtis 著，戈福鼎、汪荫元译：《中国农场管理学》，上海：商务印书馆，1947 年，第 129 页。

② J. L. Buck，W. M. Curtis 著，戈福鼎、汪荫元译：《中国农场管理学》，上海：商务印书馆，1947 年，第 132 页。

③ J. L. Buck，W. M. Curtis 著，戈福鼎、汪荫元译：《中国农场管理学》，上海：商务印书馆，1947 年，第 133 页。

④ J. L. Buck，W. M. Curtis 著，戈福鼎、汪荫元译：《中国农场管理学》，上海：商务印书馆，1947 年，第 133 – 134 页。

中国农业如采用动力机器及省力的农具或方法，工作效率必能大幅度增加，而问题的关键在于是否值得。卜凯指出“农人不应仅因机器为‘摩登’而即予采用，设机器之运用徒增费用而无利，农人不能支持此种‘体面’之虚获。如此做法，农人不久将失去其农场之所有”①。他根据中国中东部1500个农场农具的研究，认为“现已使用之农具若予改良，实属可能”。而“断定一种农具是否已较另一种农具改良，必须考虑以下诸项因素：1. 全年之使用费用，2. 对于工作之便易，3. 工作速度，4. 工作性质。任何改良农具之方案，必须考虑其费用及对农人所增之利润如何”②。只有充分考虑上述诸种因素，才能更加便捷，提高效率，省钱省工，增加农业生产。

卜凯还指出，一般的情况下在中国采用外国制造的农具成功的机会不大，主要是因为进口的农具成本高，售价高，而中国的农民极度贫困，不可能拿出大量的金钱投入农具。因此，可采取团体合作的方式采用外国部分农具，这种方式“成功之可能性较大，此类农具如脱粒机，轧花机，及运输车”，而“季节性工作所使之农具（如栽种、灌溉、中耕及收获）合作共有成功之可能性较小”。③

最后，卜凯根据中国农村的实际状况建议小农场，“农人不能自有农具及役畜者，有些工作之完成可向邻人租用，惟其要点任何农场必及时完成其工作。续租费低廉，如其工作完成太晚，则反为不经济矣”④。而在实际中，“小农场每亩农具投资常较大农场为少，其主要原因乃小农常之农具大部系借用，并非小农场农具之使用效率较高”⑤，即是一明证。

① J. L. Buck，W. M. Curtis 著，戈福鼎、汪荫元译：《中国农场管理学》，上海：商务印书馆，1947 年，第 132 页。

② J. L. Buck，W. M. Curtis 著，戈福鼎、汪荫元译：《中国农场管理学》，上海：商务印书馆，1947 年，第 94 页。

③ J. L. Buck，W. M. Curtis 著，戈福鼎、汪荫元译：《中国农场管理学》，上海：商务印书馆，1947 年，第 94 页。

④ J. L. Buck，W. M. Curtis 著，戈福鼎、汪荫元译：《中国农场管理学》，上海：商务印书馆，1947 年，第 94 页。

⑤ J. L. Buck，W. M. Curtis 著，戈福鼎、汪荫元译：《中国农场管理学》，上海：商务印书馆，1947 年，第 41 页。

第三节　卜凯在安徽宿州的农业改良与推广①

1915年，卜凯以农业传教士的身份与麦迪逊长老会布道员一起来到中国安徽宿县（今称宿州），从事传教并负责该地区农业改良与推广工作，直到1920年到金陵大学任教，在宿县生活工作了近5年。目前学术界对卜凯在中国的活动更多关注的是他在南京金陵大学的教学以及农家经济之社会状况和土地利用的调查，而对他在安徽宿州五年的农业改良和推广工作论述则多寥寥数语。鉴于此，笔者就这一问题进行探讨。

宿州，民国时期称宿县，也就是卜凯和赛珍珠经常提及的南宿州，它位于安徽省北部，河南、山东、江苏、安徽四省交界的地方，距当时中国的政治中心南京三百多公里。民国初期，该地区“频降水旱匪劫，农民疾苦尤甚”②，正如赛珍珠所讲的那样，这里“军阀割据，连年混战”③，也是美国志愿海外传教运动派往中国的主要地区。根据美国著名中国问题研究专家费正清先生的统计，1919年美国在中国比较大的几个新教传教团体有10个，其中长老会是当时美国在中国势力最大的传教机构，有传教士达502个，布道站36个④。安徽省是该教会布道站分布比较多的地区之一，宿县就建有该会传教站，并在城内建有福音堂。在传教方式上，这些志愿海外传教人员一改传统的圣经布道、建立教堂，让中国人皈依基督教的做法，而是到中国举办教会学校或教会医院，一边工作，一边传教，在慈善工作中达到传播“福音”的目的。如当时美国基督教会在宿州建有含美男校、启秀女校、民爱医院和农事部。选派农业传教士进行农业改良和推广以及开展农业知识的普及，成为当时宿州基督教会博得当地农民信任的一种非常有效的方式。

---

① 本节在写作过程中得到卜凯先生的儿子 Paul Buck 先生、师友崔肇春教授提供的资料，特此致谢！

② 安徽建设厅编印：《安徽一年来之农村救济及调查》，1936年，甲序言，第1页。

③ ［美］赛珍珠著，尚营林等译：《我的中国世界》，长沙：湖南文艺出版社，1991年，第159页。

④ ［美］费正清编：《剑桥中华民国史》（1912—1949年上卷），北京：中国社会科学出版社，2006年，第190—191页。

一、农业改良实践活动

卜凯怀着改良中国农业、传播农业科学的理想来到中国，正如他自己所说的那样，“首要任务，类似美国的农业推广员，就是将增产的实用新知识传授给农民”①。他在写给父母的家信中这样写道：“至少到目前为止，我很高兴来到这儿，这里有大量的工作，田野辽阔，几乎没个边”②。他认为自己施展抱负和理想的时刻到了，他要把美国先进的农业技术和农业知识在这里推广开来。在宿县最初的一两年里，卜凯首先要过语言关，“他几乎每天下午都要学习语言”③，除进行专门的语言培训外，还深入农村田间向农民学习语言。他经常在泥泞路上骑着自行车，从一个村庄到另一村庄，看农民如何耕种，试着与农民交流农业知识和技术，达到了既学习语言，又交流知识和技术的目的。卜凯出身农家，“是农民的孩子，知道怎样与农民交流”，假如土壤干燥，锄地比较费力，首先他上前便问候“今天锄地很困难吧？很长时间我们这儿都没有下雨了”④。这样一来，农民们知道他熟悉中国农业和农民的情况，接下来马上就和农民拉近了距离。如果有农民犁地，他会主动去试试，虽然农民觉得他滑稽可笑，但他却逐渐赢得了当地农民的信任。1916年，卜凯与赛珍珠在庐山相遇，同一个国家，相仿的年龄，不错的长相，科班出身的传教士以及“道义上的高调和致力于改善中国民众生活的积极努力吸引了她”⑤。诸种因素促成两人于1917年步入了婚姻的殿堂，婚后，他们居住在宿县城内的一座灰砖青瓦的四间中式房子里，卜凯依旧骑脚踏车，与以往不同的是，他的新婚妻子赛珍珠则坐二人抬的小轿子，陪同他一起下乡调查农业生产情况，夫唱妇随。“卜凯是一个严肃、不善言谈的人，赛珍珠爱交际、健

---

① 卜凯著，卢良俊译：《金陵大学农业经济系之发展》（1920—1946年），金陵大学农学院农业经济系在宁系友联谊会编：《金陵大学农学院农业经济系建系70周年纪念册（1921—1991）》，1991年，南京，第351页。

② ［美］彼德·康著，刘海平等译：《赛珍珠传》，桂林：漓江出版社，1998年，第62页。

③ John Lossing Buck：《The following is an interview with DR. John Lossing Buck held at his residence at pleasant Valley，New York，on sept. 21，1962.》，p20.

④ John Lossing Buck：《The following is an interview with DR. John Lossing Buck held at his residence at pleasant Valley，New York，on sept. 21，1962.》，p5.

⑤ ［美］彼德·康著，刘海平等译：《赛珍珠传》，桂林：漓江出版社，1998年，第66页。

谈"[①]。当卜凯和农民交谈有困难时，自幼生活在中国、通晓英汉两种语言、熟悉儒家文化、了解中国的风土人情的赛珍珠则充当翻译。通过这种方式，卜凯获得了大量当地农民耕种的方法，开始明白当地农民为什么做这或做那的原因和道理。

然而，当时中国农业落后，农村凋敝，农民贫困。虽然建立起了高、中、初三级的农业教育体系，但处于刚刚起步阶段，没有开展农业研究，更没有好的农业研究成果，正如美国学者马若孟所说的那样，"1920年以前很少有作者关心中国的农业，也几乎没有写出关于农民的学术专著"[②]。这样的状况使卜凯的农业改良和技术推广工作面临重重困难。对此，他并没有退缩，而是积极开展工作，成为宿县城外基督教会所建的小农场的第一任负责人。小农场建立的目的之一就是推动"美国长老会在安徽宿州小麦区的改良工作"，他认为"宿县为华北平原南部的小麦区"[③]。因此，小农场的主要工作就是引进并开展新的育种实验。他用宿州的小麦和美国农业部寄给他的种子开展他的实验，"试验性的种植了从日本、美国和中国其他部分引进的六十三个品种。"通过实验发现美国农业部提供的品种好于其他任何的品种。他将这些品种分发给农民，进行大面积的推广。后来，"他还试种了二十六种大麦，八种美国棉花、五种美国玉米和二十种豆类作物"[④]，积极开展育种改良和推广工作，取得了良好的效果。

此外，卜凯还开办了农业学习班，为当地的12位农场主传授有关农业知识。他以康奈尔大学华伦（G. F. Warren）教授的《农业原理》为教材，讲授西方农业经济学理论以及有关科学农业的新知识和各类物种的新知识。在教学过程中，他亲身感受到，这些当地的农场主，受过教育，有一定的文化，能够积极主动地去尝试新事物，是最有希望接受和推行农业新观念的人。同时，他还教授中学生农业课程。1918年，他为来自附近周边地区和几百里以外的部分传教机构的男青年举办短期培训。卜凯对这些教学活动非常感兴趣，

---

① Randalle. Stross：《The stubborn earth —American agriculturalists on Chinese soil，1898 – 1937》，University of California press Berkeley los angeles London，1986年，p183.

② ［美］马若孟著，史建云译：《中国农家经济》，南京：江苏人民出版社，1999年，第13页。

③ 卜凯著，卢良俊译：《金陵大学农业经济系之发展》（1920—1946年），金陵大学农学院农业经济系在宁系友联谊会编：《金陵大学农学院农业经济系建系70周年纪念册（1921—1991）》，1991年，南京，第351页。

④ ［美］彼德·康著，刘海平等译：《赛珍珠传》，桂林：漓江出版社，1998年，第64页。

他深切感受到对年轻人进行教育和开展短期培训的必要性与迫切性，也意识到在教会资金有限的条件下，他在宿县的作物育种实验不可能有更大的进展。为此，他提出了建立农业高中或在高中建立一个非常好的农学部的建议，但是并没有得到采纳。

宿州农业改良与推广的实践，使卜凯积累了农学方面的经验，实现了由一名农业传教士向一位农业专家的转变。然而，作为一名农业专家其个人的力量是有限的，他"对一个独行的美国人作这种类型指导的可能性和有效程度产生了质疑"①，而"加入某团体，也许比单独工作好些"，去大学工作则成为他比较理想的选择，因为"他可以在大学里传授知识，让他的学生去实践应用"②。当他接到南京金陵大学农学系主任、康奈尔大学校友芮思娄的邀请时，便毅然辞去了在宿县教会的工作，到金陵大学任教。

卜凯虽然人离开了宿州，但仍然放心不下这块他曾生活和工作近五年的土地和劳作在土地上的人们。1924 年，他又回到宿州，在长老会所属农事部院内的农业试验部创办了林墅职业学校③，自己兼任校长，定期回宿州授课。1925 年，学校招收高小毕业的学生 50 人，计划通过 3 到 4 年的学习，为当地培养一批初级农业技术人才。虽然学校只办了一学期就停办了，但卜凯依然与农事部，并通过农事部与宿州一直保持着联系，同时，积极支持和推进金陵大学农学院的专家、教师和学生来宿州进行农业知识和技术的培训和推广工作。

二、评价

卜凯是以农业传教士的身份来宿县开展农业改良和推广工作的。在宿县五年的农业改良实践过程中，他深入农村和农家，与农民亲切交谈，调查和了解农民的选种、耕作等农业生产状况，宣传和推广美国先进的农业知识和技术。在这些活动中了解当地农民的疾苦，与他们建立了深厚的感情，并赢得了他们的信赖。他的前妻赛珍珠的文学名著《大地》（*The Good Earth*）就是以当时的安徽宿县农村为背景的，无疑这与她经常跟随丈夫卜凯深入农村，

① John Lossing Buck：《American who have Assisted in the Improvements of Chinese Agriculture by John. Lossing Buck, New York, on sept. 21, 1962》, p10.

② ［美］赛珍珠著，尚营林等译：《我的中国世界》，长沙：湖南文艺出版社，1991 年，第 163 页。

③ 邵体忠：《卜凯先生在宿州的事迹与事业》，《赛珍珠—布克国际学术研讨会论文汇编》，中国·安徽·宿州，2010 年 12 月，第 119 页。

接触宿州的当地人民，了解风土人情有着密切的关系。正如美国学者 Peter Conn（彼德·康）所说的那样，“布克（卜凯）夫妇在宿州只过了两年半，时间不长，但对赛珍珠的写作生涯有决定性的影响。”① 因为卜凯“具有广博的农业专业知识，因此她（赛珍珠）不仅可以通过自己的观察，而且还可以从他的研究中获得许多第一手准确的知识”②。通过调查和走访，卜凯对中国的农村、农业和农民有了一个比较清醒的认识，“上千年来，中国的农耕技术由父子之间的言传身教代代相传，农业从未被系统的分析过，农民普遍没受过什么教育，对书面的信息也不感兴趣。他们的早晚两餐标志着一个漫长的工作日的始末。在整个农村中，农民对种收计划、选种或各省间产量的差异几乎一无所知。”③ 这些事实使他认识到中国近代农业落后的关键就是技术落后的问题，中国农村要发展必须从教育农民、改良农业生产技术入手。

根据对中国农村调查了解的情况，他积极引进优良品种，进行选种试验，为当地农场主开办农业学习班，在中学和教会的青年中开设农业课程，教授农业知识，使西方先进的农业知识和技术得到推广，为宿州农业生产技术的改良和单位面积产量提高做出了贡献。

“在他离开教会去金陵大学后，优良品种在该地区得到大面积的推广”④。美国中国问题专家费正清在论述中华民国时期的农业时说过：“在整个民国时代，可以看到改良种子和开发较好的农业技术的零星尝试”⑤，可见，卜凯的这些农村改良工作无疑是具有开创性的。但是由于中美两国国情不同，虽然他的热情很高，工作也非常努力，但是收效甚微，这不得不引起他思想的困惑，“在这个有自己数千年形成的一套卓有成效的耕作方法的中国农村，如何推行他的西方农业技术呢?”⑥ 赛珍珠也意识到，“学会如何给中国人讲农业并非易事，仅仅按照美国教科书讲授美国农业是远远不够的”⑦。卜凯在宿州

① ［美］彼德·康著，刘海平等译：《赛珍珠传》，桂林：漓江出版社，1998年，第75页。

② ［美］保罗A多伊尔著，张晓胜等译：《赛珍珠》，沈阳：春风文艺出版社，1991年，第9页。

③ ［美］彼德·康著，刘海平等译：《赛珍珠传》，桂林：漓江出版社，1998年，第64页。

④ John Lossing Buck：《The following is an interview with DR. John Lossing Buck held at his residence at pleasant Valley，New York，on sept. 21，1962.》，p7.

⑤ ［美］费正清编：《剑桥中华民国史》（1912—1949年上卷），北京：中国社会科学出版社，2006年，第80页。

⑥ ［美］赛珍珠著，尚营林等译：《我的中国世界》，长沙：湖南文艺出版社，1991年，第163页。

⑦ ［美］赛珍珠著，尚营林等译：《我的中国世界》，长沙：湖南文艺出版社，1991年，第205页。

的实践经历，使他清醒地认识到要想改变中国农业现状，就必须将美国等西方农业经济学的理论和中国的实际情况结合起来。

卜凯是以一名农业传教士的身份来中国的，按照基督教长老会的要求，“传教是他的‘本分’和目的，农业技术普及则只是一种让中国农民接受基督教的手段。”① 然而，事实上卜凯并不赞成基督教海外传教团旨在改变中国人宗教信仰的所谓“福音传教”工作，“他对改善他们的物质生活更感兴趣，他认为教会应该进行实质性服务，例如介绍改良种子或提供组织合作农场的消息等。”② 因此他来中国进行农业改良和推广的动机要大于他传教的动机，其结果也是他在宿州的农业改良和推广活动也远远大于他的传教活动。正如他前妻赛珍珠所说的那样，他“不是传教士，因为在我看来，他并不信教，但他是作为农业专家受雇于长老会传教使团的”③。他在宿州所进行的一系列的改革尝试，其目的是“想用一个全面的调查代替这种习惯式的安排，这样可以让他决定哪种工作最有成效，然后将这种建议加以推广，就其自身而言，他的想法是具有革命性的”④。他总结了自己在宿州五年来的工作实践，经过认真思考后认为，“或许最高明的计划是首先查清中国农业与中国乡村生活的现状。到目前为止，还没有人研究过中国农业经济这个课题。”⑤ 因此，他于1920年转到金陵大学任教，由宿州一个小城镇的农业改良和推广转到农业高等教育和全国范围内农村的调查研究上，由一位农业专家转变为著名的中国农业经济学家。

第四节　卜凯在河北的农业改良与推广

目前，学术界对卜凯及其金陵大学的农业改良与推广工作已有研究，但研究的重点多侧重于长江、淮河流域，对其在淮河以北特别是河北省⑥的农业改良工作的研究缺乏系统梳理，本节针对这一问题，就卜凯在河北省的农业

---

① 陈敬著：《赛珍珠与中国——中西文化冲突与共融》，天津：南开大学出版社，2006年，第32页。
② ［美］德·康著，刘海平等译：《赛珍珠传》，桂林：漓江出版社，1998年，第63页。
③ ［美］赛珍珠著，尚营林等译：《我的中国世界》，长沙：湖南文艺出版社，1991年，第141页。
④ ［美］彼德·康著，刘海平等译：《赛珍珠传》，桂林：漓江出版社，1998年，第64页。
⑤ ［美］赛珍珠著，尚营林等译：《我的中国世界》，长沙：湖南文艺出版社，1991年，第163页。
⑥ 河北省1928年之前称为直隶省，同年改为河北省，一直沿用至今。

改良与推广工作进行研究。

从时间上来说，卜凯在河北省的农业改良与推广活动主要是他在任教金陵大学后进行的。金陵大学农学院的前身是金陵大学农科，创建于1914年，是“国内高等农业教育机关中，历史最为悠久，历来培养农业人才，倡导农业改进，增加农业生产，裨益民生，功效卓著”[①] 的大学。其创立伊始，即引入美国康奈尔大学农学院教学、科研、推广相辅相成经验，确立了教学、科研、推广三合一体制，形成了农科教一体化的办学模式。1920年金陵大学农林科设立棉作推广部，1924年成立农业推广部，设立专门的机构从事农业改良与推广工作。该学院推广部的成立实开中国农业院校农业推广之先声，并逐渐建立起了正规、系统的大学农业推广教育。正如人民所赞誉的那样，“中国之有农业推广，本科实首先创办，其方法多为各机关所采用。本科之推广事业，日益进展。直接受惠之农民，每年至少在十万人以上。”[②] 可以说金陵大学对我国农业改良与推广工作做出了重要的贡献。

金陵大学在华北地区开展农业改良和推广工作可追溯于1920年的华北大旱。当时，在北京的部分中外人士发起组织了华洋义赈会，积极开展放赈救灾工作。1921年救灾工作结束后，该会在讨论剩余款项的用途时，金陵大学农学院的创始人裴义理建议将剩余的放赈款分作四份，其中的三份分给金陵大学农学院，并要求金陵大学农学院的农业改良和推广工作的重点放在华北[③]。为了兑现这一承诺，该院先后创办了安徽的宿州农场，河南的开封农场，山东齐鲁大学的龙山农场、潍县广文中学农场，河北沧县的乐善园农场、通县潞河中学、昌黎县美以美会农场，北京燕京大学清河农场，山西铭贤中学农场等机构。通过这些不同类型的农场，如直属农场、合作农场、特约农场等积极开展农业改良和推广工作。其中卜凯是宿州农场的创办者，沧县的乐善园农场、通县潞河中学、昌黎县美以美会农场都位于河北省内。可以说，河北省是该校农业改良与推广的重要试验区。

作为金陵大学农业改良与推广的组织者和参与者，卜凯在河北所做的工

① 《农学院30周年纪念》，《金陵大学校刊》，1943年3月1日，第307期，第五版。

② 过探先：《金陵大学农林科之发展及其贡献》，《中华基督教教育季刊》，1927年第3卷第1期，第33页。

③ 崔毓俊：《忆往拾遗》，1993年10月，未刊，第20页。

作主要表现在以下几个方面。

第一，开设“农业推广学”课程，传播农业知识，培养农业推广人才。

卜凯是最早在金陵大学开设农业推广课程的教师，据他的学生河北省盐山县人崔毓俊回忆，1924年春他选读了卜凯教授的农业推广一课，开课不久，便跟随他到江苏吴江县震泽镇参加了一次较大规模的农展会，选学这一课的13名同学分组担任蚕桑讲解工作，效果很好。卜凯自己也指出“1920至1930年十年间，三、四年级农科学生总计504名（译者统计），在最初四年中，农学院学生选读我讲授的农业经济学及农业工程学课程的占90%”[①]。这些学生包括盐山150户农家经济与社会调查的崔毓俊、河北平乡县152户农家调查的霍席卿等河北籍的学生。对于这一课程的名称，有的学者翻译为“农业工程学”，不论是“农业推广学”还是“农业工程学”都将农业改良与推广作为重要内容之一。

卜凯积极推介美国的农业推广方式和方法，特别是通过推广员和学生予以实施。这些方法分为演讲、开展览会、实地实验及短期教育四种。

在农业展览会方面，农学院推广部与河北通州潞河乡村服务部合作，在河北提倡改进农业。他们每年秋季在河北各地举行农业展览会，“迄今业已四载”。1934年10月1日到11月17日，先后在房山县、固安县等八县九处举行农业展览会，“所携带之材料有农业标本，各种拼图，新式农具，防虫病药剂，活动电影，无线电收音机，各种化妆品等，该部人员前往担任之工作为：评判、讲演、解说、示用农具、发奖品、表演新剧、参加当地之总务会议、演放电影无线电，此外尚有儿童会之活动，参加农民先后各地约三万余人，展览农产品有多至一千零四十八份者，得奖者计有六百五十九人”[②]。

在培养推广人才方面，他派人协助河北通州潞河乡村服务部，办理暑期和冬期农业学校，共举办四届，潞河中学的工作由姚光煊负责。该校“向例由推广部办理暑期学校，但今年不预备在校内举行，将应各方之聘，派遣推广员至各地暑校担任农业课程并助理一起”[③]。也就是说自1931年开始暑期学

① 卜凯著，卢良俊译：《金陵大学农业经济系之发展》（1920—1946年），金陵大学农学院农业经济系在宁系友联谊会编：《金陵大学农学院农业经济系建系70周年纪念册（1921—1991）》，1991年，南京，第378—379页。

② 《河北农业通讯》，《农林新报》，1935年12卷第2期，第56—57页。

③ 《推广部的暑期学校工作》，《农林新报》，1931年第8卷第18期，第9页。

校由原来在校内举行调整为校外，并不断更新教学方式和内容。其中1934年11月7日—1935年1月12日的冬期学校，积极改革培训内容，"仿照丹麦及墨西哥之农民教育，做实地研究实验，以讲习、自读、讨论与生活，平衡进行，以训练乡村义务领袖及将来之合作人才"。这些学生全是农民，"来自十县，年龄自十九岁至四十一岁，尤以二十至三十岁为最多，程度有初中一二年级者，此外为高小毕业及入学私塾三年至六年者"。所开课程分为主修课程和选读课，主修课有"农业常识、养鸡学、畜产学、植棉学、乡村合作社、乡村教育、乡村自治、宗教教育、中国史、科学常识与演说学等。家庭教育、音乐、卫生、均为选读课程，但至少每周要十八个学分。实习有自治会、办壁报、新剧，大扫除、接树、孵小鸡、管膳炊、填气象学各种表格等。费用盖有学生自备，计每月膳费四元，连同杂费一元，两月共付十元左右，学期计长八星期"①。

第二，开展农家经济和社会状况调查，提出农业改良与推广建议。

农家经济状况调查是农业改良与推广工作的重要基础和前提，正如卜凯所提倡的，"凡欲改良农业者，必先深察农业症结之所在，而能加以补救或发现补救之方法"②。为此，他要求凡读农场管理的学生，必须利用一个夏天，回到家乡农村，调查100户农家以上的经济情况。希望通过这些农家调查活动，以反映中国农村农家的真实状况。

由卜凯直接指导的河北省20世纪二三十年代农村社会状况的调查有三次，第一次是1922年4月至1923年3月，由他的学生崔毓俊在家乡盐山县对两个村150户农家开展调查；第二次是1923年2月至1924年1月，由学生霍连珍在家乡平乡县对两个村152户农家开展调查；第三次是1923年4月至1924年3月，崔毓俊重回盐山对4个村133户农家开展调查。其间，卜凯来到崔毓俊正在调查和上一次调查的村庄进行实地考察。这三次都是通过他的学生来完成的，调查成果均收录到《中国农家经济》一书中。卜凯根据崔毓俊1923年盐山县150户农家调查和自己的实地验证，完成《河北盐山县一百五十农家之经济及社会调查》一书，于1925年出版。笔者曾撰文，认为此次调查所采用的理论体系以及调查内容和方法较之前开展的安徽芜湖102户农

① 《河北农业通讯》，《农林新报》，1935年12卷第2期，第57页。

② 卜凯著，叶有琪译：《农业改良之意义》，《农业周刊》，1931年第1卷第14期，第524页。

家社会及经济调查更加成熟和完善，不仅进一步完善了农场组织经营方面的内容，还增加了农家与人口以及其他社会经济问题的调查，更符合中国农村农家的实际，为后来所进行的中国农家经济和土地利用调查提供了借鉴。卜凯的硕士学位论文就是在此调查数据的基础上写成的，并成为他博士学位论文的重要组成部分。他关于中国南北方农家经济及社会状况调查的开展，更加客观真实反映了中国的农家现状，体现了中国南、北方农村农家调查研究中的互补性。在充分调查的基础上，卜凯对发展中国农村农家经济和改良农村生活状况提出了 16 条农业改良措施，如，主张“于每主要农业区，成立农业试验所与农业教育机关”；坚持“农业技术上之改良，如育种，豢养家畜，防止作物与家畜之病虫害，注意作物之施肥与耕种修割，家畜之饲养与保护，以及农具之改良”。积极推行“补助地方政府或特殊从事于农业推广机关之农业推广制度”①。特别是针对盐山县 150 户农家的农业种植结构，卜凯提出了“以倡种棉花代替过量之高粱为最适宜，因棉花在各季所需之人工相差无几，且为抵抗碱性土壤最有利之作物”② 的建议，这对当时河北省沧县棉区的棉花推广起到了重要的推进作用。

第三，全力推进农业改良与推广工作。

在安徽宿州期间，卜凯就积极开展小麦、大麦、棉花、玉米和大豆等作物的育种改良和推广工作。1920 年创建金陵大学农林科后就设立了棉作推广部，引进美国优质棉种，聘请美国棉作专家，开展棉花驯化育种工作。在优良棉种筛选上，河北占有重要位置，金陵大学农学院曾自美国农业部购来标准棉种八种，即王棉、爱字棉、杜兰果、哥伦比亚、隆字棉、脱字棉、埃及棉、海岛棉，分种在我国南北各省，计有二十六处，以观其生长情形，而定取舍。其间，美国农业部棉业专家顾克博士与郭仁风先生来华调查，经历苏、浙、皖、鲁、直、鄂、湘、赣等省，详细考察。（“直”即直隶省，河北省的前身。）结果认定其中成绩优良而适合我国生长者，仅脱字棉与爱字棉而已。脱字棉生长时期短，宜于我国北部；爱字棉生长时期长，宜于我国南部③。可见

① 卜凯著，方绩佩译：《中国之农业》，《农学月刊》，1939 年第 1 卷第 4 期，第 64 页。

② 卜凯著，孙文郁译：《河北盐山县一百五十农家之经济及社会调查》，《金陵大学农林科农林丛刊》，1929 年第 51 期，第 78 页。

③ 陈燕山：《改良我国棉种之方针及方法》，《农林新报》，1929 年第 172 期，第 2 页。

河北省是棉花育种改良的种植实验地，通过试种证明宜于“脱字”棉生长。由于金陵大学农学院的经费大部是从华北华洋义赈会的赈余款而来，因此，该院“对华北农业的改进负有重大责任”，“对华北的农业和农村应作更多的工作”①。据崔毓俊回忆，“金大农学院农业推广系（后改称推广部），在每年秋收以后，都派周明懿先生等，携带农业活动电影到华北各地农村放映，做改良农业宣传，甚受农民欢迎。华北基督教教育会每年暑期在各地举办暑期学校，培训农村教师，为了使教师们多获得一些农业科技知识，常邀请金大农学院派员讲授农业课程。院长芮思娄都指派我（崔毓俊）去参加。在1925—1932年的各年度里，每年夏天我都到通县或济南或青岛黄县等地参加暑校讲授农业问题，有不少教师在听课后决心到金大农学院的农村师范学校学习一年，或升入农业专修科学习两年，获得更多的农业知识。”②

到1930年，金陵大学农业推广所涉及的区域已覆盖山西、山东、江苏、安徽、浙江、河北、河南、江西、湖北和湖南10个省份，其中河北省是重要的省份之一，计有交河（今泊头市）、定县（今定州市）、河间（今河间市）、香河、通县（今北京通州区）、三河（今三河市）、宝坻（今天津的宝坻县）、清县、沧县、盐山、枣强、衡水（今衡水市）、南宫（今南宫市）、冀县（今冀州市）、庆云（今山东庆云县）等16个县③。就数量而言，在10个省中居第四位。

金陵大学农学院推广部的工作一般分为宣传、合作、介绍三种。先以本校推广部（系）为主开展多种形式宣传，然后由分布在各地的农场进行该类作物种子的大量繁殖和继续选种工作。如1933年与定县平教会合作，创办定县农事试验合作农场，主要开展棉花、小麦、高粱、玉米育种和栽培肥料试验，并引入本院优良品种④。经过两年的合作，到1935年，定县平教会农事试验合作农场种植“脱字棉1200亩，居该类棉种试验场种植亩数的第一位，齐鲁农场为300亩，西北农场500亩，南京农场为1000亩”⑤。另据统计，

---

① 崔毓俊：《怀念卜凯教授》，金陵大学农学院农业经济系在宁系友联谊会编：《金陵大学农学院农业经济系建系70周年纪念册（1921—1991）》，1991年，南京，第41页。

② 崔毓俊：《忆往拾遗》，1993年10月，未刊，第21页。

③ 《金陵大学农业推广所及区域表》，《农林新报》，1930年第225期，第536页。

④ 《南京农业大学发展史》编委会编：《南京农业大学发展史》（历史卷），北京：中国农业出版社，2012年，第174页。

⑤ 郝钦铭、颜元亮：《金陵大学棉作改进近况》，《农林新报》，1936年第13卷第10期，第241页。

“1935 年美国脱字棉改良种子在全国十七个省份推广的数量为 2483 斤，其中河北省 1947 斤，占 80%”[①]。脱字棉“大量的在华北推广种植，对作物增产，农家增收，起到极大作用”。[②]

在推广的初期，一般先采用宣传的方法，从美国农业部购买幻灯片、电影片，配上留声机或口头讲解，使农民看到农业改良的好处，增强对农业改良的兴趣。或者举办暑期学校，培训农村教师。为了使教师们多得一些农业科技知识，常邀请金大农学院派员讲授农业课程[③]。或者向金陵大学农学院购置脱字棉等新改良物种，再“分派各社试种”[④]。

推广工作是一个渐进的过程。以推广改良棉种为例，1920 年，金陵大学聘请美国农业专家郭仁风开展种棉的选种和美棉引种驯化工作，育成了爱字棉、脱字棉和百万棉，并在全国推广。通过研究，认为脱字棉适宜北方，所以将该类棉种的改良与推广工作“集中于本校之分厂西北农场及合作场平教会农场、齐鲁农场及徐州省立农场”[⑤]，而平教会的农场就设在定县。

金陵大学农学院在河北的农业改良与推广主要集中在沧县、定县和通州潞河三个地区。为了保证工作的顺利进行，每个地方都派专人以负其责，“依照原定之推广计划，河北由崔毓俊负责，河南由姚光煊负责”[⑥]。其中沧县的农业改良与推广通过派遣毕业生开办农业学校，进行农业知识和技术的宣传和推广等方式展开的。

沧县的农业改良与推广是该校农经系 1925 届毕业生崔毓俊来进行的，地点是沧县的乐善园农场。崔毓俊曾在沧州盐山县主持了两次农家经济状况调查，可以说，在老师卜凯的指导下，他学会了如何开展农家社会调查，学到了农业推广的知识，对中国农村的经济和社会发展状况有了更加理性的认识。

1925 年秋，崔毓俊毕业后，应河北省沧县乐善园乡村师范学校之聘，任该校农学教员，1927 年兼任校长一职。乐善园创建于清光绪二十四年（1898 年），位于沧县南关渡口的西南，是基督教英国伦敦传教会创办的，“事工分

① 《二十四年棉花大豆玉蜀黍推广数量报告》，《农林新报》，1935 年第 12 卷第 26 期，第 652 页。
② 崔毓俊：《忆往拾遗》，1993 年 10 月，未刊，第 20 页。
③ 崔毓俊：《忆往拾遗》，1993 年 10 月，未刊，第 21 页。
④ 千家驹编：《中国农村经济论文集》，上海：中华书局，1936 年，第 156 页。
⑤ 郝钦铭、颜元亮：《金陵大学棉作改进近况》，《农林新报》，1936 年第 13 卷第 10 期，第 236 页。
⑥ 周明懿：《本校农学院推广部之事业》，《农林新报》，1930 年第 201 期，第 133 页。

为传道、医病、教育、农业四事”，农业“则有改良作物农场之设，研究改良育种，各事颇有成绩”[①]。当时负责乐善园的牧师是陈子诰，陈子诰是盐山人，山东广文大学毕业，与崔毓俊是同乡，两人是盐山育才学校的校友，崔毓俊就是在他的劝说和支持下读完的中学和大学。1920年华北大旱时，他积极为华北华洋义赈会放赈救灾，并致力于农业的振兴工作，其中招揽农业技术人才开展农业改良就是其重要的方式之一。由于乐善园与金陵大学的历史渊源关系，该校沧州籍的学生便成为他的首选对象。陈子诰与金陵大学1922级农林科学生，盐山人崔毓俊建立了联系，正如崔毓俊所回忆的，“当我在南京金陵大学农学院读书时，他（陈子诰）常写信劝我在毕业后回沧州工作”[②]。

崔毓俊来到乐善园后即着手创办了乡村师范学校，招收高小毕业的学生，经过两年学习后，到各乡村小学任教师，其目的是一方面解决农村新式教师缺乏的问题，同时让他们做农业技术推广工作。虽然乡村师范学校每班的学生都没超过十人，但教学中，学校根据农村的实际状况，采用上午上课，下午到菜园或田间劳动的方式，深得学生和当地农民的欢迎。

当时“沧州不产麻丝，并棉亦极少”。辖区南部接近山东，土壤较肥沃的“南皮、宁津（今山东省德州市的宁津县）为产棉区，年年输入吾邑农家”[③]。可见沧州是非产棉区，只能靠临近地区供给。崔毓俊到乐善园后，先到河间、献县、武邑、枣强各县的农村进行了实地查看。他还利用金陵大学拨给他的“一台活动电影机、一台人力发电机、若干盘活动电影片，另有留声机一架和唱片若干张”[④]，开始以河北沧州为中心，东至盐山，西至河间，北至通县、宝坻，西南至枣强、南宫等地举行宣传推广活动。他以借放映电影为名，大力宣传农业知识，收到了农业推广的宣传效果。除此之外，他还充分利用话剧、展览会等形式加强农业推广的效果，并吸取盐山农村调查时的经验，决定试种脱字美棉。

1926年春，崔毓俊向金陵大学购买了二十多斤脱字美棉种子，在沧州试

① 上海书店出版社编：中国地方志集成河北府县志辑42：《民国沧县志》，上海：上海书店出版社，2006，第412页。

② 崔毓俊：《忆往拾遗》，1993年10月，未刊，第4页。

③ 上海书店出版社编：中国地方志集成河北府县志辑42：《民国沧县志》，上海：上海书店出版社，2006，第419页。

④ 崔毓俊：《忆往拾遗》，1993年10月，未刊，第27页。

种推广，他用五元一亩的租价租进五亩地，全部种上脱字美棉。经过学校师生的努力，第一年净得一百七八十元，产生了轰动效应。学校内外、左右邻舍都夸赞“脱字美棉好，崔老师有办法”[①]。第二年棉花又是丰收，“由于美棉桃大产量高，农民看着好，想弄点种籽，就偷偷地摘些棉桃拿回家去”[②]。这进一步说明脱字美棉的优良，逐渐得到当地农民的认可，并推广开来。

沧县乐善园乡村师范的学生，不但是棉花的种植者，也是美棉的推广者。他们放学回家，都带着美棉种子，不但给自己家种，也将种子分给邻居种。由此，脱字美棉得以在沧县推广。“后来沧县成为华北的重要美棉区，可以说与沧县乐善园乡村师范首先种植和推广美棉大有关系”[③]。崔毓俊用历年棉花收入，于 1928 年春在附近的小李庄西边典当了 20 亩好耕地，种上美国马牙玉米，当年获得高产，得到农民称赞，并推广开来。随后他又推广种植西红柿，也获得成功，推广“二三年后西红柿也就在沧州广为种植了”[④]。同年秋天，崔毓俊离开沧州乐善园，回到金陵大学工作，先在农业推广系，1929 年转到农业经济系工作。

定县的农业改良与推广工作主要由通过定县平教会农场来进行的。1930 年 12 月，金陵大学即派沈宗瀚赴定县与晏阳初洽商农业合作问题，建议“平教会非农业研究机关，应多做农业推广直接服务农民，可与金大及燕大合作，得到小麦、高粱、小米等改良品种与方法，在定县举行区域适应试验，继以推广。定县棉花极为重要，应举行美棉品种试验，择其优者推广，又须注意棉花治虫方法”，这些建议得到认可并予以采纳。1931 年，金陵大学介绍沈宗瀚、姚光煊两人“去平教会，分掌小麦高粱小米及棉花工作”[⑤]。1931 年，姚光煊在冀晋推广报告中指出，保定公理会“今秋拟在保定区十数县，与本校作农业推广合作之计划。拟在此十数县内选一乡村，作改进试验区……并约本校推广部襄助农业改良工作”[⑥]。1933 年，定县平民教育会总干事晏阳初，“因慕金陵大学农学院成绩素著，特与该院长谢家声商洽合作办法”。商洽合

---

① 崔毓俊：《忆往》，1986 年 12 月，未刊，第 28 页。
② 崔毓俊：《忆往拾遗》，1993 年 10 月，未刊，第 5 页。
③ 崔毓俊：《忆往》，1986 年 12 月，未刊，第 28 页。
④ 崔毓俊：《忆往拾遗》，1993 年 10 月，未刊，第 6 页。
⑤ 沈宗瀚：《沈宗瀚自述》（中），合肥：黄山书社，2011 年，第 151 页。
⑥ 姚光煊：《在冀晋推广工作报告》，《农林新报》，1931 年第 8 卷第 19 期，第 289 页。

作的工作暂定为“作物改良”与“畜牧改良”两项。“关于作物改良方面，决定以棉花为主要作物，余如高粱、小米、玉蜀黍等举行比较试验”①。同年，两家联合创办了农事实验合作农场，又称“平民教育促进会农场”。

到1935年，定县平教会农事试验合作农场种植“脱字棉1200亩，居该类棉种试验场种植亩数的第一位，齐鲁农场为300亩，西北农场500亩，南京农场为1000亩”。第二年，即1936年，定县平教会农事实验合作农场“推广金大脱字棉一万亩”②。同时推广的还有适合定县栽培的定县6-1号、3-3号高粱，这些品种来自金陵大学、在合作农场经数年区域实验，结果很好。脱字棉“大量的在华北推广种植，对作物增产，农家增收，起到极大作用”。③ 沈宗瀚在其自述中也提到，“二十五年起该会推广美国斯字棉及改良小麦品种，极为农民欢迎”④。

在潞河，金陵大学农学院与通县潞河中学合作设立河北通县潞河乡村服务部。为延续河北的农业推广工作，在崔毓俊返回母校金陵大学任教后，1930年，金陵大学农学院农业推广部将在河南负责农业推广与改良的姚光煊调任河北任推广员，推广工作范围以通县潞河中学为中心，往来于保定昌黎沧县等地。据姚光煊1935年记载：“本校农学院推广部，与北通州潞河乡村服务部合作，在华北提倡改进农业，每年秋季在各地举行农业展览会，迄今业已四载，颇引起各界人士之注意”⑤。

除以上农业展览会外，还开展了其他形式的推广活动，如开办暑期学校讲习班（该班均系乡村小学教师及牧师）、农产品评会（该会会同当地县政府、教会共同进行）和冬季农业短期学校（该校特为训练乡村领袖人才而设）等。其中农产品评会每年举行一次，连续举行了六七年。而冬季农业短期学校，每期两个月，举办了六期，主要“讲习农业推广及农业合作社事业与普通农学”⑥。

河北省的农业改良与推广工作也并非一帆风顺。如该院1931届学生顾贞

---

① 《定县平教育会与金大农学院合作》，《农林新报》，1933年第10卷第1期，第20页。
② 郝钦铭、颜元亮：《金陵大学棉作改进近况》，《农林新报》，1936年第13卷第10期，第241页。
③ 崔毓俊：《忆往拾遗》，1993年10月，未刊，第20页。
④ 沈宗瀚：《沈宗瀚自述》（中），合肥：黄山书社，2011年，第151页。
⑤ 《河北农业通讯》，《农林新报》，1935年第12卷第2期，第56页。
⑥ 姚光煊：《河北农业消息三则》，《农林新报》，1933年第10卷第25期，第497页。

祥任河北省棉产改进所邯郸区办事处主任时感受很深。作为南方人，他“带队到人地生疏的北方邯郸，要在邯郸、磁县、成安、武安、曲周、肥乡等六县推广种植优良棉种，组织棉农成立棉花生产运销合作社，每天骑自行车奔波于乡间羊肠小道。开始时棉农观望，棉商则使出各种手法反对。我们忙忙碌碌辛苦了两三个月，生活十分艰苦，工作也开展不起来”①。面对工作的无奈，顾贞祥几度想引咎辞职。

但是，在卜凯及其学生的努力下，河北省的农业改良工作还是取得了很大的成绩，其中棉花种植颇为典型。“河北农地原种杂粮，及中国棉花等农作物，每年每亩总数收益平均不过八元上下。近年来改种美棉后，则每年每亩纯收益竟达二十余元。”② 一亩地增加了十二元，增幅达 40%。金陵大学农学院自己培育的“2905”小麦良种和由美国引进驯育的“脱字”棉，大量在华北推广种植，“对作物增产，农家增收，起到极大的作用”③。“美棉品质优良，产量丰富，自经提倡以来，日见发展，去岁督饬各县在碱地试种，尤著成绩，应有各该县局，依照本省前经公布修正河北省推广美棉办法，继续切实推行以增收益”④。“棉花一项于二十二年本省（河北省）产 1444899 担，全国产 9621240 担，本省占百分之十五，次于苏，鄂，居第三位，棉田之面积全国计为 40453953 亩，本省所占为 6121971 亩，占全国棉田面积亦约百分之十五，次于江苏，居全国第二位，故为重要省份。”⑤ 从数量上看，据统计，1935 年美国脱字棉改良种子在全国十七个省份推广的数量为 2483 斤，其中河北省 1947 斤，占 80%⑥。又河北省“主要农产，以产额为次序，曰：小麦、小米、高粱、玉米、棉花、大豆，大都种于平原旱田，此六大农作物中，惟棉花较有进步，民国十六年本省棉花产量尚仅占全国棉产百分之七，二十年至二十三年平均数，已增至一百六十多担，占全国棉产百分之十四，居全国第二位。在天津出口货中占一重要地位始于民国九年，二十一年至二十三年，

① 顾贞祥：《中国的棉产改进和棉花分级得大面积推广——怀念邹文太老师和徐仲迪老师》，金陵大学农学院农业经济系在宁系友联谊会编：《金陵大学农学院农业经济系建系 70 周年纪念册 1921—1991》，1991 年，南京，第 50 页。

② 尚久愈：《河北省举办地政刍议》，《河北月刊》，1937 年第 5 卷第 3 期，第 12 页。

③ 崔毓俊：《忆往》，1986 年 12 月，未刊，第 20 页。

④ 苏之耀：《河北农林事业最近发展情形》，《河北月刊》，1937 年第 5 卷第 5 期，第 17 页。

⑤ 王成敬：《河北省在中国之地位》，《河北月刊》，1936 年第 4 卷第 8 期，第 148 页。

⑥ 《二十四年棉花大豆玉蜀黍推广数量报告》，《农林新报》，1935 年第 12 卷第 26 期，第 652 页。

平均于天津出口货中居第一位，几占出口货总额四分之一，可见河北省棉产推广之现象，与新法植棉之成绩”[①]。60年后的1983年，崔毓俊回盐山县老家探亲，在马贩村看到的是农舍房顶上晒着大量的红枣，院子里晒着许多棉花，几乎家家如此，这里已发展成为枣、棉间作典型区。并且据一些老人说，现在盐山的棉花和红薯种的多了，并且棉花还是国家收购的一项重要产品，大大繁荣了农村经济[②]。

总之，在政策的扶持和技术的引导之下，卜凯及其金陵大学农学院务实的农业改良与推广工作使河北的农业改良与推广工作取得了良好成绩。

① 郭公：《河北省之农业》，《民鸣月刊》，1937年第1卷第4期，第105页。
② 崔毓俊：《忆往拾遗》，1993年10月，未刊，第51页。

第五章　卜凯视阈下的中国乡村

第一节　“三农”问题

卜凯认为“农人也是人，与你我并无分别，他和我们一样的有情感。他或者不认识字，不会写字，但他很讲实际，也很能干，其聪明往往胜过一个没有经验的大学毕业生，我们没有看不起农人的理由，他值得我们尊重，我们必须平等看待农人，才能共谋农业的改进，农人是不愿受人轻视的，他们也不欢喜外人指挥他们做这样做那样”①。正是怀着这种质朴的情感，卜凯致力于中国农家经济和社会状况调查，对中国的“三农”问题进行了研究，提出了一系列有关中国“三农”问题的建议，这些建议主要体现在《中国土地利用》和《中国农家经济》调查研究成果中。

一、农村问题

农村问题最主要的是土地问题，即土地的所有权或土地制度，卜凯在《中国农家经济》一书中的“耕地所有权和农佃问题”一章中对中国农村的土地占有情况和租佃制度进行了具体分析。

（一）土地占有情况和租佃制度

土地既是中国农民最为重要的生产资料，也是认识中国农村最为重要的载体。关于中国农村的土地占有状况，卜凯以1929—1933年为例进行了说明，他认为中国农村是一个以私有制和小自耕农为主的社会。“农地百分之九十三属于私有，且多为小农场。公地（大多为山丘），仅占百分之一，军屯田地约占百分之二，庙产约占百分之二，祠产慈善机关土地，学产及其他田地，

① 卜凯演讲词，原颂周译：《现代农民》，1944年第7卷第1期，第7页。

约各占不足百分之一。”[①] 应该说“中国之土地尽为私有，国有者仅占百分之七，私有土地多属于个人”。而对于土地分配或占有则相对平均，“私有农地属于农民自有者四分之三弱，租种者四分之一强。自耕农占农民半数以上，半自耕农不及三分之一，佃农仅百分之十七”[②]。

卜凯根据中国农民土地的拥有情况将农民划分为三个层级，即：自耕农、半自耕农与佃农。所谓自耕农即完全耕种自己土地的农民；半自耕农指除自己拥有田地外还租种他人田地的农民；佃农就是完全租种田地的农民。卜凯指出：“中国的租佃制度各处有很大的分野，有些地方的农民几乎完全系佃农，也有些地方的农民几乎完全是自耕农”。在卜凯所调查的7省17处2866个田场中，“自耕农平均要占百分之六三。在中国北部，半自耕农，占总数的九分之一；佃农占十分之一。在中东部，半自耕农占总数的五分之一，佃农则占三分之一”[③]。具体到各地区而言，在中东部，以安徽为例，1923至1924年间，芜湖102户农家，自耕农56家，半自耕农33家，佃农13家，分别占55%，32%，13%[④]。在中国北部，以河北的平乡、盐山为例。平乡县，自耕农128家，占84.2%；半自耕农22家，占14.5%；佃农2家，占1.3%。盐山县，1922年，自耕农为150家，占100%；1923年，自耕农为129家，占97%，半自耕农3家，占2.3%，佃农1家，占0.7%。[⑤] 由此可见，中国农村的土地占有情况地区之间存在着非常大的差异，具体而言，北方地区的自耕农数量要高于南方，换言之，“盖在中国北部，佃农向居少数”[⑥]，这也表明中国南部的租佃制要盛于北部。

此外，卜凯还认为“各国均有租佃制度存在，中国亦然。租佃制度并不如吾人所常想即为坏事，通常为获得农场所有权之必须步骤。往往于最好之

① J. L. Buck，W. M. Curtis著，戈福鼎、汪荫元译《中国农场管理学》，上海：商务印书馆，1947年，第106—107页。

② 卜凯著，乔启明等译：《中国土地利用》（1941年影印本），台北，学生书局，1977年版，第9页。

③ 卜凯著，张履鸾译：《中国农家经济》，上海：商务印书馆，1936年，第195页。

④ 卜凯著，徐澄译：《芜湖附近一百零二农家之经济的及社会的调查》，《金陵大学农林科农林丛刊》，1928年第42期，第8页。

⑤ 卜凯著，张履鸾译：《中国农家经济》，上海：商务印书馆，1936年，第196页。

⑥ 卜凯著，孙文郁译：《河北盐山县一百五十农家之经济及社会调查》，《金陵大学农林科农林丛刊》，1929年第51期，第19页。

农业区，佃农之数量亦最高。反之，在极瘠之农业区内，自耕农之百分率较高”[①]。这也就是说自耕农所占比例越高该地区越贫困，也就越落后。

缴租制在中国各地没有多大差别，这主要体现在租额、缴租的方法和地租的类别等方面。

关于租额，“有的地方利于地主，有的地方利于佃户，各地平均结果，还是佃户吃亏。照我们估计各地平均，应当照现额减少五分之一，才合公道”[②]。由此看出，卜凯认为中国的租额一定程度上而言是高的，在租额上佃户是吃亏的，应照现额减少五分之一才公道。

关于缴租方法，卜凯指出，“各种缴租方法之不同，主要由于地主与佃农所支之费用不等，及双方所愿或所能担负之风险不同所致，约百分之二二佃农采取分组（主佃双方同意订定比例分收作物），百分之二五佃农交纳钱租，约有一半之佃农交纳谷租（限于经济作物），缴纳定量之谷物或相等之现金与地主，仅有百分之二为帮工分佃（此种缴租方法佃农仅可分得一小部分作物，因其所供给者仅有劳力）”。同时，不同的农业带其缴租方法也有所不同，如，“小麦地带采取分组之佃农农场二倍于水稻地带，水稻地带，佃农农场采取谷租者有三分之二，小麦地带仅有三分之一”[③]，产生此种差别的原因在于华北农事的风险较南方地区为大。

关于地主的收租的方法，主要有两种，一种是佃农送租，一种是地主派人自行收租，这两种收租方法在地区之间有所差异，“在中国北部，多系佃农将租送到地主家中，在中东部，就我们所知道的只有江苏江宁县（太平门）和安徽芜湖县两处，这两处都系由地主自行收租，或派人代收”[④]。一块田地每年通常收两次租，一次在春季收获的时候，一次是在秋季收获的时候。

关于地租的类别，卜凯认为半自耕农与佃农所缴纳地租的种类主要有三种，即分租制、租谷制和租金制，其中最普通的是纳租谷制。纳租谷制“就是佃农每年向地主缴纳一定数量的租谷，或将租谷折成相当的金钱”。但在卜

---

① J. L. Buck，W. M. Curtis 著，戈福鼎、汪荫元译《中国农场管理学》，上海：商务印书馆，1947 年，第 106 页。

② 卜凯著，张履鸾译：《中国农家经济》，上海：商务印书馆，1936 年，第 562 页。

③ J. L. Buck，W. M. Curtis 著，戈福鼎、汪荫元译《中国农场管理学》，上海：商务印书馆，1947 年，第 108 页。

④ 卜凯著，张履鸾译：《中国农家经济》，上海：商务印书馆，1936 年版，第 200 页。

凯所主持6省11处641个田场的地租类别调查中，安徽宿县与河南新郑县分租制比纳租谷制更为通行，如在浙江镇海等地方，以上两种制度（分组或租谷制）同等重要。“只有江苏江宁县（太平门）一个地方，稍有采用纳租金制的佃农（33家），可是并不普遍，不过只有纳租谷制的一半。在山西五台县，帮工佃种植，最为普通。地主供给佃农所有的一切，只有劳工与小农具，如锄头，镰刀等，是由佃农自备的。”实行分租制的租约，各处又有所不同。如安徽省宿县，“对成分租法最为盛行，三分之二的地主除供给佃农土地与房屋外，还要供给些种子。另有三分之一的地主不但供给土地、房屋、种子，同时还要供给佃农的肥料，而肥料的代价是由两方平均分担”，而“成分租的制度，在中国北部，最为普遍，但有时亦因地主是否借给种子肥料或房屋等等而稍有差异”[①]。又如“江苏兴化大竹庄，也是盛行分租制，地主除供给佃农土地，风车，水车，与种子，及肥料的一半外，有时在干旱或多雨的时候，连灌溉或排水的人工，地主也还要供给一半”。此外，“安徽来安县，对成分租制，也很普遍”[②]。由此可见，影响租额高低的因素有多种，但“大都由于风俗习惯的不同，地价的高低，土地的肥瘠，栽培作物的种类，耕耘方法的精粗，歉年减租的规定，地主供给资本的多寡，及地主能否因土地所有权而增高社会上的地位等等而大有区别”[③]。

关于地主所得的地租，或者说地主所得占总收入的百分比，这是根据田场的总收入以及地主所得的部分计算而得的。例如在江苏省江宁县（淳化镇）“只得总收入百分之二四．六，因为此处纳租较轻”。但是，在山西省五台县，“纳租甚重，地主所得，要占总收入百分之六六．六。因为该处盛行帮工佃种制，佃农除自己人工，与不重要的管理外，任何资本需要，皆由地主所供给的。”[④]

此外，卜凯对地主所得的利润也进行了研究，他认为“地主租给佃农与半自耕农的田场，可以得到年利八厘半的利润。地主的费用，大部分为赋税及田场的日常维持费，里面通常包括些种子、肥料和其他的零星费用。……

---

① 卜凯著，张履鸾译：《中国农家经济》，上海：商务印书馆，1936年，第197页。
② 卜凯著，张履鸾译：《中国农家经济》，上海：商务印书馆，1936年，第199页。
③ 卜凯著，张履鸾译：《中国农家经济》，上海：商务印书馆，1936年，第200页。
④ 卜凯著，张履鸾译：《中国农家经济》，上海：商务印书馆，1936年，第199页。

农人借贷的利率，平常每月都要二三分，甚至还要比这个高些。若拿地主投资得来的利息，和农人借贷的利率比较，地主的收入，真不算高"。但是，土地投资"是比较上安全得多，此外还有些地主，因为有了土地权，在社会上比较体面，所以对于投资的报酬，管理的时间以及荒歉的危险，每都愿意接受"[①]。从这方面来讲，"拿地主平均投资的年利百分之八．五来与以后所论到的公允纳租额来作比较，佃农的纳租额似乎还太高，而或者应当减租才好。"[②]由此我们可以看出，卜凯已经意识到中国佃农所交租额之高，应当进行减租。

卜凯认为自民国以来，佃农纳租的问题是急需解决的要务之一。"但要测验佃农的纳租是否公允，这实在是一件不容易的工作。……这里有一个方法，在这个方法中，我们对于地主方面，希望他能根据自己土地房屋的投资，得到相当的利息，对于佃农方面，希望他能藉着自己的劳力能得到相当的报酬"。[③] 在决定公平租额的方法上，卜凯主张应"将地主与佃农两方所分配的田场总收入的多寡，按着他们两方总支出的多寡，而成正比例的分配"[④]。因为"行分租制的地主，其投资的利息，应当较纳租谷制的地主所的者为高。因为分租的地方，地主管理的责任较大，而且荒年歉收，地主与佃农都遭同样的损失"。而"土地投资的利息，常较他种事业的投资为低，因为投资于土地方面，比较上最为安全，不致受社会不安定的影响"[⑤]。即土地投资虽然利息较低，但较为安全。

对于田场的收入与支出，卜凯认为这两部分都是按亩计算的，并且分为现款与非现款两部分，而收入与支出两者应当成一种正比例的关系。他利用所调查的中国北部的安徽宿州、山西五台，中国中东部的安徽来安（1921和1922年两次），浙江的镇海，福建的连江和江苏的江宁（淳化镇）、江宁（太平门、武进）的平均结果，得出9个地方佃农收入平均少得6.4%的结论。同时他又指出各处的情形大有差别，最低的是佃户少得到1.93%（山西五台），而最高的地方，佃户反多得到7.8%（江苏江宁淳化镇）。针对"佃农在田场收入中少得百分之六．四"的情况，卜凯认为"为填补到公允租额起见，我

① 卜凯著，张履鸾译：《中国农家经济》，上海：商务印书馆，1936年，第210页。
② 卜凯著，张履鸾译：《中国农家经济》，上海：商务印书馆，1936年，第212页。
③ 卜凯著，张履鸾译：《中国农家经济》，上海：商务印书馆，1936年，第214页。
④ 卜凯著，张履鸾译：《中国农家经济》，上海：商务印书馆，1936年，第215页。
⑤ 卜凯著，张履鸾译：《中国农家经济》，上海：商务印书馆，1936年，第216页。

们应当再用六．四去乘田场总收入一五．二四元，得数为〇．九八元，这就是佃户每亩应该再多得数目。至于地主每亩所得的租额，最低者为一．七三元，而最高者为一二．五〇元，每亩平均为四．四三元。若以公允的纳租方法计算，那就是以前地主所得的四．四三元，再要减去〇．九八元，只应得三．四五元。这个数目，就是按收入与支出成正比例的理由而来。换言之，佃农的支出百分率，应与其收入的百分率相等，方为平允。结果纳租办法，地主应当减去上年租额百分之二二．一，以代替中国国民政府所规定的减租百分之二五”。对此，他提出了“假使再能将佃农管理田场的才干，作为费用，恐怕减租的百分率，还需大些”的结论。同时，他又根据中国的实际，指出，“在各处实行减租，是不能按照这个平均的，应该要照各地的实在情形来作标准。盖佃农交租，多寡的相差很大”①。

卜凯认为要根据各地的实际情形调节租额。他指出“我们也深知道佃农每个成年男子单位的家庭赚款，是要比自耕农减低五分之一的。所以此种调节整理，可以使佃农生活程度，因而提高。同时也可以阻止财富分配的不均，使其不至仅集中于少数地主之手”②。由此可以看出，卜凯是主张阻止财富的分配不均，以避免集中于少数地主手中的。

卜凯重视中国的农佃问题，进而提出了改进土地租佃制的个人看法和建议。他指出，“公允租额之方法所根据之原则，即地主与佃农所分之农产品应以双方支出之现金与非现金费用之多寡而成比例。……地主所供之土地房屋与其他事物之价值必予估计，而后决定地主由其投资赢得之公允利率，但土地之投资较为安全，故须酌减租额。关于佃农所贡献之劳力与管理价值亦须确定。”③ 而“公允租额之决定对地主必须考虑其投资及督导所费心力应得一公允收益，对佃农所花劳力与管理及其家工应有公允之报酬”。据此，他建议“实际之缴租方法或由于地主与佃农双方议价而定，除非政府意欲管制缴租方法，土地供给与农人耕种需求之关系常将决定土地租额之高低”④。

① 卜凯著，张履鸾译：《中国农家经济》，上海：商务印书馆，1936年，第220页。

② 卜凯著，张履鸾译：《中国农家经济》，上海：商务印书馆，1936年，第221页。

③ J. L. Buck，W. M. Curtis 著，戈福鼎、汪荫元译：《中国农场管理学》，上海：商务印书馆，1947年，第109—110页。

④ J. L. Buck，W. M. Curtis 著，戈福鼎、汪荫元译：《中国农场管理学》，上海：商务印书馆，1947年，第110页。

卜凯对于中国农村存在的农佃纠纷也有一个渐进的认识过程，他认识到农佃纠纷和剥削在中国城乡是普遍存在的，指出“缺乏资本，高利借贷乃为今日农民之一切身问题，抑亦全国之一重要问题”。造成的结果，便是“农佃纠纷在一部分之乡村中极为显著，此种纠纷以不居本乡之地主及用代理人收租之农村为尤甚”①。此外，卜凯还指出中国传统农业社会缺乏法律制度，这往往阻碍了中国农业的进步。他以农村水权分配为例进行了说明，指出“吾国各农村因水权分配不均，致起许多冲突，由此一端，即可知农法之重要矣。地方官吏，绅董以及城市商人对于农民之种种剥削，颇为普遍。此类问题于农民捐税项内可以略见，此乃农业经济学中最显著之问题”②。

（二）土地流失问题

水土流失是土地利用和农业发展的一个重要问题。卜凯认为中国农村土地在使用过程中，因为不谨慎，造成大量土壤冲刷，致使生产锐减。实际上，“若干农地可以防治此种冲刷，且甚经济”，而对于“土壤冲刷，人类应负大部责任，因未能采取适当之谨慎。此乃中国一大问题，而黄土高原之春麦及冬麦小米两区大块面积内，尤属昭然。其问题不仅由于沃土之丧失，且以冲刷土壤，淤塞河道，并加强酿成水灾之程度及严重”。③ 可以看出，卜凯认为水土流失大都是人为造成的，进而会酿成严重的水灾。

卜凯还就土壤冲刷的原因和危害进行了探讨，他指出，“最堪注意者，厥为多数人口集中于谷地及大河流之受溢平原”。此地区的人民“曾一再袭取山岗土地，披斩树木，耕锄草土，仅以土壤冲刷为害，乃重归谷地。黄土地带多数人民仍留居高地，或生命死于旱灾，或田园毁于冲刷，将长此挣扎而无迁移之趋势；但沟峡冲刷之猛速，有如饿虎扑食，卒至被迫而迁至受溢平原，惟其地人口早已麇集。四川农民与冲刷势力之竞争情形，亦复如是；但前言此间农民得保有其田产至数百年之久，非他省所能及也”。又如在水稻地带岗岭森林的滥伐，“不徒未能以永久田场供诸渴求土地之人，且使优美谷地咸为

① 卜凯著，刘润涛译：《农业经济学对于中国农村改进之可能的贡献》，《农林新报》，1932 年第 277—279 期，第 155 页。

② 卜凯著，刘润涛译：《农业经济学对于中国农村改进之可能的贡献》，《农林新报》，1932 年第 277—279 期，第 155—156 页。

③ 卜凯著，乔启明等译：《中国土地利用》（1941 年影印本），台北，学生书局，1977 年版，第 232 页。

山岗冲至之不毛粘土所覆被”①。鉴于此，他提出“中国南部现为——且将恒为一山谷农业之地，山岗再植森林，可使土地得其利用，而民生资源增饶，庶几生活程度随之改良，且宝贵之农田，亦免于损害”②。

卜凯认为上述情况在中国北方同样存在，他以内蒙古和绥远、宁夏、甘肃、青海等西北地区为例进行剖析，指出“内蒙古之栗钙土仅用供生长刍草之用，但晚近数十年来农民迁入屯垦者风起云涌，土地多被占取，用于农业”③，使牧场的面积不断减少。西北地区，“主要者为绥远、宁夏、甘肃、青海等省，吾人但须亲身经行上述各省，即见多半沃土，业已垦种。甘肃青海两省凡有水源及沃土之处，均经耕种，其有沃土而无水源者，如种作物，所得亦微。反之，有水源而无沃土者，必无作物。农民居处是乡，历有年所，不惟耕种沃土，即山旁宜于牧场或森林一类低边际土地，亦多耕种。绥远完美牧地，用以种植作物，充其量不过为边际土地，但现已辟为田场”。在西北地区过度开发农田，致使土地逐渐退化或沙漠化，农民耕种田地的收入甚微。因此，卜凯认为易于发展畜牧业的西北地区，应该注意发展牧畜事业，“藉以羊毛肉类产品供给全国他处，似愈于开辟完美草地，而为贫瘠之农田也”④。也就是说，内蒙古和西北部诸省可垦土地面积也越来越少，更重要的是应该因地制宜，发展牧畜业。

（三）农村土地的特征

通过以上关于中国农村土地占有情况、租佃制度、收租方式以及土地流失等内容的论述，卜凯认为中国农村的土地具有以下几方面的特征。

一是土地零散。土地散碎是中国农业的重要特征之一，正如卜凯所讲的那样“个人执有散碎之田块——乃中国之通例”⑤。具体表现为，“每田场平

---

① 卜凯著，乔启明等译：《中国土地利用》（1941年影印本），台北，学生书局，1977年版，第184页。

② 卜凯著，乔启明等译：《中国土地利用》（1941年影印本），台北，学生书局，1977年版，第184—185页。

③ 卜凯著，乔启明等译：《中国土地利用》（1941年影印本），台北，学生书局，1977年版，第166页。

④ 卜凯著，乔启明等译：《中国土地利用》（1941年影印本），台北，学生书局，1977年版，第202页。

⑤ 卜凯著，乔启明等译：《中国土地利用》（1941年影印本），台北，学生书局，1977年版，第9页。

均有田五．六块，每田场有田一至五块者，占所有田场三分之二，每田场有田六至十块者，超过五分之一。小麦水稻两地带每田场田块数几乎相等，各地区每田场平均田块数自一．一至五．九不等。"[①] 所以，中国的田赋以县为单位征收，"其所以能如此者，盖因田场土地分为数块，散布各处，恒旨在使农民兼有各种土地。因此同一县内，各种土地之各种赋则，恒表示其土地生产力之差别。"[②]

土地散碎给农业生产与发展带来很多不便与阻力，使得田地的"疆界耗地，争界事多，来往费时"[③]，又"限制田丘之大小，因此限制改良农具使用之范围。且田丘四散，管理困难，盖以所种作物须防迷途牲畜，小偷及践踏等之损害。中国田场围篱罕见者，亦以土地散碎。灌溉极感困难，尤以引用私井或私有水源为最，盖灌溉水稻必须通过邻田，径行甚远，各田块间狭条土地，任其荒废者亦复不少"。同时，他对世界各国土地使用的发展趋势进行了预测，指出"各国孤立田块皆已逐渐实行重划，今则散碎现象，都成过去。中国土地亦当重划，且宜于土地测量，同时并举，或先测量而后重划"[④]，具体而言，如"重划散碎田产以减除土地分界有利耕种可垦而今未垦之土地，及推行农场之经济大小，减少农舍面积之比例"[⑤] 等措施，通过这些措施可逐步改变因地零散而带来的诸种弊端，增加耕地面积，扩大农业生产。

二是自耕农、半自耕农占比大。卜凯认为中国的农业用地多为世袭不动产，"因此百分之九三属于私有，大多为小田产。公有田，多为山地，仅占百分之一，军屯田地占百分之二，寺庙田地占百分之二弱，此外族田、义田、学田，其他田地各占百分之一弱。"[⑥] 可以说中国土地是绝大部分为私有地，

---

① 卜凯著，乔启明等译：《中国土地利用》（1941 年影印本），台北，学生书局，1977 年版，第 216 页。

② 卜凯著，乔启明等译：《中国土地利用》（1941 年影印本），台北，学生书局，1977 年版，第 203 页。

③ 卜凯著，乔启明等译：《中国土地利用》（1941 年影印本），台北，学生书局，1977 年版，第 9 页。

④ 卜凯著，乔启明等译：《中国土地利用》（1941 年影印本），台北，学生书局，1977 年版，第 221—214 页。

⑤ 卜凯著，乔启明等译：《中国土地利用》（1941 年影印本），台北，学生书局，1977 年版，第 249 页。

⑥ 卜凯著，乔启明等译：《中国土地利用》（1941 年影印本），台北，学生书局，1977 年版，第 233—236 页。

而“私有土地之一部分，大量为单独地主所有，并租与农民，乃成为中国之一重要问题，然其面积有时估计过高。农民自有之农地稍不及四分之三，租入者超过四分之一”①。

农村中各类人员田产权所占的比例是“自耕农占农民半数以上，半自耕农不及三分之一，佃农仅占百分之一七”。也就是说自耕农、半自耕农的比例大，而不同的农业地带比例也有所不同，“小麦地带农民四分之三为自耕农，而水稻地带自耕农则少于五分之二。水稻地带佃农占农民四分之一，而半自耕农则超过三分之一。各区各种田产权人数比例最大者，计冬麦高粱区自耕农占百分之八〇，水稻茶区半自耕农占百分之五三，及四川水稻区佃农占百分之四三。各地区有农民尽为自耕农者，有尽为半自耕农者，亦有尽为佃农者”②。

三是非生产用途土地比例大。卜凯认为在中国田场中非生产用途土地所占比例很大，这些非生产用途土地包括“用于农舍（用于农家住宅，农用房屋，晒场等类之土地）；用于道路，池塘，坟墓；用于牧场；用于林地；用于森林牧场；用于柴薪（草木）；及用于池塘以外之水面面积，如沟渠，河流，运河之属”③ 等。可以说，“非生产用途之面积所占在农地比例之大，出人意表”，具体就各部分的占比而言，“农舍面积占所有农地百分之三．四，如连同道路坟墓池塘及其他水面面积所占百分之四．二，则非生产用途共占百分之七．六”。而同时期的美国，“田场较大，其非生产用地，仅占百分之四．五。美国田场无坟地用途，如中国减去百分之一．九之坟地面积，所余百分之五．六之非生产面积，犹较美国百分之四．五为高”④。

中国传统风俗习惯对丧葬尤为重视，“各家皆有墓地，其坟墓或系单葬，或祔家茔”。全国各地的风俗习惯，虽有所不同，但“大抵祔葬仅限于小康之家。坟地之方位，例由堪舆家择之，有在未垦地者，但亦有恒在农地者。堪舆家仅重风水，故坟墓辄位于耕地中心，与其他各地同。耕地内之坟墓数，

① 卜凯著，乔启明等译：《中国土地利用》（1941年影印本），台北，学生书局，1977年版，第236页。

② 卜凯著，乔启明等译：《中国土地利用》（1941年影印本），台北，学生书局，1977年版，第236页。

③ 卜凯著，乔启明等译：《中国土地利用》（1941年影印本），台北，学生书局，1977年版，第204页。

④ 卜凯著，乔启明等译：《中国土地利用》（1941年影印本），台北，学生书局，1977年版，第207页。

平均每田场为三．四，小麦地带每田场为五．六，水稻地带每田场为一．六”。而就坟地本身而言，“其百分之六四在耕地内，小麦地带坟地在耕地内者在五分之四强，水稻地带不及二分之一”①。由此可以看出，小麦地带的坟墓数量要高于水稻地带的数量，所占的耕地也要比水稻地带要多。

农田中坟地，“盖不独减少农田，亦且有碍耕种。如能迁墓，即中国八大农区之作物面积将增百分之一．一，即 1032734 公顷，而此面积所能供养之农民，在 40 万农家以上，火葬能达此目的。规划周详，或就不可垦地所辟之公墓，亦可使今日农田中之坟墓面积为之大减。”② 他提出通过迁坟、火葬或详细规划的方式来减少农田中坟地面积的建议对当今中国也很有现实意义。

四是森林牧场面积狭小。中国农地用途一个重要的特点，是“作物面积比例独大，达百分之九十，而牧场面积，包括森林牧场，仅百分之一．一，其数极小”。就牧场和森林的面积来讲，“田场有牧场者，不及百分之六”③。与其他国家相比，“中国农地作物面积比例大，牧场比例之极小，森林及柴薪面积比例低，乃中国土地使用较西洋各国为集约之明证。”④ 东西方之间的主要区别也在于此，“以致其农业方式，人口密度，食物消费性质及土地使用效率，大不相侔”⑤。

而森林种植面积，“中国森林面积最小，仅百分之九，而日本最大，为百分之五七”⑥。又中国“森林及柴薪面积占百分之二．一，远低于美国林地之百分之六．六。然中国田场有森林者，只百分之七，有柴薪面积者，仅百分之四。水稻地带农民所有之森林及柴薪土地，较小麦地带农民多两倍有余”⑦。

---

① 卜凯著，乔启明等译：《中国土地利用》（1941 年影印本），台北，学生书局，1977 年版，第 210—211 页。

② 卜凯著，乔启明等译：《中国土地利用》（1941 年影印本），台北，学生书局，1977 年版，第 211 页。

③ 卜凯著，乔启明等译：《中国土地利用》（1941 年影印本），台北，学生书局，1977 年版，第 204 页。

④ 卜凯著，乔启明等译：《中国土地利用》（1941 年影印本），台北，学生书局，1977 年版，第 210 页。

⑤ 卜凯著，乔启明等译：《中国土地利用》（1941 年影印本），台北，学生书局，1977 年版，第 204 页。

⑥ 卜凯著，乔启明等译：《中国土地利用》（1941 年影印本），台北，学生书局，1977 年版，第 204 页。

⑦ 卜凯著，乔启明等译：《中国土地利用》（1941 年影印本），台北，学生书局，1977 年版，第 207—208 页。

这说明中国森林面积小，南方种植水稻地带的森林较北方小麦种植区的农民多达两倍以上。

综上所述，我们得知中国土地的实际状况是：第一，农业可耕种面积增加有限，但是，如采取必要措施，如迁移农田中的坟墓、重划散碎的土地、减除土地分界、减少农舍面积比等，“或可使现有田场面积增加百分之一〇”，就八大农业带而言，“最多能增加9307640公顷”[①]。第二，中国农地使用虽然已经较为集约，农作物耕地面积也颇大，但是仍未满足农民对粮食的需求，“对于土地物质状况之改变，亦有提高其利用程度之趋势”。所以，要想增加粮食产量，“尤须益为集约使用中国现有农地，不独在改变土地之物质状况，舍此以外，且在改进作物与动物生产之技术。中国农业如能实行更集约方法及新式技术，则其农业生产总额可增百分之二五”[②]。由此可以看出，卜凯认为提高农业生产的方法在于实行更为集约的方法和采用新式农业生产技术。

二、农业问题

（一）农业生产带的划分

卜凯以“影响土地使用方式及其成功之因素为根据”[③]，将其所调查区域的农地划分为两大农业地带，即小麦地带与水稻地带，进而又细分为八个分地带，即春麦区、冬麦小米区、冬麦高粱区、扬子水稻小麦区、水稻茶区、四川水稻区、水稻两获区、西南水稻区。卜凯对每个分地带的土地状况及所需要注意的事项都进行了系统考察，并根据不同农业生产地带的实际情况提出了相应的利用建议。

第一，春麦区。卜凯指出春麦区北界为草原及垦殖沙漠的边界，西界为青海。大致包括今陕西、山西北部，青海、甘肃、陕西、宁夏、内蒙古、河北部分地区。春麦区地势极为崎岖不平，“为高岗、低岭及狭窄之灌溉谷地”，

① 卜凯著，乔启明等译：《中国土地利用》（1941年影印本），台北，学生书局，1977年版，第249页。

② 卜凯著，乔启明等译：《中国土地利用》（1941年影印本），台北，学生书局，1977年版，第251页。

③ 卜凯著，乔启明等译：《中国土地利用》（1941年影印本），台北，学生书局，1977年版，第23页。

全区海拔在“一千至三千公尺不等”①。气候冬季干冷多风，降雨量少，且极多变化，气温差在六十一度，农作物生长季短促。土壤为钙质土土壤，以栗钙土为主，兼有黑钙土和漠钙土，土壤有机质含量少，“卒以雨水缺少，灌溉不变，地势不良，致冲刷愈甚，故其生产能力有所限制”②，“作物产量甚低，约当全国平均产量84%”，以致农民“常取山岭野草，积而焚之，以供山下所需之肥料”。③ 全区耕地面积为56980平方公里，农作物以小米为主，其他农作物为莜麦，少量高粱。“每平方公里耕地面积之农村人口密度，在三三一左右，为各区最低者，然其产量及生活程度亦皆最低，足见本区为中国不宜农业生产之处。当地人民罕有迁出者。本区少数可用之地，为迁入之人所殖居，大多来自陕西、山东、河北，而经商者则多来自山西。”④

此外，春麦区远离经济发达地区，交通极为不便，“甘肃、青海无铁路，最近仅西安皋兰（兰州）间始有汽车公路，北部绥远察哈尔两省，平绥铁路经行其间。其他长途运输方法，或以骆驼，或以牛皮制筏，装载产品，随黄河下浮。骡马装运动物，乃田场至当地市场最普遍之运输工具，而其次要者，则为大车，驴与帆船”⑤。

根据春麦区土地、气候以及交通的特点，卜凯对本区农业的发展提出了三条建议，其一，在西部边界一带及山顶较高之处，适宜发展畜牧业的地方积极发展畜牧业。其二，改良育种，防治动物病疫及栽种良刍草。其三，改良运输，将有裨于畜产之输出，及所需食料之输入。

第二，冬麦小米区。冬麦小米区占黄土高原的大部，包括渭河平原、汾河平原、太原平原、山西大部、甘肃陕西秦岭部分，大致为今天的山西、陕西及甘肃东南部，河南西北部及河北中北部地区。北界春麦区、南邻水稻区，东界在河南境内，土壤“除东部山麓区域之轻度灰化土壤外，为石灰性极淡

① 卜凯著，乔启明等译：《中国土地利用》（1941年影印本），台北，学生书局，1977年版，第58页。

② 卜凯著，乔启明等译：《中国土地利用》（1941年影印本），台北，学生书局，1977年版，第60页。

③ 卜凯著，乔启明等译：《中国土地利用》（1941年影印本），台北，学生书局，1977年版，第63页。

④ 卜凯著，乔启明等译：《中国土地利用》（1941年影印本），台北，学生书局，1977年版，第65页。

⑤ 卜凯著，乔启明等译：《中国土地利用》（1941年影印本），台北，学生书局，1977年版，第61页。

栗钙土类之栗钙土，此土自然肥力甚高，惟所含有机物质则少”。本区“雨量低少，灌溉缺水，且地势不良，易于冲刷，故土壤生产能力，多所限制，与春麦区之土壤相似”。对此，卜凯以该区的河北阜平县为例进行分析，指出“其地租多寡视山地土壤深浅而定。农民开辟山坡，仅能耕种小米三四年，其后土壤悉遭冲刷，乃另垦新地，而旧者任其生长蔓草，载经岁月，新土重生，地力以复。本区山岗均无森林，河流以时泛滥，谚故有曰：[穷山恶水]”①。本区的农作物，有冬小麦、小米、棉花及高粱四种。

冲刷、灌溉、旱作、施肥，为冬麦小米区特有的问题。卜凯认为本区“目前虽有一部分灌溉计划，正在进行中，但尚多发展余地。井水灌溉，尚可扩充，若能使贷款设备优良，灌溉方法便宜，则更可扩充。在雨量稀少之区，土壤水分之保持，极为重要，而现行方法之能予以改良，可无疑增加肥料来源，并以作物副产多饲家畜，少作燃料，当为解决施肥问题之一助”②。

第三，小麦高粱区。卜凯指出“华北大平原占冬麦高粱区面积五分之四”③，耕地面积为308191平方公里，占总面积的68%，占全国耕地面积的35%，“故本区乃全国极重要之农业生产区域，亦全国农业改良计划所当特别注意者”④。包括河北、山东及河南大部分地区，江苏与安徽的北部。其“北界即沿河北行省北界之春麦区，西界即大平原边际500公尺（作者注：公尺即米，500公尺等高线即500米等高线）之等高线，南界为水稻线，西起汉水流域，入河南，经淮河之南，洪泽湖之北，至新洋港口，而抵于海”⑤。本区地势平坦，与中国北部灾荒颇有重要之关系。各河虽建有坝堤，但其流床时常淤塞，以致洪水四溢，河流经常改道。土壤以石灰质冲积土为主，兼有砂土菖、棕壤。降雨量平均为609公厘（作者注：公厘即毫米），大多集中于夏

① 卜凯著，乔启明等译：《中国土地利用》（1941年影印本），台北，学生书局，1977年版，第67页。

② 卜凯著，乔启明等译：《中国土地利用》（1941年影印本），台北，学生书局，1977年版，第70页。

③ 卜凯著，乔启明等译：《中国土地利用》（1941年影印本），台北，学生书局，1977年版，第71页。

④ 卜凯著，乔启明等译：《中国土地利用》（1941年影印本），台北，学生书局，1977年版，第73页。

⑤ 卜凯著，乔启明等译：《中国土地利用》（1941年影印本），台北，学生书局，1977年版，第72页。

季，冬季则几无雨雪，“灌溉面积散布各处，多用水井，且大都在北部较旱之区”①。

卜凯认为该地区主要工作是“防除农业风险——大多为水旱风险”。“此种风险得以三种管理计划减少之：保护水源之植物，一也；广建灌溉工程及河防工程，二也；改良经济组织，如作物保险，三也。防治黄河为最急要之问题，且耗费最巨”。将“保护水源植物”“广建灌溉和河防工程”以及“改良经济组织”作为防除农业风险的有效措施。同时，还应“致力设造防风林，亦可减少风力冲刷之烈害，尤以本区北部须特加注意”②。

第四，扬子水稻小麦区。本区包括江苏、安徽与湖北的大部分，以及浙江的北部地区。本区主要在江苏境内，包括江西、湖南部分地区。本区土壤，种类繁多，大致包括，“石灰冲积土及水稻土，生产力最高。进灰壤与灰化老年及幼稚红壤次之，惟较南部老年红壤之生产力为强；沿海之盐质冲积土，生产力最低”③。本区耕地面积为104450平方公里，水稻为本区最重要的农作物，耕种面积最多，占扬子水稻小麦区的61%，棉花、冬小麦及大麦次之，而桑树在长江下游三角洲附近无锡、湖州及杭州等地种植面积较广，生长极盛。又本区稻田的灌溉用水大都依赖天然雨水，“天若不雨，或雨水不时，必遭损失”④。

此外，扬子水稻小麦区“为自平坦而渐趋起伏之受溢平原，护以纵横交错之坝堤，且杂有多数江湖运河及低环山岗，并少数岭峨多石之山脉，蜿蜒期间”⑤。因此，本区，“防治江淮水患，注意低田排水及开垦沿海低地，皆为本区当务之急”。卜凯建议，本区防洪“坝堤建筑与保护之法，尤须讲求。

① 卜凯著，乔启明等译：《中国土地利用》（1941年影印本），台北，学生书局，1977年版，第73页。

② 卜凯著，乔启明等译：《中国土地利用》（1941年影印本），台北，学生书局，1977年版，第76页。

③ 卜凯著，乔启明等译：《中国土地利用》（1941年影印本），台北，学生书局，1977年版，第78页。

④ 卜凯著，乔启明等译：《中国土地利用》（1941年影印本），台北，学生书局，1977年版，第79页。

⑤ 卜凯著，乔启明等译：《中国土地利用》（1941年影印本），台北，学生书局，1977年版，第76页。

利用山地，造林放牧，亦治水计划之一部分工作”①，他积极倡导防治水患和造林放牧。

第五，水稻茶区。水稻茶区大致包括今天的江西、浙江、湖南、湖北、福建等地的大部以及安徽南部与广东的北部地区。本区农作物主要为玉蜀黍、茶叶、黄豆、小麦、桐油及甜薯等，全国的茶叶，大多产于本区。本区降雨灌溉水源，大都为雨水、泉水。土壤主要分为三大类，即灰化老年黄壤、较高地之灰棕色准灰壤以及深度与中度灰化老年红壤。三类土壤都是淋溶性土壤，土壤有机质含量低。

本地区地势不平，“土壤贫瘠，雨量甚高，故其大部岗岭之地，非为森林，即系不毛”②。因此，卜凯认为“山地利用之得宜，首当发展交通及设备运输，而地方洪水泛滥之防治，造林及森林之管理，尤为急要”③。指出水稻茶区造林和森林管理的重要性。

第六，四川水稻区。本区西界约三千半等高线，北界为汉水流域植被，东界为扬子水稻小麦区，南界起自四川、湖南、贵州三省交界点，西界沿黔江行，大致为四川盆地的南部地区，大致包括今天的四川、重庆、贵州东北部、湖南西部及湖北北部等地。气候温和，全面降雨量约为865毫米，但旱灾有时亦奇烈。土壤为紫棕土壤最多，此土较为肥沃，其他土壤如“成都平原之石灰冲积土及水稻土，皆经灌溉，极为肥沃，而附近山区之棕色、灰棕色准灰壤及黄壤，则肥力稍逊”④。农作以水稻为主，还种植鸦片、油菜籽、玉蜀黍及小麦等。“春季作物为水稻，半余为玉蜀黍，而种于冬季作物以后之夏季作物，则以水稻及玉蜀黍为主”，“冬季作物为鸦片，油菜籽及小麦。”四川水稻区与其他农业区不同的是，本区“冬季作物约占作物面积二分之一有奇，耕地复种者约三分之二有奇”⑤。

---

① 卜凯著，乔启明等译：《中国土地利用》（1941年影印本），台北，学生书局，1977年版，第83页。

② 卜凯著，乔启明等译：《中国土地利用》（1941年影印本），台北，学生书局，1977年版，第83页。

③ 卜凯著，乔启明等译：《中国土地利用》（1941年影印本），台北，学生书局，1977年版，第88—89页。

④ 卜凯著，乔启明等译：《中国土地利用》（1941年影印本），台北，学生书局，1977年版，第90页。

⑤ 卜凯著，乔启明等译：《中国土地利用》（1941年影印本），台北，学生书局，1977年版，第91页。

此外，卜凯认为，“本区与中国他部间运输设备之改良，将大有裨助于土地利用之完善，盖然后产物益能易于交换，而本区特宜之产物亦能广为栽种。本区山地之为边际耕种方式者，显然为数颇多，用于造林或栽植特产树木较为愈也”①。

第七，水稻两获区。水稻两获区北界为水稻茶区的南界，西界从桂林以西至西南到龙州以南地区，大致为今天的贵州中南部、四川西部、云南北部以及广西中西部以及广东北部等地，以及福建和江西的南部地区。本区除广西中部及广东若干部分为喀斯特地形外，与水稻茶区无甚区别。本区“面积为 385159 平方公里，其中已耕者为 13%，凡 49611 平方公里，仅占八大农区耕地面积 6%。其未垦地之作生产用途者，超过三分之二，其最重要者为草地，占有生产未垦地 46%”②。全年降雨量最高且分布完善，降雨量约为 1753 毫米。土壤多为红壤或准红壤类，土质容易冲刷，淋溶甚烈，肥力较低，需要施用重肥提高农业产量。

通过对本区的调查，卜凯认为“本区广大山区之利用，必须特别留意；其次草地利用，亦须审慎研究。惟以土壤大遭冲刷及淋溶，其集约耕种，殆不可能。其他替代方法为改作牧场林地，而在方位较优之地，则宜栽种特产树木。如桐树茶树之类。排水工作为三角洲内特有之问题，而改良灌溉方法则为全区所当注意之事也”③。

第八，西南水稻区。本区东界为水稻茶区的西界，北界西至四川叙府，西界和南界均为中国国界，大致包括今天的贵州南部、广西南部、云南等地。本区气候变化不大，每年降雨量为 1143 毫米，全年分布适宜，生长季长。土壤约分为三类，即“微度至中毒灰化老年及幼稚黄壤，酸性反应甚强，为劣等农田；老年红壤，冲刷淋溶甚剧，因此为极劣农田；紫棕色土，范围较小，为优等农田”。此外，稻田土壤大多为冲积土壤，生产能力中等而至高等。“黑钙土

① 卜凯著，乔启明等译：《中国土地利用》（1941 年影印本），台北，学生书局，1977 年版，第 93 页。

② 卜凯著，乔启明等译：《中国土地利用》（1941 年影印本），台北，学生书局，1977 年版，第 96 页。

③ 卜凯著，乔启明等译：《中国土地利用》（1941 年影印本），台北，学生书局，1977 年版，第 98 页。

色黑而肥，散见各处，面积甚小”[①]。本区农作物以水稻最饶，还适宜种植鸦片。冬季作物占作物面积五分之二以上，其中以鸦片最为重要，蚕豆次之。“水稻种于春季，以为第一次作物复种于夏初，鸦片或蚕豆之后，以为第二次作物”[②]。

卜凯认为“本区与国内各地运输之改良，为最大之需要。如有此种改良，则鸦片种植易禁，而山旁又可备充造林及其他特产树木之用”[③]，指出运输改良在本区的重要性。

通过对中国八大农业区的论述，卜凯认为中国农业地带“改变数量最大者，厥为调解土壤之水分状况，其法不一，或为灌溉，或为排水。土壤状况更假施肥改变之，其法或任其冲刷，或加以防止，或建造梯田，以变更斜坡，有时或至颠倒土壤之层次”[④]。对于土壤冲刷，卜凯认为，“土壤冲刷，人类应负大部责任，因未能采取适当之谨慎”。对此，他指出，“中国农地之使用，造成大量之土壤冲刷，以致生产锐减，苟非农地使用，将不发生冲刷作用”，农民如果采取适当措施，“若干农地可以防止此种冲刷，且甚经济。其他农地或难防止，必须复为牧场或林地”[⑤]。

关于排水与灌溉，他认为两者的增多与改善是决定增加中国作物产额的两大要素，“两者目的皆在改良土地，以便作物生长”[⑥]。而灌溉用水的主要来源又各不相同，“依其重要次序，为河塘、井及沟渠。小麦地带各区以井水灌溉者，约四分之三，而水稻地带得之于河流者三分之二，得之于池塘者二分之一强，冬麦高粱区以井水灌溉特重”[⑦]。在排水方面，卜凯认为“苟非排

---

① 卜凯著，乔启明等译:《中国土地利用》（1941 年影印本），台北，学生书局，1977 年版，第 100 页。

② 卜凯著，乔启明等译:《中国土地利用》（1941 年影印本），台北，学生书局，1977 年版，第 102 页。

③ 卜凯著，乔启明等译:《中国土地利用》（1941 年影印本），台北，学生书局，1977 年版，第 104 页。

④ 卜凯著，乔启明等译:《中国土地利用》（1941 年影印本），台北，学生书局，1977 年版，第 224 页。

⑤ 卜凯著，乔启明等译:《中国土地利用》（1941 年影印本），台北，学生书局，1977 年版，第 232 页。

⑥ 卜凯著，乔启明等译:《中国土地利用》（1941 年影印本），台北，学生书局，1977 年版，第 232 页。

⑦ 卜凯著，乔启明等译:《中国土地利用》（1941 年影印本），台北，学生书局，1977 年版，第 225 页。

水主干，畅流无碍，则各地排水方法之价值有限”。而关于田场排水的方法，“除明沟外，别无方法，而用明沟渠者，据报占所有土地百分之五，至瓦罐排水法则决无之。适当之排水方法，不惟可减农业之风险，且可增通常年之作物产量。扬子江受溢平原，堤圩如织，即系防水之一例。”他指出这些堤圩“不仅筑于沿河流域，而各地四周亦单独或合力建筑内堤，以防止河堤缺口，或大水淹堤”。因此，应严禁建筑内堤。因为，每增加一堤坎，而附近无堤之地，“水势益高，奚啻‘以邻国为壑’。故扬子受溢平原虽堤圩如织，反致江道狭，而载力减，一旦泛滥，水位更高”①。致使村庄和良田受灾，进而他以1931年江淮流域水灾为例进行说明，指出“民国二十年之大水灾，则江河猛溢，平原淹没”，损失惨重。“人类如欲利用此种区域，必须能免于此等周期与不可避免之损害，或防止其再发，或迁移他方。实行水灾保险等经济组织，以弥补作物灾歉之损失。然从事任何大规模改良计划，必先熟虑其在经济上之可能性。”② 为弥补灾歉损失，卜凯在中国比较早地提出了实行水灾保险和经济承受力的建议。

此外，卜凯还认为灌溉与施肥是决定小麦地带农作物产量大小的通常要素。“苟灌溉水源优良，有机质肥料充足，则此类土壤能致大量生产”，如果“施肥过重而无灌溉，亦必有恶果”③。然而，从中国农业地带的实际情形分析“小麦地带灌溉面积仅百分之一八，水稻地带则达百分之六二，盖其地水稻为主要作物，且必须灌溉。小麦地带水恒缺乏，地势不宜，或土壤多孔，故灌溉有限”。④ 小麦地带虽然缺水，灌溉范围小，但“首应注意防治水灾问题，包括造林与工程计划；其次注意一切灌溉水源之利用，及求灌溉方法之低廉，举凡旱作方法，防止冲刷，及西北改良牛羊畜牧业，皆为改良事项，尤系小麦地带农业改进当务之急”⑤。提出防治水灾、利用低廉灌溉的方法和

① 卜凯著，乔启明等译：《中国土地利用》（1941 年影印本），台北，学生书局，1977 年版，第231 页。

② 卜凯著，乔启明等译：《中国土地利用》（1941 年影印本），台北，学生书局，1977 年版，第231—232 页。

③ 卜凯著，乔启明等译：《中国土地利用》（1941 年影印本），台北，学生书局，1977 年版，第163 页。

④ 卜凯著，乔启明等译：《中国土地利用》（1941 年影印本），台北，学生书局，1977 年版，第53 页。

⑤ 卜凯著，乔启明等译：《中国土地利用》（1941 年影印本），台北，学生书局，1977 年版，第58 页。

防止冲刷是小麦地带农业所急需改进的。

卜凯很重视农业生产所需的肥料，特别是人造肥料，认为人造肥料“仅尚在始用时期，且均系输自外国。现用主要肥料为厩肥、人粪、灰、油饼，及绿肥作物等有机质。土地较优者，施肥亦佳，惟增用人造肥料，更将增加生产无疑”[①]。因而，建议使用人造肥料，以增加农业生产。

（二）农业生产方式

卜凯指出“凡同一区域内之农人常取同样之农业方式，一区域之农业方式乃多年农事经验之结果”[②]，然而，每一个农业区的农业方式种类有着很大的不同，而决定这些农业方式的因素主要有“气候、土壤、地形、运销成本与市场距离、与其他作业之竞争、产品相对价值之变迁、物品生产过剩与不足之循环、市场之特殊需要、地价、资本获得之难易、人工供给、野草虫害与病害、风俗与邻人之农业方式、个人之喜恶因子如饮食习惯等”[③]。而实际上，通常是由两种或多种因素组合决定一个农业区的生产方式，“惟有时仅有一重要因子为决定之因子，有时则难决定何以某一地区而有某数种之农业方式，农业方式之决定因子中通常以自然因子（气候、土壤及地形）为最重要。”[④] 可见气候、土壤和地形是决定农业方式的最主要因素。卜凯认为降雨量的多少对农业影响很大，而中国降雨的特点是，“由东南往西北渐次递减，直达广大沙漠区为止。华南水稻地带之全年降雨量（雪亦折雨计入）为五一寸，但华北之小麦地带仅有二一寸，两地带间之差异，低者十二寸，高者八十五寸。雨雪降落之全年分配情形殊为重要。小麦地带夏季之降雨量约占全年雨雪量总计三分之二，冬季之雨雪量仅占全年之总计量百分之五，春秋二季之降雨量约略相等。虽然春秋二季之量较冬季为多，仍为缺少，不能适时种植作物。”[⑤] 华南与华

---

① 卜凯著，乔启明等译：《中国土地利用》（1941年影印本），台北，学生书局，1977年版，第232页。

② J. L. Buck，W. M. Curtis 著，戈福鼎、汪荫元译：《中国农场管理学》，上海：商务印书馆，1947年，第135页。

③ J. L. Buck，W. M. Curtis 著，戈福鼎、汪荫元译：《中国农场管理学》，上海：商务印书馆，1947年，第138页。

④ J. L. Buck，W. M. Curtis 著，戈福鼎、汪荫元译：《中国农场管理学》，上海：商务印书馆，1947年，第139页。

⑤ J. L. Buck，W. M. Curtis 著，戈福鼎、汪荫元译：《中国农场管理学》，上海：商务印书馆，1947年，第140页。

北两地区湿度的差异冬季更为明显，“小麦地带冬季之空气干燥，树木及灌木常受干冬，树苗常用草铺盖，或涂泥土，使其干成块状，以保护之，葡萄藤往往埋于土内。小麦地带之空气干燥而常刮大风致使蒸发量较水稻地带为大。此种情形殊为不佳，因小麦地带之降雨量已属甚低故也。”①

卜凯认为农业生产方式“通常用于表示一地区内各种农场作业（作物或牲畜）之组合，决定农业方式之最简单而普通之根据为主要进款来源”。根据农业主要进款农作物的不同，他将农业方式划分为“稻作，麦作，柑橘栽培，养猪及养蚕诸种农业方式，亦有大别之为谷类，果木，牲畜等”几种农业方式。又根据作业的混合程度不同，将农业生产方式划分为专业农制和混合农制亦称普通农制两种。专业农制指仅有一种主产农作物的生产方式；混合农制或普通农制指出产数种产品而无一种产品较另种产品为重要的生产方式。他又根据农场经营的集约程度将农业生产方式分为集约农制与粗放农制。即“每单位面积之土地需要资本与劳力多者为集约农制，每单位需要资本与劳力少者则为粗放农制”②。

对于农业集约耕作，卜凯将中国与其他国家的状况进行了比较，指出“中国各种产量优于印度或苏联，但不及日本，且逊于意德英美诸国。此盖水旱为灾，土壤侵蚀，肥料不足，虫病不治，种子不良，有以致之”③。他又以小麦、玉米、山薯、水稻为例，就中美两国生产状况进行更为细致的探讨。认为“中国耕种小麦确是要比美国来的集约，在生长季里面至少要中耕一次或二次不等，而施肥亦常在一次或一次以上。……还有一件可以影响于产量多寡的事实，就是中国在淮河以南，种植小麦大都是用散播，北部方用那比美国所通行的行间宽出三四寸的条播。中东部小麦是种在稻田里的冬季作物，因而排水不佳，通常都是种在宽约二尺至四尺的畦上，畦间的水道当然是不能生产的，虽然如此，可是产量通常并不低于以小麦为主产的北部，有时候或者要高点”④。中国和美国都是玉米种植的主要国家，但就产量来说，“中

① J. L. Buck，W. M. Curtis 著，戈福鼎、汪荫元译：《中国农场管理学》，上海：商务印书馆，1947 年，第 140 页。

② J. L. Buck，W. M. Curtis 著，戈福鼎、汪荫元译：《中国农场管理学》，上海：商务印书馆，1947 年，第 135 页。

③ 卜凯著，乔启明等译：《中国土地利用》（1941 年影印本），台北，学生书局，1977 年版，第 15 页。

④ 卜凯著，张履鸾译：《中国农家经济》，上海：商务印书馆，1936 年，第 289—290 页。

国和世界上产玉蜀黍最多的美国比较起来，还不到一半。玉蜀黍的耕种方法，粗放的程度尚不逮高粱，而产量竟如此之低，最少有一部分系由于种子与耕种方法的不良。中国有很多地方，适宜于玉蜀黍的生产，而玉蜀黍在食粮上的价值，亦较高粱为优，因此玉蜀黍栽种面积是否应当扩大的一个问题，实在有就加以考虑的必要”。关于山薯的产量，他指出“中国也比美国高出二．八倍，一部分由于中国所花于翻藤的人工很多，因此藤上不易生根；而中美土壤或者不同也是原因之一”。就水稻的产量而言，“中国确系比美国高出百分之五二，这里面一部分系由于耕种方法的较为集约。中国稻作在生长季里面必须中耕几次，而对于增加有机质肥料的一层，也要花费不少的劳力和资本。中国气候是否较美国宜于稻作，还是一个尚待研究的问题。日本的气候和土壤和中国大致仿佛，可是稻的产量要比中国高五分之一，这实在是日本稻作较尤为集约的一个证明”①。在这几种农作物中，中国耕种小麦、山薯、水稻的种植都比美国集约，这是产量比美国高的主要原因，玉米产量还不到美国的一半，建议应改良种子与耕种方法、扩大栽种面积。

卜凯认为要实现农业的集约耕种必须做到以下几点，“一、土壤之充分耕耙。二、多加肥料。三、多灌溉与排水而注意于方法之改进。四、防除病虫害。五、改良种子。六、改良畜种。七、多栽集约作物，使每单位出产之食粮增多，而多得利润。例如果树、球茎与纤维作物之栽种。八、用经济的方法管理田场，使人工资本等所费较少，而获利则与普通田场相等，或竟超过之。”② 这八个方面构成了卜凯农业改良的核心，以此为据，卜凯认为，中国农场经营并不是越大越好。“凡中等之农家，如有二成年之男工及一役畜时，其最适合之作物面积，为四十亩。盖此种面积足以提高农家之生活程度，而使之较一般农家为优也。有少数干练之农场主，若有一成年男工为自助，至少可以经营作物面积五十亩。至大于四十或五十亩之作物面积之农场，从大体观之，似已超过中等农家之所需要。故其经营效力，亦自降低，而所得赢利，亦不能按以前之比例而增加矣。”③

① 卜凯著，张履鸾译：《中国农家经济》，上海：商务印书馆，1936年，第292页。

② 卜凯著，张履鸾译：《中国农家经济》，上海：商务印书馆，1936年，第193页。

③ 卜凯著，孙文郁译：《河北盐山县一百五十农家之经济及社会调查》，《金陵大学农林科农林丛刊》，1929年第51期，第50页。

卜凯认为中国农业方面的三大问题是，“生产每单位农产品所需劳力费用的高昂，终年间工作支配的不平均，与田场太小，常有无事可做”[①]。究其原因，可归纳为农场面积零细、生产力薄弱、人口繁密、劳力过剩、农民积蓄缺乏、水利不修、交通不便、森林太少、缺乏信用组织等[②]。

卜凯非常关注农业生产劳动力问题，指出，“中国田场劳动力之主要来源，厥为人力，畜力次之。土地使用方式，端系于此。人力既多，工资遂贱，致与其他潜伏力源，如昂贵机器之属，竞争甚烈。故手工方法之生产总量，虽稍逊于使用机器，尚能存在。”中国劳动力虽然丰富，但使用很不均衡。“当栽种收获农忙之日，所有劳力，犹感不敷，女工占田场工作百分之一三，童工占百分之七者，职此之由，男工占百分之八十，比例最高。由于农忙期间及大田场，故必添用雇工。田场工作中雇工所任者，凡百分之十五，其在美国，达百分之三十。”[③] 即中国农家在栽种、收获农忙时，劳动力缺乏，有15%的农家雇佣短工。

畜力是农业生产所必不可少的，卜凯对中国农家的家畜情况很是重视，指出“中国家畜用于驮载目的者四分之三，而仅有四分之一用于生产目的——即利用其皮，肉，卵，毛等等是也。最重要之三种家畜，厥为黄牛，或载货之牛，水牛与猪，绵羊，骡、驴，山羊，亦皆为特殊之家畜，然其经济价值仅居次要”。与英美两国比较，“家畜供驮载用者，英国仅占十分之一，美国占百分之二二”[④]。由此可见，中国饲养家畜主要用于农业生产的运输，这也是中国畜牧业不发达的原因之一。

然而，由于“田场劳力大都耗于耕种及收获等田场工作，凡此工作又皆在农忙期间，故节省劳力之法，诚属刻不容缓”。他以麦收为例，指出“中国小麦作物面积，约与美国相埒，且在某一区域内，实以镰刀，尽两星期，尽割其麦”[⑤]。由于生产技术落后，需用半个月的时间才能完成割麦子工作。

---

① 卜凯著，张履鸾译：《中国农家经济》，上海：商务印书馆，1936年，第427页。

② 卜凯著，张履鸾译：《中国农家经济》，上海：商务印书馆，1936年，第561—565页。

③ 卜凯著，乔启明等译：《中国土地利用》（1941年影印本），台北，学生书局，1977年版，第13页。

④ 卜凯著，乔启明等译：《中国土地利用》（1941年影印本），台北，学生书局，1977年版，第11—12页。

⑤ 卜凯著，乔启明等译：《中国土地利用》（1941年影印本），台北，学生书局，1977年版，第13页。

此外，每个“田场工资，包括膳食诸项在内，每年仅及86元。健全男子之为长工者，仅逾三分之一；为短工者几过半数”。短工的人数要大大超过长工人数，一个“健全男子之休闲时间，每年平均1.7月。冬季农闲实占五分之四，每健全男子疾病时间平均6日”。农民工作不饱满，农闲时间长，无事可做，“各地区报有此种缺乏者，逾三分之二。易言之，现行手工方法，使全年田场劳力不能较为均分”。鉴于此，他提议“农忙时，实行劳力节省法，则可免此困难”，同时让“一部分农民亦得以全力从事他业，职业及工业之发展，半赖机器，盖一旦引用机器，则工作之耗力特多者得以节省”①。

三、农民问题

农民问题是“三农”问题的核心，对于这一问题，卜凯有着系统的论述。人们要维持自身的生存与发展，必须在生活过程中消耗一定数量的消费资料，诸如食物、衣服、房屋等。卜凯认为观察农民的生活程度，可以从农民“所消费之食物质量，房屋，衣着及家具之种类，负债与储蓄之数额，以及婚丧等特别事故之费用测之”②。为此，卜凯对其所调查地区农民的衣、食、住、行和日常生活消费等方面的状况进行较为详尽的研究。

第一，衣着。卜凯认为中国农民的平时生活、工作和特殊节日的衣着多为棉织品，“其材料多取诸棉，棉系最贱原料之一；工作服装十分之九，装饰服装四分之三，咸属棉织”。而“棉纱之衣，夏日良宜；惟较寒之区，冬日铺棉为衣，殊感笨重，显难保温，羊毛虽贵，较可御寒”③。也就是说棉织品夏天比较适宜，但冬天则显笨重，很难保温御寒，而羊毛制品虽可御寒，但价格较贵。

第二，饮食。卜凯认为中国农村一般农家和小康之家在饮食方面有着一定的差异。平常多为一日两餐，“春秋两季及夏季之后半，农人工作甚忙，故一日皆三餐。小康之家，中饭多为小米或玉蜀黍馍饼。至早晚则多食白高粱馍，因较为经济也。初夏收获小麦之时，农人饭食，皆较他时期为佳，在此

① 卜凯著，乔启明等译：《中国土地利用》（1941年影印本），台北，学生书局，1977年版，第15—16页。

② 卜凯著，乔启明等译：《中国土地利用》（1941年影印本），台北，学生书局，1977年版，第16页。

③ 卜凯著，乔启明等译：《中国土地利用》（1941年影印本），台北，学生书局，1977年版，第17页。

四五十天中，农人中饭时，几皆食用小麦面及馒头。”① 传统节日，特别是农历新年的花费和时间也颇有讲究。新年中“娱乐方面所化的时间最多，一年四季没有一个时期能及得上这几天。家里每人至少都要多添一件新的衣衫，就是穷点，少不了还要换双新鞋。此外还要买点爆竹，并且还需留点钱，以供饮酒赌博的开支。这时期食物方面的开支最大，不但要多预备鸡猪鱼鸭等荤菜，有时还要预备年糕及荤点心，以便新年中飨客之用”②。

第三，房屋。中国农民的房屋，“包括住宅，其大小，建筑材料及货币价值，各不相同”。房屋高度，“以椽为度，则每田场房屋空间平均皆在488立方公尺以上”。房屋的建造材料，“所有房屋半系土墙，其用砖墙者仅四分之一。屋顶盖瓦者半，覆草者四分之一。泥地者逾八分之七，内外屋墙，多涂灰泥尤以较大田场为普遍”。农家的房屋，“每人平均所拥室数，凡1.3间”，且这些房屋“多兼用为卧室，仓房，及安置农具，牲畜之所”。在房屋建造上，中国农民的房屋“均少窗，意在防贼，多数地方，系缘迷信。屋内空气不通，光线不足，地面恒潮湿，不易保持清洁。泥墙经暴雨，辄致松塌，屋顶覆草，常召火灾”，这些都是中国农民房屋的弊端。并且，中国农民房屋内的家具甚是简陋，“屋内器具设备不多，平均每屋只有28件，包括床、长凳、短凳、桌、箱、便桶之类，间或有椅。其中未加油漆者七分之四，粗糙不平者五分之一”③。

通过对中国农家住房的调查，卜凯认为普通中国农人的住宅谈不上舒适，“仅避风雨而已，住宅与厩房，常不分开。住室同时亦系仓廪，家中数月之粮，以及待售之谷，亦藉此堆集”。而由于房屋建筑大都是土坯墙，“夏日在暴风雨的时候，北部平原中的房屋，常有为风雨所冲倒的危险，而在发生水患时，土墙一遇水来，极易被浸软而倾圮。如遇暴风雨的时间较长，则存粮种子，每因倒屋而全行漂失，结果每能使灾患的程度，因此而更形严重”。而要解决房屋被水冲刷，减少受灾程度，卜凯认为，“莫如供给农人以长期借款，使其能建造较坚固的房屋，或较坚固的仓廪”④。

---

① 卜凯著，孙文郁译：《河北盐山县一百五十农家之经济及社会调查》，《金陵大学农林科农林丛刊》，1929年第51期，第128—129页。

② 卜凯著，张履鸾译：《中国农家经济》，上海：商务印书馆，1936年，第543页。

③ 卜凯著，乔启明等译：《中国土地利用》（1941年影印本），台北，学生书局，1977年版，第17—18页。

④ 卜凯著，张履鸾译：《中国农家经济》，上海：商务印书馆，1936年，第534页。

民国时期农村的住房大都“没有纱窗纱门的设备，因此无法抵御蝇蚊，疾病死亡，因而增多，而感受许多并非人力不能避免的损失”。针对中国农家住房所存在的卫生清洁问题，卜凯提出了解决办法，“假使所住的房屋，地面能有砖砌或地板，墙壁很光滑，而天花板与烟囱也齐整完备，那末就连在心理上，也当然要比较上节所叙述的那种房屋，更容易保持清洁点”①。

第四，交通运输以人力为主，运输方式亟须改进。卜凯指出，“中国境内距离遥远，加以运输方法古陋，故以扁担肩运货物，其用大车帆船者较少。致令田场距离市场之远近，为决定生产方式之一要素。现行运输方法过于古陋，故以扁担负物径行40至300公里者，所费凡1.01元，帆船则仅0.24元。铁路及轮船运输虽渐增加，然仍盛行用力较多，而收效渐少之各种方法。且道路不修，运输效率，运销时间，俱受限制。”② 所以，他提出，“中国之农业，如采用近代运输制度、经济组织、与技术上之改良，则可自给自足。中国矿产之蕴藏，足可适应相当之实业发展，以供国人之需要”③，发展近代运输业对改良农业很重要。

第五，日常消费。卜凯认为中国农民日常消费的必需品有“油盐之类，节令宴会之佳肴美味，器皿，服装，烟叶，或其他奢侈用品，教育，娱乐，婚丧、祭祀等费”。这类消费大都需要现金，而现金所得“系以出售烟叶，鸦片，花生，油菜籽，棉花及丝绸等作物，而供给之。再则为黄豆，小麦，绿豆，高粱，豌豆，甜薯及稻米，其出售量占作物总产量比例较小（惟其总值或较大）”。农民生活比较贫困，“常出售优等粮食产品，如小麦之属，而自行消费劣等谷物，如高粱之属”④。这也是中国农民能从一小块土地上而得到生存的另一个原因，通常自己所食用的，都是粗劣的粮食，而将值钱者，完全出售。他以河北省盐山县作为例证，指出，“当地农人日常所食的，都是高粱，小米，玉蜀黍等粗劣的食粮，而将较为贵重的小麦出售。所以高粱售出

---

① 卜凯著，张履鸾译：《中国农家经济》，上海：商务印书馆，1936年，第534页。

② 卜凯著，乔启明等译：《中国土地利用》（1941年影印本），台北，学生书局，1977年版，第5页。

③ 卜凯著，乔启明等译：《中国土地利用》（1941年影印本），台北，学生书局，1977年版，第63页。

④ 卜凯著，乔启明等译：《中国土地利用》（1941年影印本），台北，学生书局，1977年版，第11页。

部分只占产额总值的百分之二二，而小麦售出部分则倒有百分之五三。”[①] 而这种情况，“习见于中国北方平原诸省，不过只有程度上的差异”[②]。

第六，墓葬与敬神。中国农民是非常看重死后是如何安葬的，以致“各家皆有坟地，其坟墓或系单葬，或附家冢”。且坟墓大都选择农田，填坟“仅重风水，故填坟墓辄位于耕地中心，耕地内坟墓，平均每田场为 3.4”[③]，以华北地区为例，华北小康之家之坟茔，所占面积之大，几将整个农田完全占有[④]。在人口稠密的中国，坟地大量占用耕地不仅减少了耕地面积，也有碍于农田耕种。在敬神方面，卜凯认为，中国农民敬神的目的主要有两个，第一是关于健康方面，如烧香磕头以祈求平安、生子、无病等；第二是经济性的，如祈求五谷丰登、六畜兴旺以及免除水旱蝗灾等。由于农民过于敬神，以至于对于“作物育种，防止病虫害以及其他农业上的科学改进方法，大多数农民，依然还是完全不知”[⑤]。最终，以至于将作物生产与生活上改进的希望寄托于神灵，而遭受巨大经济损失。卜凯认为敬神只是在娱乐上有一点意义，其对于农民的生产和生活危害甚重。对于中国农村的丧葬和敬神习俗，卜凯建议迁坟或进行火化，以改变农民敬神的习俗，普及科学知识，积极推广农业新技术以及育种改良。

通过以上对中国农人衣着、饮食、住房、日常消费等方面的论述，我们可知当时中国农人的生活程度之低。除以上几个方面外，中国农人在收入方面也是渺小得可怜，“而且其中大部分还是仅仅用于维持物质生活方面的要素，生活必需费用虽占入款的大部分，可是食物既缺乏营养，且又终年不变，衣服极粗，仅足蔽体，住室简陋，聊蔽风雨，绝无舒适美观之可言”[⑥]。比如，“每人家庭赚款最低的地方，大都为易受灾荒的区域，如河北盐山县（1923），那时小麦正是因亢旱而发生荒歉。那个地方的农民，不仅穷得吃不起茶，甚至连点开水都不能煮开来吃，这是因为燃料太贵的缘故。”[⑦]

---

① 卜凯著，张履鸾译：《中国农家经济》，上海：商务印书馆，1936 年，第 280 页。

② 卜凯著，张履鸾译：《中国农家经济》，上海：商务印书馆，1936 年，第 489 页。

③ 卜凯著，乔启明等译：《中国土地利用》（1941 年影印本），台北，学生书局，1977 年版，第 220 页。

④ 卜凯著，张履鸾译：《中国农家经济》，上海：商务印书馆，1936 年，第 1 页。

⑤ 卜凯著，张履鸾译：《中国农家经济》，上海：商务印书馆，1936 年，第 545 页。

⑥ 卜凯著，张履鸾译：《中国农家经济》，上海：商务印书馆，1936 年，第 558 页。

⑦ 卜凯著，张履鸾译：《中国农家经济》，上海：商务印书馆，1936 年，第 119 页。

卜凯认为造成中国农民生活水平如此之低的原因主要有以下几方面，一种是人口的压迫，另一种是教育的幼稚。在人口压力方面，卜凯指出“农民的生活程度高低，须视所种田地的多寡以为定，而能种几亩田地，则又以人口的密度为转移。田场越大，利润越多，而大多数农民因人口过密的原故，田场乃不得不如此之小”。解决这一问题的方法：一是“发展工商业，提倡其他专门技术的职业，固能因此而有若干的裨益，不过事实上亦未见竟能因此而使农村人口中每人摊到的田地亩数，能有多大的增加”；二是“移民垦殖，当然也有裨益，不过今日西北所能开垦的土地，即使全部开发，亦只能使内地每家耕种的田亩，增加极微末的一点”。三是“集约的耕种，就是对于现在的土地，多施劳力，与多化工本，或者倒是农民能增加收入以供物质上，社交上与精神上需要一种最有效的办法”①。他认为这三种方法中最有效的是集约耕种。

在教育的幼稚方面，卜凯认为这主要体现在，“只有极少数的中国农人，能有机会受到充分教育，而能从书报上得点益处，就是现在也还有四分之三的儿童没有就学”②。即使少数能上学的农人所读的也多是私塾，且这种私塾“差不多完全是背诵古书的旧式私塾，这种学问对于农人实际生活上，并没有多大的价值，尤其是他们读书时期只有两三年，出了学校门，他们幼年所认识的几个字，差不多就都要忘记了。普通农人都不能看书阅报，所以实际上依然还是文盲”。“儿童读书的主要利益，只不过能替家庭略微撑点门面而已。”③ 从而造成中国“乡村教育幼稚之至，质量二者皆差，可以说是毫无用处”④。其后果是“读几年书，依然还是目不识丁，结果所以教他们格外看不起教育。在这种环境之下，长见识，开眼界，增进智慧的机会，可以说是绝为稀少”。他以农村中的谚语“种地不要学，人家怎着咱怎着”为例进一步说明这种幼稚无知的情形。最终，也不能引起“农人对于读书的信仰”⑤。据此，卜凯提出了对乡村教育改革的措施。一是广设学校，实施强迫教育。“一定要等到普设乡村学校，实施强迫教育的时候，才能有解决的可能；而且这

---

① 卜凯著，张履鸾译：《中国农家经济》，上海：商务印书馆，1936年，第558页。
② 卜凯著，张履鸾译：《中国农家经济》，上海：商务印书馆，1936年，第564页。
③ 卜凯著，张履鸾译：《中国农家经济》，上海：商务印书馆，1936年，第541页。
④ 卜凯著，张履鸾译：《中国农家经济》，上海：商务印书馆，1936年，第558页。
⑤ 卜凯著，张履鸾译：《中国农家经济》，上海：商务印书馆，1936年，第564页。

种乡村学校，不但对于农人要灌输实用的知识，同时对于品性，习惯，种种方面，也须同样的加以指导，使彼等能因此享受真正愉快与丰满的人类生活”①。二是教育与农民的收入增加应同步进行。“除非农民的教育已经有了进步，否则就是收入增加，这种多余的金钱，能否用于改进生活方面，仍然还是问题。教育不同时改进，则所增加的收入每易用于鸦片，赌博，种种不良的嗜好上去”。这种状况，“在丰年的时候，酗酒赌博，大吃大喝的情形可谓明证”②。

四、家庭与人口

在家庭人口方面，卜凯认为一个国家的各种经济生活都直接要受人口问题的影响，而在乡村社会里面，这种影响尤大。人口的疏密，影响着一个地方耕种方法的精或粗，而耕种方法的精或粗，又视农业劳动力供给的多少而定。同样，人口的疏密，也会对农民生活水平的高低产生重要影响。“盖一定数量之生产物，大众皆倚为生活之源泉。甚至连乡村社会的治安和秩序，多少也受人口疏密所支配。若失业者过多，盗匪常因而充斥。所以要研究任何乡村问题，人口方面确有他的相当位置的”③。

家庭是农民生活的基本单元，中国农民虽多是聚族而居，但累世共居同财的大家庭并不普遍，更多的还是由夫妻与子女组成的个体小家庭为主，有时也会与一两位老人组成主干家庭。对 1921 至 1925 年的中国七省 16 处 2640 个农家人口状况的调查结果显示，“每家的平均人口数，算数平均数为 5. 65，中数为 5. 67，而众数为 5. 46。若以算数平均数而论，则以河北平乡县每家之 4. 44 为最少，而河南开封县之 7. 83 人为最多。虽然有三分之二的农家是大家庭式，可是每一家庭的人口数目，并不如一般人所想象之多。”④ 盐山县 150 户农家的平均人口为每家有 5. 35 人，此数说明了中国农家的家庭较小，且农家人口存在一定的变数。

根据对中国各地的调查，卜凯将中国农家人口情况概括为以下几点：

① 卜凯著，张履鸾译：《中国农家经济》，上海：商务印书馆，1936 年，第 559 页。
② 卜凯著，张履鸾译：《中国农家经济》，上海：商务印书馆，1936 年，第 559 页。
③ 卜凯著，张履鸾译：《中国农家经济》，上海：商务印书馆，1936 年，第 430 页。
④ 卜凯著，张履鸾译：《中国农家经济》，上海：商务印书馆，1936 年，第 443 页。

1. 出生情况。卜凯指出，中国人在调查年度内，其“生殖率至少为千分之三十八，而死亡率超过千分之二十七以上，足知每隔六十五年，人口即增加一倍”。在过去的日子里，“各重大灾害之发生，曾为人口速度增加之一打击”。关于农家的大小，“百分之三十为大家族，其余有百分之七十则与各国相同，为小家庭，夫妇与子女，此种家庭平均每家五．二一人”。此外，农家的大小与田场大小有极密切的关系，“小田场中，平均每田场之农家仅为三．九六人，最大田场每田场则为七．三一人”。由此可以看出，农家的大小与田场的大小成正比例关系。而对人口的增长，卜凯认为“惟一之出路，从每人之生产来看，应自国内人口密集之处，移民于较疏之地，或移民国外”①。

2. 受教育的程度。卜凯指出，“农民之教育程度则非常浅薄，约百分之五十男子，女子仅百分之二，七岁或七岁以上，曾受学校教育。在受过教育者，平均男子百分之三十受四年教育，女子百分之一受三年教育”②。虽然，男女受教育人数和年限都很少，但男子受教育的比例和时间都比女子大和时间长。

3. 婚姻和死亡状况。农村男女的结婚年龄，“男子百分之五十，女子五分之四，均不及二十岁。”关于寿命，“农民之半数均不及二十八岁——吾人仅一思及每人所消耗之金钱，实为一种重大之损失”③。可以说，男女早婚者多，寿命短。

同时，他还以河北盐山150户农家人口情况为例对中国农家人口的问题做进一步的剖析。

在人口密度上，盐山调查所涉及的三个村庄，“皆属班吴镇，全镇共计有一三一四家，七九零七人，耕地共有二五五二七亩。按此数目平均，每家有六．二人，每平方英里，有992人”④。在婚龄上，“平均年龄，男为十八，女为十七”，这符合当时中国农村男女早婚的实际情况。对于早婚原因，卜凯通过调查认为，“一为男子父母，咸愿早日含饴弄孙；二为女子父母或因境遇欠佳，不愿多加担负，偶有机缘，即将女子出嫁之故”⑤。早婚也致使该地区人

① 卜凯著，方绩佩译：《中国之农业》，《农学月刊》，1939年第1卷第4期，第62—63页。

② 卜凯著，方绩佩译：《中国之农业》，《农学月刊》，1939年第1卷第4期，第63页。

③ 卜凯著，方绩佩译：《中国之农业》，《农学月刊》，1939年第1卷第4期，第63页。

④ 卜凯著，孙文郁译：《河北盐山县一百五十农家之经济及社会调查》，《金陵大学农林科农林丛刊》，1929年第51期，第140页。

⑤ 卜凯著，孙文郁译：《河北盐山县一百五十农家之经济及社会调查》，《金陵大学农林科农林丛刊》，1929年第51期，第141页。

口增长甚为显著，“据当地居民所言，吴庄六十年前，只有人口二百名，今则除旅外七十人外，尚有人口四百四十八名。且自该时以迄现在，并无外来寄寓者，于此可见该地人口自然增加之速矣。再者每家农场面积较前减少百分之一四．三，亦可谓人口增加之明证”①。又据盐山调查，“当时每增加一人，则需增加5.01作物亩（3.27亩作物面积），此种现象，亦即由大家庭内人口增到相当之限度，不得不有析产之举所演进。惟盐山能事垦种之面积有限，于是农民有分居后，则迁徙他处谋生者。有因穷苦而减少寿命者，凡此种种，皆所以是农场之大小，与农家之大小，能维持现状者也。至对于生育上之节制，刻尚未有确实之征象可稽”②。由此可以看出，人口的过快增加，致使人多地少情况愈演愈烈，人们不得不到他处谋生，或因此致贫而减少寿命的。

在人口的年龄与性别上，据对盐山县150户农家的调查，该地人口在年龄结构上呈以下三个方面的特征。“第一，凡十四至三十九岁之青年男子（三十岁至三十四岁为例外），常较同年纪之女子为少，是盖由旅外多男子所致。第二，自三十至五十四岁之年纪中（三十五至三十九岁为例外），男子常较女子为多，此盖因妇女生产而丧命者，在此时期中为最多。第三，高年纪之女子，恒较男子为多”。在这三个特征中，第三个“不独在盐山为然，即在中国其他各处及欧美各国，亦犹是也”③。而“女子的死亡率，在十岁至三十岁的时候，普通较高于男子。或者系由于女子在生产的时候，易受一种破伤风病症的传染。此外，如自杀的现象，或者也是在这个时期为最高。中年以后的死亡率，男高于女，这是生理方面的自然现象。家长母亲的数目，要比父亲的数目多了六倍，这是寡妇甚多的一个证明”④。

在人口迁移方面，在盐山150户农家中的129个场主之内，有125个（97%）皆是生长于该村的本地人，其余4个（3%），则系由他处迁入的外地人。在父系籍贯上，“117个场主之父亲籍贯内有110人（94%），皆系生长土著，且在各场主之父亲中，除一人为军官外，余均世袭业农”。另外，对场

① 卜凯著，孙文郁译：《河北盐山县一百五十农家之经济及社会调查》，《金陵大学农林科农林丛刊》，1929年第51期，第141页。

② 卜凯著，孙文郁译：《河北盐山县一百五十农家之经济及社会调查》，《金陵大学农林科农林丛刊》，1929年第51期，第105页。

③ 卜凯著，孙文郁译：《河北盐山县一百五十农家之经济及社会调查》，《金陵大学农林科农林丛刊》，1929年第51期，第145页。

④ 卜凯著，张履鸾译：《中国农家经济》，上海：商务印书馆，1936年，第438页。

主的妻室调查结果显示，“120个场主之妻室，则只有8人（6.6%）系与场主生长同村，其余112人则皆生长在临近之73村内，且其中更有3人不属盐山境者，8人生长在盐山县城内者。场主之岳父，大都与场主之妻室，幼时同居一地。且除一人为教员一人为劳工外，多以务农为职世代相传，联姻范围较广，无人经商。”① 也就是说该地区农民多世代为农，很少有外出或迁移者，经商的人也很少，而婚姻圈较小也符合当地的实际情况。

由于盐山人口增加迅速，人地矛盾的逐渐激化，当地农民多去东三省及天津等处谋生，其中，“吴家一庄旅外者共有七十人，占全村人口百分之一三.五，所去之地大都为东三省。全班吴镇中除单人不计外，旅外者共有一百二十家，占全居民百分之九，其移植大都为东三省及天津”②。尤其是在1899年俄人在东三省建筑南满铁路时，盐山人民去的很多，之后，“满洲之发展更速，盐山人民之向彼移植者更多”。盐山旅居在外的人大约可分为三种，“一为全家从去者，但为数甚少。二为无业之青年男子，在外工作，一方谋自存，一方亦可以补助家庭之偶有不足。此类旅外人民，每于新年时，归家团聚，亦有数年一归者。三为单身男子，于无业时期，即出外工作。通常咸于秋收之后赴天津或附近各处寻短期工作。至其工作，大多数为造砖瓦等事。至翌年农事方兴时，复回家从事农业。”③

荒年对人口的迁徙影响很大，最显明的例子就是河北盐山县在1920至1923年连续四年发生严重旱灾，致使大量人口离村。此年，盐山县在外人口，要占人口总数的12.1%。而1922年，外出人口才占6.1%④。而同一时期，河北省的“遵化全人口9085人，离村人口241人，离村人口率2.65%；唐县6177人，离村281人，离村人口率4.55%；邯郸4236人，离村人口77人，离村人口率1.82%”⑤。由此可见，盐山离村人口率是比较高的。

---

① 卜凯著，孙文郁译：《河北盐山县一百五十农家之经济及社会调查》，《金陵大学农林科农林丛刊》，1929年第51期，第102页。

② 卜凯著，孙文郁译：《河北盐山县一百五十农家之经济及社会调查》，《金陵大学农林科农林丛刊》，1929年第51期，第102页。

③ 卜凯著，孙文郁译：《河北盐山县一百五十农家之经济及社会调查》，《金陵大学农林科农林丛刊》，1929年第51期，第142页。

④ 卜凯著，张履鸾译：《中国农家经济》，上海：商务印书馆，1936年，第469页。

⑤ 马伦、戴尔仁：中国农村经济调查（英文本），第12页，《中国近代农业史资料》第二辑，章有义编，第636页。

关于离村农民所从事的职业，可从盐山150户农家调查的统计中看出(详见表5-1)，男女所从事的职业有很大不同。从此表中，我们可以看出离村女性主要的是从事不明的职业，可以说“这是不幸的职业，或者是无职业”；其次是从事女佣或商业。而外出男性主要的职业是劳动者，超过离村农民的半数，达57.2%；其次是军人和商业；从事其他职业的人较少，总共占12.2%。前文曾提到，盐山县离村农民大都去往东三省，而从表5-1，我们也大略可以推测，“在这占过半数的劳动者中，多数是到东三省去种田的，照那个地方的情形看，或许包括农业劳动者在内了；但不论哪一者，都是劳动者，这是一样的。”①

表5-1　盐山县离村农民职业表

职业	人数	百分率		
		合计	男子	女子
合计	49	100.0	91.9	8.1
军人	7	14.3	14.3	—
劳动者	28	57.2	57.2	—
官吏	2	4.1	4.1	—
商业	5	10.2	8.2	2.0
女佣	1	2.0	—	2.0
罪犯	2	4.1	4.1	—
医生	1	2.0	2.0	—
看护人	1	2.0	2.0	—
不详	2	4.1	—	4.1

资料来源：据卜凯著，孙文郁译《河北盐山县一百五十农家之经济及社会调查》(《金陵大学农林科农林丛刊》，1929年第51期第143—144页）表55内容整理而成。

在人口稠密的中国，“由于大家庭制，所以每家的人口数目，对于耕地多寡颇能有伸缩的余地”。如何解决人多地少的矛盾，卜凯提出三种主要的调剂方法。第一，迁徙他处另谋职业。第二，由人口较密的地方迁至人口较疏的地方。例如移往东三省与台湾以谋生活即其一例。第三，荒歉之年食粮缺乏，滋养不足，成年男女或不幸而伤折，幼小婴儿或忍痛而让与，也都是调剂方式中之显著者。中国人口数目日渐增加，“而耕地面积，却仍在静止状态之

① 章有义编：《中国近代农业史资料》(第二辑)，上海：三联书店，1957年，第646页。

下，这种情形，或者就是中国农村社会中‘大家庭制’所以日渐崩溃的原因。而田场大小，因此乃能与家庭大小互相调剂。”①

关于盐山人口过剩问题，卜凯认为这已经成为当时中国农业和社会的主要问题。对于这一问题，卜凯提出了两种解决方法，即临时方法和根本解决方法。临时方法有四种，一是增加生产，种植较集约的农作物，改良品种及耕作方法，增加每亩食粮的产量；二是迁移人口，将盐山过剩的人口迁移至人口较为稀疏的东三省等地方；三是发展社会和家庭手工业吸收农业过剩的人口；四是引导农民在农暇之时，多从事他种工业，如冬季可赴城市做短期工作等。对于根本解决方法，卜凯认为要根据食粮的产量，节制人口生殖。具体而言，即：“1. 增多入学年限，俾男女从晚结婚；2. 普及教育，使人民明了人口及生活需要等问题；3. 破除不孝有三，无后为大之古话，使人民不至渴望子嗣；4. 自然限制生育”②。可见，卜凯将迁移人口、发展工业、增加受教育年限与普及教育、节制生育作为解决人口过剩的根本方法。

卜凯认为临时方法“只能救济解决于一时，现盐山人口之增加，确有如马尔萨氏所论者。据现状而言，当地出产，已不足供给当地人口之需要。一旦水旱歉收，即不能维持其生计。简言之，即当地人口已超过当地出产所能供给之限度。故临时解决方法，只可收一时之效，决非永久之谋。纵使行之而有效，一代或可维持，而数代之后，以人口增加如是之速，仍当有供不应求之日。届时，人口过剩问题，又从而发生矣。纵观以上所述，可知社会中凡百改进事业，无论其为农业，为工业，为交通事业，若对人口繁殖，无相当之限制，则虽有利益，亦难永久，一旦人口增加，以前之种种改进，亦自然失其效益亦”③。因此，中国人口问题解决的根本方法在于“中国应以各种方法限制人口之繁殖，则生活程度即将大为提高”④。这充分表明早在20世纪二三十年代卜凯就提出中国人口多，而应千方百计地限制人口繁殖的建议。

关于中国常见的家庭成员之间的关系，卜凯以盐山150户农家调查为例

① 卜凯著，张履鸾译：《中国农家经济》，上海：商务印书馆，1936年，第451页。

② 卜凯著，孙文郁译：《河北盐山县一百五十农家之经济及社会调查》，《金陵大学农林科农林丛刊》，1929年第51期，第151—152页。

③ 卜凯著，孙文郁译：《河北盐山县一百五十农家之经济及社会调查》，《金陵大学农林科农林丛刊》，1929年第51期，第152—153页。

④ 卜凯著，方绩佩译：《中国之农业》，《农学月刊》，1939年第1卷第4期，第63页。

进行了详细的说明。根据表5-2的家庭成员称谓，我们可以看出中国家庭成员之间涉及五代，称谓达16种之多。“表内若干场主之母亲，皆与场主同居，场主之若子若媳，亦大都与场主同居。此盖由中国家庭之制度如此，礼教使然，非若西国盛行小家庭制。表内之人称，场主之女恒较子为少，盖女子出嫁后，即不在场主家庭范围以内也”①。

表5-2　盐山150户农家家庭成员称谓表

农家之人称（除场主外其余皆指与场主之关系）	有此人称之家数	
	家数	百分率（%）
男场主	148	98.7
女场主	2	1.30
妻	119	79.3
子	106	70.7
女	67	44.7
母亲	44	29.3
子媳	40	26.7
孙	26	17.30
孙女	23	15.30
兄弟媳	18	12.70
兄弟	17	11.3
父亲	13	8.70
侄子	8	5.30
侄女	7	4.70
姊妹	4	2.70
祖母	3	2.00
孙媳	2	1.30
重孙	1	0.70

资料来源：据卜凯著，孙文郁译：《河北盐山县一百五十农家之经济及社会调查》（《金陵大学农林科农林丛刊》，1929年第51期第103—104页）表35内容整理而成。

① 卜凯著，孙文郁译：《河北盐山县一百五十农家之经济及社会调查》，《金陵大学农林科农林丛刊》，1929年第51期，第102—103页。

五、作物种植与肥料使用

卜凯认为中国是一个传统的农业国家，就农作物的栽种制而言，与西方国家有很多的不同，概括起来主要有三点。第一点是复种制在中国比较盛行，就七省十七处2866个农场的调查而论，“平均有半数的作物面积都实行复种制，所有第二季的作物，差不多都种于冬季作物收获之后”①。第二点是中国农民所种的主要农作物通常只限于能供人类直接享用的果实、纤维与茎叶等，而对于欧美等国所盛行的牧畜事业在中国可以说是绝无仅有。比如乳牛的饲养，“乳牛为最善利用作物副产，如草秆之动物，然在中国，此类农副产多作燃料。如能觅得代替燃料，则此类作物副产可供乳牛需要之一部分饲料。且以作物副产饲养乳牛，复可保持土壤肥力”②。然而，在中国“除蒙古西藏以外只有几处交通便利的通都大邑，近年来才渐有乳牛事业的萌芽。可是在内地，就连对于这种事业，此时依然还是没有什么人加以提倡”③。也就是说，中国没有真正的畜牧事业，牧草在栽种制里面毫无地位。中国农民所栽种的作物，大都是供给人们直接享用的，和欧美国家先将农作物饲养牲畜，然后再来利用那牲畜和畜产品的农业完全不同。茎秆等作物副产品在中国通常都是用做燃料，喂牲畜，建造房屋，和其他种工艺上。第三点就是在中国栽种制里面，一定要有一种作物的秸秆可以供给农村人口和一大部分城市人口的燃料，这是与西方国家所不同的地方。这种栽种制对土壤肥力产生了两种影响。“第一，对于土壤中的有机物质，有逐渐消耗的危险。第二，不如将那些当燃料的秸秆，拿来饲育多量的牲畜所得到的厩肥数量之多”④。

就作物品种而言，小麦在中国种植最广，“由于各处的气候，大都适宜于小麦的生存，而同时又系少数冬季可种之作物中之一种的原故。南如福建连江县，地势甚低，几与海平线相等，也有冬种小麦”⑤。而水稻的种植区域北面以淮河与江苏清江的运河为界，“超过这个限度，除非是在水源和土质特别

① 卜凯著，张履鸾译：《中国农家经济》，上海：商务印书馆，1936年，第222页。

② 卜凯著，乔启明等译：《中国土地利用》（1941年影印本），台北，学生书局，1977年版，第333页。

③ 卜凯著，张履鸾译：《中国农家经济》，上海：商务印书馆，1936年，第222页。

④ 卜凯著，张履鸾译：《中国农家经济》，上海：商务印书馆，1936年，第223页。

⑤ 卜凯著，张履鸾译：《中国农家经济》，上海：商务印书馆，1936年，第248页。

适宜的地方，很少有人再种水稻”。因此，中国北部很少种稻谷，其原因在于北部地区的土壤大都为钙质土壤，其“土质太松与缺乏水源，气候并不一定是限制北方产稻的主要元素。山西太原晋祠，北平颐和园和山东济南左近也能产稻，就是一个明证”[①]。又如，卜凯所调查的七省十七处2866个农场都以种植谷类为主，尤以小麦和水稻的种植面积最广。其中安徽的怀远、宿县，河北的盐山，河南的新郑、开封，江苏的江宁淳化镇，小麦的种植面积排在第一位。安徽的来安、芜湖，浙江的镇海，福建的连江，江苏的江宁太平门和武进，水稻所占面积排在第一位。十七处中有三处地方其农作物种植较其他地方有所不同，这三处即：河北省平乡县高粱所占面积最大，山西省的武乡和五台县的谷子所占面积排在第一位，“谷子和高粱反而占着最重要的位置”。[②]

如何提高作物产量，卜凯认为维持地力尤为重要，正如他所讲的，“作物产量在中国很有进步的可能，采用改良种子，利用多余劳力，当然能增加产量，而多施肥料，因农产品价值日高，也未尝无利”[③]。他深刻认识到肥料在增加农作物产量中的作用，他在盐山150户农家关于“农场费用之数目及支配”的调查中，对于肥料一项做了较为详尽的统计说明，即：有肥料费用之农家所占百分比为82.7，排在国税、地保税、雇工、建筑及修理和购买或修理农具之后，居16个项目中的第6位。总费用为1513.50元，排在第2位，占总费用的百分数为15.0，排在第2位。有肥料费用之农家平均数为12.21，排在第3位；150户农家中平均有10.09元用于肥料。[④] 由此可见，肥料在维持地力中的重要地位。

怎样才能维持土壤肥力，卜凯建议农民必须下力气做好三件事，“一是须补充或增加土壤中作物所感缺乏而足以影响产量之养分；二是须保持土壤中不可或缺有机物之含量，因其可左右土壤之物理性质及植物养分之价值；三是须防止土壤肥力因土壤冲蚀或其他原因所致之意外流失”[⑤]。即补充或增加养分，保持有机物含量和防止土壤肥力冲蚀或流失。

---

① 卜凯著，张履鸾译：《中国农家经济》，上海：商务印书馆，1936年，第246页。

② 卜凯著，张履鸾译：《中国农家经济》，上海：商务印书馆，1936年，第246页。

③ 卜凯著，张履鸾译：《中国农家经济》，上海：商务印书馆，1936年，第292页。

④ 具体数据可见卜凯著，孙文郁译《河北盐山县一百五十农家之经济及社会调查》，《金陵大学农林科农林丛刊》，1929年第51期，第37—38页，农场费用之数目及支配表。

⑤ J. L. Buck，W. M. Cutris著，戈福鼎、汪荫元译：《中国农场管理学》，上海：商务印书馆，1947年，第77页。

土壤中植物的养料主要来源为厩肥、人粪尿、油饼、骨粉及商业肥料等，而植物之养料如氮、钾、磷为分析和使用肥料时经常考虑的三个要素。卜凯从中国农业生产的实际出发，在肥料的使用上建议，“必先测定何种植物养料不足而其缺乏颇足限制作物之产量，从而决定施用何种肥料以适应其需要，惟须选取每种植物养料每单位之成本最低者”[①]。他以花生油饼为例进行了分析说明，得出了“从商业肥料中获取植物养料较廉价”[②] 的结论。同时提醒农民“应记一般厩肥及土产肥料中之植物养料较诸商业肥料对作物不易吸收或属缓效性”[③]，指出了商业肥料的优势之所在。通过对中国农民施肥情况的调查，卜凯指出中国农民施用厩肥与堆肥的量甚多，其中厩肥为肥料的主要来源。“因其多出自农场，而不能出售之产品亦可利用。故欲以施肥增进中国生产最佳之计划，莫如尽量利用所能出产之厩肥，如是可保持土壤肥力不致衰退，而后再根据当地土壤及作物之特殊需要增加使用商业肥料，凡此种种措施所增加之产量必能较目前所获为多。”[④] 我们可以看出，卜凯认为利用厩肥保持土壤肥力，然后再增加使用商业肥料是通过施肥增进中国农业生产的最佳计划，只有这样才能够保证增加农作物产量。

此外，卜凯又指出土壤中的腐殖质或有机物质对保持土壤肥力极重要，“因其对于土壤冲刷具有密切关系，而中国各地土壤之冲蚀情形甚为严重，通常每农场必须自产有机物质。如向外购买草秆或其他副产之类，殊不合算。”因此，中国农民增加有机物的方法“多限于作物之根秆，厩肥与人粪尿，以及将绿肥作物耕入土中，或作为堆肥，或以之饲喂牲畜，再利用其粪尿，适当之作物轮种亦颇有助于有机物之保持”[⑤]。

然而，中国农村的传统是将作物的根茎作为燃料，“实不如改充牲畜之刍

① J. L. Buck，W. M. Cutris 著，戈福鼎、汪荫元译：《中国农场管理学》，上海：商务印书馆，1947 年，第 77 页。

② J. L. Buck，W. M. Cutris 著，戈福鼎、汪荫元译：《中国农场管理学》，上海：商务印书馆，1947 年，第 78 页。

③ J. L. Buck，W. M. Cutris 著，戈福鼎、汪荫元译：《中国农场管理学》，上海：商务印书馆，1947 年，第 78 页。

④ J. L. Buck，W. M. Cutris 著，戈福鼎、汪荫元译：《中国农场管理学》，上海：商务印书馆，1947 年，第 79 页。

⑤ J. L. Buck，W. M. Cutris 著，戈福鼎、汪荫元译：《中国农场管理学》，上海：商务印书馆，1947 年，第 79 页。

秣为经济，油饼用作肥料而不供为牲畜之饲料，亦属浪费。”① 可以说，中国农民生活所需要的燃料一直很缺乏，为了解决生活所需燃料问题，“作物之收获往往系以镰刀齐地砍割，华北多数地方则将根拔去充作燃料。有时作物之收获系连根拔起，而且大量之作物秸秆亦充燃料烧去。此类作物副产一部分能以饲喂牲畜或用作厩内或猪圈内之衬物（藁荐），则大部分之有机质可随厩肥施入土中。利用作物副产以为燃料则植物所需养料全被毁去，仅有草碱可由草灰施入土中。”因此，卜凯提出开采煤矿，种植薪炭林和改进运输设备等方法来改变这陈规陋习以改进土壤增加农业生产。“中国如能获得另一燃料来源，土壤可得改进。其他燃料之获得可有大量开采煤矿及在宜林地广植薪炭林及改进运输之设备等达到此一目的，如是可使煤料及薪木易于获得，而价亦廉。”②

他进一步指出，“如目前充用燃料之刍秣及用作肥料之油饼完全饲喂牲畜，则能饲养更多之牲畜，并可增加厩肥及农场之收益。刍秣可供牲畜所需之粗料，油饼可为细料。油饼饲喂牲畜后，百分之八十之有机物质可存于厩肥中。欲求全部肥料价值可达土中，必对此种厩肥施以适当贮藏”。此外，卜凯还指出，农民如能广泛种植绿肥作物如“红草、大麦、荞麦、豆类、白油菜、紫油菜及大巢菜等耕入土内，或作为堆肥，或饲养牲畜，均为有机质之宝贵来源”。③

卜凯还认为，“油粕系牲口的良好饲料，经牲畜一度消化之后，其肥力仍然还有 80% 保存于排泄物中，可是因为牲畜太少，所以油粕每多直接作为肥料”④，但是，直接施用油粕为肥料与以油粕先喂牲畜然后以厩肥作肥料，哪一个最为合算。卜凯提出，“内地各处尚能将每年输出国外的大量豆饼，尤其是东三省的豆饼，加以充分的利用，不使利权外溢，实在是最为经济。牲畜当然不能专靠油粕充饥，不过中国尚能将每年焚去的作物茎秆省下来以充饲料，那么就是多养一点牲畜也绝无缺乏食料之虞，而土壤中的有机物反能因此日渐恢复。”⑤ 也就是说，充分利用豆饼最为经济，将焚烧的作物茎秆充当

---

① J. L. Buck，W. M. Cutris 著，戈福鼎、汪荫元译：《中国农场管理学》，上海：商务印书馆，1947 年，第 79—80 页。

② J. L. Buck，W. M. Cutris 著，戈福鼎、汪荫元译：《中国农场管理学》，上海：商务印书馆，1947 年，第 80 页。

③ J. L. Buck，W. M. Cutris 著，戈福鼎、汪荫元译：《中国农场管理学》，上海：商务印书馆，1947 年，第 80 页。

④ 卜凯著，张履鸾译：《中国农家经济》，上海：商务印书馆，1936 年，第 319 页。

⑤ 卜凯著，张履鸾译：《中国农家经济》，上海：商务印书馆，1936 年版，第 319 页。

饲料多养牲畜能够保证土壤中的有机物。

另外，中国农业所使用人粪尿为肥料还存在一个严重的问题，即人粪尿的使用易于传染疾病。对此，卜凯认为，“除非人粪尿能设法免除疾病之传染，否则不如将其抛弃较为合算，免其使用，致影响人民健康之损失，反为不赀也。人粪尿所能供应之植物营养料在目前商业肥料已可取而代之，至其所含之有机物质可以别种方法获取”。[①] 可以看出，卜凯并不赞成中国农村使用人类粪尿作肥料，而是建议以商业肥料或其他的方法取而代之。

土壤肥力通过施肥保住了，接下来防止土壤肥力的流失仍是一个急需解决的问题。卜凯认为，防止“土壤肥力可能避免之散失与增加土中之植物养料均属同等重要，往往可为较经济之方法。片状冲蚀每致土壤肥力消失甚多，此种冲蚀可以较精细之等高线耕作方式（尤其依等高线将土隆起采取行种之作物），梯田耕作及条作农制防止之。此种耕作方法之额外费用甚微，如需多花人工，则于农闲无其他农事工作可做之际为之”。据此，卜凯归纳出中国绿肥存在的问题或称为努力的方向：（1）较廉肥料供给之获得，（2）减低运输费用，（3）合理供应农人之贷款使能购买肥料，（4）发现人粪尿之使用而无碍于卫生之方法并不减低其肥料价值，及（5）防止土壤肥力可能避免之流失。[②]

总之，卜凯通过对中国“三农”问题、家庭与人口状况以及农民生活状况的调查、分析和研究，认为中国农村是一个以小自耕农为主的社会，地主、佃农以及自耕农和半自耕农，四者之间并不是相互对立的，而是在相互依存中既对立又共同发展。土地的零散、土地的流失以及传统耕种方式的落后制约了农业的发展，而在耕地面积不能增加的前提下，唯有实行集约化耕种方式，推广农业生产技术才能提高土地利用率，增加农业产量。在此基础上，卜凯对农民的节假日、称谓以及改善农民营养状况等方面，提出了许多富有前瞻性的建议。

首先，关于节假日问题。卜凯认为中国农民“终年度着田间的单调生活，很是寡味，在新年多花几个钱，也不算什么过分。只是就精神上和体力上讲，到底是将假期散布在全年好呢，或者还是像这样接连许多日的长期休息好

① J. L. Buck，W. M. Cutris 著，戈福鼎、汪荫元译：《中国农场管理学》，上海：商务印书馆，1947 年，第 81 页。

② J. L. Buck，W. M. Cutris 著，戈福鼎、汪荫元译：《中国农场管理学》，上海：商务印书馆，1947 年，第 81 页。

呢”，应予以认真研究。例如在传统节日新年之际，“新年休息日期的长短，视穷富而定，最穷者一两天，而小康之家，则需半月，普通雇佣的农工，平均亦须停工五日”。普通农民在新年平均仅休息五天，最穷者仅休息一两天，由此可见，这“实在倒是一个亟待研究的问题”。对于此问题，“不但经过许多科学原理的证明，还是以工作一定的日数，而以后就有一次的休息为最为适宜。”[①] 由此可以看出，中国农民多从事农业劳动，乡村社会生活较为单调，不仅缺乏娱乐活动，传统的节日不仅少且除了春节外大都让位于农业劳作。

其次，对于农民的称谓问题。卜凯针对“通常所谓百分之八十，或百分之八十五”的“农民”，建议“此农民之名词，应该为乡民。因其中有若干人民并未务农，惟乡居耳，如车夫船夫等类”[②]，建议将“农民”改称谓“乡民”。

第三，发展牛奶业，以改善农民的营养状况。卜凯指出“食物营养乃测量生活程度之重要标准，盖用于食物之款项，约占家庭预算三分之二”。这些食物来源，“田场自产者，四分之三，购买者约四分之一，采自野生植物及由人赠与者百分之一。田场自产者，厥为谷类，豆类，球茎作物，多叶蔬菜及果实之属。其购买者，多系植物油、糖类及动物产品。麦食较米食尤为普遍，全部农家食麦者四分之三，食米者仅达半数。”[③] 而“中国农民所以能生存于如此少量田地者，即因其食物多系蔬菜，而非动物产品”。中国食物与西方国家混合食物相比，“混合食物体积大，脂肪少，而消化不易。如再增加多叶蔬菜，其体积及不可消化之程度，将益增加”。这些情况“于成年或可无不利之影响，而于正在发育之儿童，或有危险。果蔬滤汁，足资应付，惟欲救营养不良之弊，似须多食鸡蛋牛乳”[④]。因此，他建议应中国农民多食鸡蛋牛奶以增加营养。

第二节　水旱灾害的防治

卜凯对中国灾害的主要类型，灾害发生时间以及灾害产生的原因进行了认真分析研究，并提出了相应的救治灾害的对策。这些对策颇具新意，很有

① 卜凯著，张履鸾译：《中国农家经济》，上海：商务印书馆，1936 年，第 541—543 页。

② 卜凯著，徐澄译：《芜湖附近一百零二农家之经济的及社会的调查》，《金陵大学农林科农林丛刊》，1928 年第 42 期，第 72 页。

③ 卜凯著，乔启明等译：《中国土地利用》（1941 年影印本），台北，学生书局，1977 年版，第 16 页。

④ 卜凯著，乔启明等译：《中国土地利用》（1941 年影印本），台北，学生书局，1977 年版，第 17 页。

启发。本节就这一问题进行研究，以飨读者。

一、灾害种类、发生时间及损害程度

卜凯认为中国灾害主要有水灾、旱灾、虫灾、风灾、霜灾等几种，其中以水灾、旱灾为重，“几乎每岁必有一部分地方遭受水灾或旱灾”①。而“水量过多或过少，为影响中国农业危险之最大因素，旱灾发生之次数，倍于水灾，且每县平均两次，旱灾之烈，小麦地带甚于水稻地带，春麦区及冬麦区甚于冬麦高粱区，而四川水稻区又甚于水稻地带其他各区”。通过对20省146个县的受灾情况的统计，卜凯指出灾荒发生次数最多的地方为四川水稻及冬麦两区，“小麦地带各县有灾荒四次者占27%，三次者占24%，而水稻地带各县仅有灾荒一次者，为18%”②，由此可见，在卜凯所调查的八大农业区灾害是时常发生的，并且大多是重复性发生。

关于灾荒所引发的损害程度，卜凯以1904年至1929年间的灾害情况为例，指出26年间，“天灾损害作物在20%或以上而未成灾者，考其原因，旱灾为最，水灾次之，虫，风，雹，霜等灾又次之。受灾作物平均约占半数。小麦地带，旱，雹，虫诸灾盛于水稻地带，水稻茶区因岗岭之地，时有泛滥，故水灾频仍，惟其受水灾影响之面积较小麦地带为小”③，再次证明了小麦地带的水旱灾害要多于水稻地带的结论。此外，卜凯对21省157个县160个地区的农家灾荒情况的调查结果显示，灾害发生后由于农作物的减产，农家食物来源减少，致使各地受灾人口不得已而食树皮草根者有24%，迁逃者43%，不幸而饿毙者5%。他进而以县为单位对不同农业带的受灾人口进行了分析，指出，“如以县为单位，迁逃者最高为9%，饿死者最高为43%，食树皮草根者最高为99%。”而以农业带而言，“扬子水稻小麦区确为水稻地带情形渐趋佳境之过渡地带，以其灾荒影响不若小麦地带之甚，但较水稻地带其他各区为烈”④。通过卜凯对各农业带受灾后引起的灾荒程度的分析，我们可以看出，灾害发生后所引起的灾荒程度北方农业带显然要高于南方水稻带。

① 卜凯著，乔启明等译：《中国土地利用》（1941年影印本），台北，学生书局，1977年版，第151页。
② 卜凯著，乔启明等译：《中国土地利用》（1941年影印本），台北，学生书局，1977年版，第145页。
③ 卜凯著，乔启明等译：《中国土地利用》（1941年影印本），台北，学生书局，1977年版，第148页。
④ 卜凯著，乔启明等译：《中国土地利用》（1941年影印本），台北，学生书局，1977年版，第148页。

关于灾害发生的时间，卜凯指出，灾害的发生大都在农作物的生长季节。具体而言，水稻地带和小麦地带水灾大多集中于七、八、九三个月份，而"水稻地带秋季水灾较小麦地带为多，损害作物，尤以水稻为最。旱灾以七、八、九三月为最烈，而春季小麦地带较水稻为烈"[①]。鉴于此，卜凯有针对性地提出了"限制人口密度，裨岁有余量以防歉岁，采用改良之耕种方法，以保一切可能之水分，维持适当之排水制度，广造森林，以减流失，开辟交通，俾歉收之时，易自他地移转粮食，皆属当务之急"[②] 的建议。只有这样，才能使"土地得其利用，而民生资源增饶，庶几生活程度随之改变，且宝贵农田，亦免于损害"[③]。

二、水旱灾害发生的原因

卜凯从气候、农业生产和农民生活习惯、水资源利用等方面对中国水旱灾害产生的原因进行了认真剖析。

（一）土地和气候因素

在土地方面，卜凯通过对中国土地利用状况的调查，指出中国约百分之九十的田场面积全用作耕种农作物，此外，"道路、池塘、坟地以及其他土地约占百分之四；百分之三以上为农宅，百分之一以上为牧草地与林间牧畜；百分之一为林地，百分之〇．五以上为草、树专供燃料之用；百分之〇．三为池塘，供经营水产及渔业之用。"由此可见，在中国用于保持土壤肥力、水分及防止水土流失的森林植被的面积极少。卜凯还通过对中美两国田场用途差别的比较，进一步指出美国的田场面积用于作物生产的仅为百分之四十二，"中国之牧草场仅占田场面积百分之一．一，与美国比较，则占百分之四十七，是为中国农业与美国及欧洲农业情形大相对照之处"[④]。且在这仅有的百分之一的林地，又"因为交通不便，土地常不能实施以合理的利用。例如在浙江中部，安徽西部，与山西北部等处，常有人砍伐森林，而耕种作

① 卜凯著，乔启明等译：《中国土地利用》（1941 年影印本），台北，学生书局，1977 年版，第 148 页。

② 卜凯著，乔启明等译：《中国土地利用》（1941 年影印本），台北，学生书局，1977 年版，第 151 页。

③ 卜凯著，乔启明等译：《中国土地利用》（1941 年影印本），台北，学生书局，1977 年版，第 184 页。

④ 卜凯著，方绩佩译：《中国之农业》，《农学月刊》，1939 年第 1 卷第 4 期，第 52 页。

物。木材因运输不便，价格低廉。食物亦因交通不便，而购买维艰，因此乃不得不牺牲木材，而耕种作物于不适宜耕种之山坡。于是冲刷日烈，河流为泥沙淤塞，结果生产力最大之平原，乃不得不常被水灾”。①

在气候方面，卜凯认为，“中国之气候差别甚大，雨量自东南部向西北部逐渐减少，华北之雨量极不可靠，雨量甚微，百分之八十之雨量降于夏月。中国大部之雨量，多为对流式的，是故雨之效用，因流散几完全丧失，华北因风之故，蒸发甚厉，是以微薄雨量，对于助长作物生长之效力，大为减煞。雨量剧烈之变化，对于水灾旱灾与灾荒之关系，至为密切”②。同时，他还指出：“华北季冬与季春之风卷尘埃，非独不适宜人类生活环境，且对于作物摧残尤甚。”③

可见，在卜凯的视野里，土地的过度开发，极少的牧草场和林地，交通的不畅，森林的砍伐，以及差别大的气候，相对集中的雨量和剧烈的变化对我国水旱灾害影响甚大。

（二）农业生产和生活习惯

第一，农民常将富含有机质的农作物秸秆用作燃料、饲料等他用，而不是使其化作有机肥以保持地力，致使土壤水分缺失，从而造成在天气干旱时极易引发旱灾，抑或水土的流失致使河流淤塞，引起水灾的发生。通过对中国农家农业生产方式的调查，卜凯指出，“在中北部，常有拾禾的人，或农夫自己，常将作物根株铲起，以充燃料，有几处地方甚而至于收割小麦，不用刀割，而用手拔，罄其所有而去。所送还于土壤中的不过一点草木灰而已，干燥气候使北方不能多加有机质，可是有机质确是十分需要，多加一点，或者且能使土壤多含一点水分”。对此，他认为要改变这种消耗有机质的陋习，一定要改变农家燃料的来源，使农民改用煤炭或从事植树造林。一方面，可以“使作物茎秆多充实饲料的可能”。另一方面，“造林且能防止冲刷，使河流不致为流沙污塞，而发生水患，与阻碍航行等等不幸的事件”④。从改变农民的农业生产方式，改变消耗有机质的陋习出发，卜凯认为改用煤炭作燃料和从事造林可以有效防治水旱灾害。

---

① 卜凯著，张履鸾译：《中国农家经济》，上海：商务印书馆，1936年，第194页。
② 卜凯著，方绩佩译：《中国之农业》，《农学月刊》，1939年第1卷第4期，第49页。
③ 卜凯著，方绩佩译：《中国之农业》，《农学月刊》，1939年第1卷第4期，第50页。
④ 卜凯著，张履鸾译：《中国农家经济》，上海：商务印书馆，1936年，第319页。

第二，水资源利用矛盾突出。由于中国农村人口众多，土地零散，田地面积小，阡陌纵横，致使排水与灌溉成为农村水资源利用的焦点问题。他指出："中国人工排水，限于开沟，筑堤二事"①。但是，堤坝是为阻止水流入土地的方法，而非排水的方法。因此，中国排水的主要问题，在于河流的严密管理，以防止水灾泛滥。进而，他又以华北平原的灌溉为个案进行说明，指出华北各地的灌溉用水"多来自溪、池、运河、浅湖或水井，但水井之应用，主要囿于华北平原"。此外，水与乡村社会治理有着密切的关系。"盖经济组织之健全，必须具有成功之灌溉计划。于多数乡村内，时有因灌溉水而引起之纷争，以锄或其他农具互相搏斗，竟形如战场，是故水利权之在中国，犹须有明切之解释与扶助，应以特别法律公正执行之"②。水资源利用的矛盾，导致水权纠纷和水灾的发生，进而影响社会的安定。

三、水旱灾害的预防

在分析水旱灾害发生原因的基础上，卜凯就如何有效预防灾害提出了一系列切实可行的建议。卜凯认为水旱灾害是中国农业的一重大恐慌，而水量的多少是衡量水旱灾害的主要依据。他认为，"中国历来之灾荒，大都有土壤内所含水分之过量与不足所酿成，如能对此问题，求一解决方策，则对中国之农业前途，造福不浅"③。他又认为"中国之农业恐慌——主要为水量之过多或过少，尤以旱灾水灾时为甚——实为一重大问题。如能避免此种情形，则较诸其他各种增加生产之方法或更为有效"④。因此，解决水量多少的问题是降低水旱灾害的关键。

如何才能有效解决水量过多与不足的问题。卜凯在他的《改良中国农业大纲》一文中提出了15条的改革建议，其中第一条为"改良土壤情形"，明确提出"防止耕作山丘地之冲刷，造防风林，以防止沙灰之飞扬"⑤。在《中

① 卜凯著，乔启明等译：《中国土地利用》（1941年影印本），台北，学生书局，1977年版，第7页。

② 卜凯著，乔启明等译：《中国土地利用》（1941年影印本），台北，学生书局，1977年版，第7页。

③ 卜凯著，孙文郁译：《中国目前应有之几种农业政策（续）》，《农林新报》，1934年第11卷第6期，第120页。

④ 卜凯著，方绩佩译：《中国之农业》，《农学月刊》，1939年第1卷第4期，第56页。

⑤ 卜凯著，叶有琪译：《改良中国农业大纲》，《农业周报》，1931年第1卷第2期，第72页。

国之农业》一文中，卜凯又列举了16条重要的改良政策，其中前4条都与防止水灾有关，这四条分别是：1. 防止水灾，减少水患之保护计划；2. 如未耕良田之灌溉，与土地排水后之利用等之开垦计划；3. 防止良好土壤侵蚀之土壤保护计划；4. 森林保护、造林、防止侵蚀之森林计划。[①] 在《农业改良之意义》一文中，他将中国农业的重要问题集中在8个方面，第一方面为“改良土壤情形”，其中的第二点，针对“水灾及水分过量”问题，提出要采取“造林以防止土壤之冲蚀及节制水流”和“泽地之排水”等措施。[②] 在《中国农家经济》一书中，他将农场面积零细、生产力薄弱、人口繁密、劳力过剩、农民积蓄缺乏、水利不修、交通不变、森林太少、缺乏信用组织等几个方面归结为中国乡村经济落后、农民生活贫困的原因，其中“水利不修”“森林太少”赫然在列。

通过以上分析，卜凯的这些建议概括起来主要有三点，即：改良土壤、兴修水利和植树造林是有效解决水量过多与不足的有效途径。对于中国水旱灾害发生的原因，著名思想家、教育家蔡元培先生也认为，中国“水旱之原因，由于水利不讲，复缺乏森林，以致水多时无森林可以吸收水分，且庇护土壤之流失，水少时无森林可以调和湿气，因之不能下雨。农民一遇水旱之灾，则虽有义赈之救济，亦无以善其后”[③]。可见，卜凯关于中国水旱灾害原因的分析，与当时国内专家的认识是一致的，可以说是具有科学依据的。

通过对卜凯关于中国水旱灾害建议的分析，我们可以得出这样的结论。

第一，应高度重视水旱灾害对我国农业的影响。通过对中国农业状况的调查，卜凯指出：“涝旱之年农人均蒙其害，个别农人无能左右之，仅团体或政府之行动减低此种损害，如防水，灌溉受旱之田地，以及改进运销等，此种自然原因致使农人之收益各年间之差异甚大”。[④] 因此，可以说，“防止水灾，即为当地改良农业上之第一要务”[⑤]。由此，可以看出，卜凯是将防治水旱灾害与增加农业生产、解决农民的温饱以及未来农业的发展前景，造福农业与农民等紧密结合起来。

---

① 卜凯著，方绩佩译：《中国之农业》，《农学月刊》，1939年第1卷第4期，第64页。

② 卜凯著，叶有琪译：《农业改良之意义》，《农业周报》，1931年第1卷第14期，第526页。

③ 吴敬恒，蔡元培、王云五主编：《农业经济史》，上海：商务印书馆发行，1929年，第189页。

④ 卜凯著，戈福鼎、汪荫元译：《中国农场管理学》，上海：商务印书馆，1947年，第112页。

⑤ 卜凯著，孙文郁译：《河北盐山县一百五十农家之经济及社会调查》，《金陵大学农林科农林丛刊》，1929年第51期，第169页。

第二，卜凯关于水旱灾害原因的分析是建立在对中国农村调查研究的基础之上的。如他提出改良土壤、兴修水利和植树造林等解决水量过多与不足的措施与方法，可以说，卜凯是第一位从自然因素、农业生产与生活习惯等方面全面而深入分析我国水旱灾害形成原因的外国人。

第三，关于防治水旱灾害的建议与措施是科学合理的，具有一定的前瞻性。这种科学性和前瞻性主要表现在重视水旱灾害发生前的预防、灾害中防治和灾害后的救助等方面。

1. 重视政府的支持、民间救助与农家自救。

如，早在1922年开展盐山150户农家调查时，他就指出，“本调查之农区，因灾荒频仍，大部农民颇难自给，虽间有赈灾救荒等义举，然尽可救济一时，而自身之日渐贫穷，仍属无可讳言之事。政府如能实行一种预防荒灾方法，对于人民，当有大益。”同时他又指出“吾人以为最善之方法，在使农家自给”①。可见，通过三方的共同努力，实现有计划地增加农民田场收入是防灾救灾的重要对策。

2. 重视举办水利工程和造林，更要重视金融与交通。

通过对灾荒地区农家经济状况的调查，卜凯指出，“在常被水旱虫灾的地方，备荒的存粮数量不多。农村人口在作物有中常产量的时候，都还够吃，但是一遇荒年，尤其是怕的接二连三的荒年，除最富者以外，都有冻饿之忧。同时，灾况因金融，贩卖，与运输的不便而益重。金融贩卖与运输的便利，有使田场企业扩大的可能，举办水利工程，固然能将损失极大的水患防止，而从事造林，亦能减低冲刷，使泥沙不至于淤塞河道而形成水灾。不过在水利工程与造林事业未发达之先，还要以金融与交通为减低灾荒程度最佳的良剂”②。也就是说，举办水利工程能防止水患，从事造林能减低水土流失，发展金融和交通可以有效降低灾荒程度。

3. 重视农村法制建设。

卜凯在介绍华北农业灌溉时指出，该地区时有因水而械斗的事件发生。同时，他认为水权分配不均是农佃纠纷的重要组成部分，“吾国各农村常因水

① 卜凯著，孙文郁译：《河北盐山县一百五十农家之经济及社会调查》，《金陵大学农林科农林丛刊》，1929年第51期，第169页。

② 卜凯著，张履鸾译：《中国农家经济》，上海：商务印书馆，1936年，第564—565页。

权分配不均，致起许多冲突，有此一端，即可知农法之重要矣。”[①] 据此他得出，“缺乏农业法律，亦往往足以阻碍农业之进步”[②] 的结论。

第三节 南北方[③]农村生产及生活的特点

中国幅员辽阔，东西时区、南北气候和资源条件差异较大，这在南、北方农家的生产和生活中有着充分的体现。正如张履鸾在《中国农家经济》一书的译序中所说的那样，中国“因自然条件的限制，各地的农艺方式、农业经营、租佃制度以及农民生活等等都有着不少的差异。欲求认识农村，实在也颇非易事”[④]。

卜凯主持的中国农家经济和社会状况调查，所搜集到的这些关于南、北方农村生产及生活方式的大量的调查数据资料，为我们准确把握中国南方和北方农村，尤其是20世纪二三十年代南、北方农村的区别及其所呈现的特征提供了有力的依据，使我们对中国农村南、北方之间的差异有了更加客观的认识。本节即以生产及生活两方面为重点，对南、北方农村之间的差异进行剖析。

一、南北方生产方式的差异

由于南北方地理位置、气候等自然因素的差异，南、北方的农业生产方式有着很大的差异。这些差异具体表现在土壤、农作物种植面积、种类以及农产品商品化程度等方面。

南北方在土壤特征上有着明显的差异，这一差异影响了南北方的种植结构和农作物的中耕次数。卜凯指出，北部小麦地带的土壤为“未经淋溶之土壤，或称钙质土壤”，此种土壤又分为两种类型，“一曰栗钙土，多属黄土；一曰黑钙土”。此类土壤“多半肥美，但缺乏有机物质”[⑤]，且由于吸水过少，

① 卜凯著，刘润涛译：《农业经济学对于中国农村改进之可能的贡献》，《农林新报》，1932年第9卷，第277—279期，第155—156页。

② 卜凯著，刘润涛译：《农业经济学对于中国农村改进之可能的贡献》，《农林新报》，1932年第9卷，第277—279期，第155页。

③ “南方”是指卜凯论著中所经常提到的我国“中东部”地区。

④ 卜凯著，张履鸾译：《中国农家经济》，上海：商务印书馆，1936年，译者序，第1页。

⑤ 卜凯著，乔启明等译：《中国土地利用》（1941年影印本），台北，学生书局，1977年版，第49页。

极易引发水土流失。南部“水稻地带之土壤多系淋蚀土及其他淋溶土”，此类土壤缺少有机物质，肥力过低，“因之山地垦殖，多不能经济”。[①] 在地域上，卜凯指出“中东部的土壤，大都为坚硬的黏土，而种稻之后耕耙更难。又因道路太窄，施肥和收获时都用人力担负，不及北部平原上用牛车或马车的迅速省工。北部对于高粱和小米的耕作最为细心。而中耕的次数，也较小麦为多，所以所需人工也多于小麦，高粱每公顷所需的人工单位为六四，小米为六八，而小麦则只有四一。块根作物的山薯，每公顷所需人工单位一一八，谷类中除糯稻外，所需人工皆没有如此之多”[②]。可见中国北部种植高粱、小米、小麦所用人工比中东部水稻要省工。他进一步以小麦、大麦、油菜与水稻为例，指出“此种作物在中国北部至少需中耕一次，在中东部则常须两次或三次不等。小米在生长季中至少须中耕两次，高粱则须中耕四次至六次。高粱、小麦、玉蜀黍、山薯与番薯等通常比较大小麦等需要中耕之次数较多，不过较水稻为少”[③]。

在农作物的种植种类和面积上。卜凯认为“中国北部平原，土地分为三种，‘高地’系指从无水患的耕地，‘低地’系指常被水患的耕地，‘中间地’系指介于高地与低地之间，而有时也被水患的耕地。中东部的分为‘旱地’与‘水地’两种，后者系专为种稻用的耕地。”[④] 与这些土地类型相适应，“中国北部有几处有十二至十五种的作物，而中东部则只有三四种，这种较为混合的农制，可以减低荒歉的危险，可以充分利用植物的养分，可以保持地力，可以使全年的劳力与收入得以平均支配。好的栽种制并且能驱除野草，中国田间的野草之少，殊足令人惊异。谷类及其他作物的中耕，在驱除野草上，也极为重要。”此外，在农作物的种植方式上，南北方之间也存在着差异，“中国北部的栽种制，其混合的程度要远甚于中东部”[⑤]，这种混合制的种植方式，不仅比南方地区所种植的作物较多，也降低了农民生活费用。

农作物种植种类在季节上和轮种上有着明显的差异，“作物面积之种植冬

① 卜凯著，乔启明等译：《中国土地利用》（1941 年影印本），台北，学生书局，1977 年版，第 51 页。

② 卜凯著，张履鸾译：《中国农家经济》，上海：商务印书馆，1936 年，第 326 页。

③ 卜凯著，张履鸾译：《中国农家经济》，上海：商务印书馆，1936 年，第 243 页。

④ 卜凯著，张履鸾译：《中国农家经济》，上海：商务印书馆，1936 年，第 243 页。

⑤ 卜凯著，张履鸾译：《中国农家经济》，上海：商务印书馆，1936 年，第 244 页。

季作物者有百分之五五，种植夏季作物者有二分之一弱，种植春季作物者有百分之四五。由于气候的不同，中国北部冬季作物的面积不如中东部之多，而同时春种作物的面积因此则较多于中东部。”[①] 在农作物的轮种上，中国北部在小麦收获后，常种黄豆、绿豆、赤豆、料豆，芝麻、山薯、谷子、胡萝卜、烟草、荞麦、白菜、葱头、大麻、玉蜀黍、靛青、黍子等近二十种的夏季农作物，而在中东部地区，小麦、豌豆、大麦、油菜籽、蚕豆等收获后，常种稻、大豆、山薯与玉蜀黍等。而在农作物的复种制上，“中东部地区的冬季作物面积，其中有百分之八七，再种夏季作物。而北部则只有百分之七十九的冬季作物面积，是再种夏季作物的”[②]，这主要是南北方气温差异所致，南方的气温、热量、降雨都比北方高，土地可以重复性地种植而不致闲置，然而，种植种类上北方又明显地多于南方。

在种植农作物的人数比例上，卜凯通过对七省十七处2866个农场的调查数据的分析，认为“北部有百分之九一种植小麦，而中东部则只有百分之六七的农人，种植这一种作物。不过在中东部种稻的农人确有百分之九二。这一事实，可以显示这两种作物各在其领土以内所占的位置的重要。北部种植大麦、大豆与绿豆的农人多于中东部。糯稻是一种商品作物，中东部只有百分之一〇．五的农人，种植这种作物。在北部有四分之三的农人种植高粱和谷子，可是在中东部竟无一人种植这种作物”[③]。对此，卜凯认为某种农作物在某地区种植或不种植除了受自然资源因素的影响外，还受农民饮食习惯等社会因素的影响。例如，卜凯在江苏江宁县和邻近地区调查时便发现，该地区是以米为主要粮食的产区，“就是丘陵地带也是用人工凿成许多池塘，储备山间的流水而种水稻。虽然有时干旱，连插秧的水也常感不足，而农人种稻的心理还是牢不可破。其原因即由于自己爱吃米饭，同时，也由于水稻的利益远甚于其他的一切作物”[④]，这就是当地农民饮食习惯影响农作物种植的结果。

农业的发展离不开肥料，在肥料的种类、使用方法以及来源上，南北方都有所不同。根据七省十七处2866个农场的调查，卜凯指出“中东部每公顷

---

① 卜凯著，张履鸾译：《中国农家经济》，上海：商务印书馆，1936年，第260页。
② 卜凯著，张履鸾译：《中国农家经济》，上海：商务印书馆，1936年，第271页。
③ 卜凯著，张履鸾译：《中国农家经济》，上海：商务印书馆，1936年，第257页。
④ 卜凯著，张履鸾译：《中国农家经济》，上海：商务印书馆，1936年，第248页。

施用四八七一公斤重的厩肥和三．六七元购买来的其他肥料，而北部每公顷则只施用二六三七公斤重的厩肥和价值一．四八元购买来的其他肥料”①，这表明，北部每公顷施用的厩肥量和购买的其他肥料的费用都比中东部少。在肥料的来源上，他认为“田场上的肥料来源有二，一为厩肥，一为人粪，依通常估计，每一家畜单位年产厩肥八吨，而每一成年男子单位年产人粪1000磅。……在中国的北部，肥料通常都堆在一处，而且翻动的次数很多，发酵时窒素常因之散失，可是害虫卵子或者反能因此杀死。中东部大部分的人粪都是利用于增加土壤的肥力，由于固体与液体两方面都保存得很好，可是北部常将液体方面弃置不用”②。又因气候的差异，“北方气候太干燥，绿肥不易腐烂，所以用的人就很少，在中东部有时也有人用大小麦来作绿肥，常在未种稻以前将其耕入土中”③。

在农产品的商品市场方面，卜凯指出“普通一般人，都以为中国农业，是自给的农业。……不过在我们拿农产物分为两部分的时候，我们看到售出部分竟占产额总值的百分之五三，中国北部售出部分占产额总值的五分之二，中东部还要高点，占产额总值的五分之三”。据此，他得出了“中国的农业也是很商业化”的结论。同时，他还推断出“中国农人必须有大量的现金，以作购买其他种种必要品的媒介”④。进而他又以1921—1923年我国7省17处2866个田场的统计数字进行比较分析，指出“中国北部农产物平均出售部分所占之百分率为43.5%，家庭自用部分所占之百分率为56.5%；中东部平均出售部分所占之百分率为62.8%，家庭自用部分所占之百分率为37.2%”⑤。中国北部农产物自用部分比率高于出售部分，中东部则相反，自用部分要低于出售部分，中东部商品化程度要高于北方。然而，卜凯对农产品出售种类进行分析后，认为中国农村“专为出售而种的农产物，种类并不多”。对此，他对田场中的油菜籽、芝麻的出售情况进行分析，指出17处中“仅有三处种油菜籽，售出部分仅占产额总值的百分之九九，除向日本输出外，主要用途为榨制供烹调用的菜油。调查过的各处有六个地方，芝麻也是很为重要的商

① 卜凯著，张履鸾译：《中国农家经济》，上海：商务印书馆，1936年，第293页。

② 卜凯著，张履鸾译：《中国农家经济》，上海：商务印书馆，1936年，第317—318页。

③ 卜凯著，张履鸾译：《中国农家经济》，上海：商务印书馆，1936年，第244页。

④ 卜凯著，张履鸾译：《中国农家经济》，上海：商务印书馆，1936年，第275页。

⑤ 卜凯著，张履鸾译：《中国农家经济》，上海：商务印书馆，1936年，第275页。

品作物，售出部分仅占产额总值的百分之七九。小麦因为地理上的分布很广，所以也是商品作物中特殊重要的一种。有十五处种植小麦，售出部分为百分之五三，占产额总值的半数以上”①。这表明油菜籽和芝麻种植少，但商品化程度高，小麦分布广，出售部分也比较多。而作物售出部分占总额在50%以下的也有14种，农民生活所必需的作物都在这一列，如北方的高粱、谷子、玉蜀黍、山薯，南方的稻谷。正如卜凯所讲的那样，“随时随地我们可以看出一般农人自己所吃的食粮，通常都是粗劣的农产物，而出售的部分倒比较上来得精美。中国北部农人自己吃的高粱，而出售都是小麦。所以高粱出售部分只占产额总值的百分之二二，而小麦出售部分则倒有百分之五三。”② 因此卜凯认为这种状况在某种程度上说是生活贫困所致，并不能真实反映当时农村商品化的程度。

表5-3 中国七省十七处二八六六田场（1921—1925）作物售出情况

作物之名称	有几处地方出售此种作物	售出部分占总产额之百分比
油菜籽	3	99.1
裸麦	1	96.2
糯稻	2	95.4
西瓜子	1	93.4
芝麻	6	78.6
芋头	2	77.2
花生	1	74.7
蔬菜	5	73.7
马铃薯	1	68.1
大麻	4	64.3
大麦	4	63.7
烟草	1	57.5
小麦	15	52.5
绿豆	7	51.7

资料来源：据卜凯著，张履鸾译《中国农家经济》第280页表12内容整理而成。

① 卜凯著，张履鸾译：《中国农家经济》，上海：商务印书馆，1936年，第276页。
② 卜凯著，张履鸾译：《中国农家经济》，上海：商务印书馆，1936年，第280页。

二、南北方农村生活的特点

南北方农业种植结构不同反映在农民生活上便是南北方食物结构的不同，而南北方气候等自然因素的差异导致了南北方住房、衣着等方面的不同。此外，南北方人民在生活习惯、生活嗜好等方面也存在着明显的差异。

第一，在衣着方面。卜凯认为中国农人衣着，“布衣最为通行，通常农家之衣服，大都系由蓝色厚布所制成。夏日衣服，并无条纹，冬日常衣绝厚之棉袄。有些地方，如福建连江县，衣服全向衣店买来，另有许多地方，尤以北部一带，则系全由家中妇女所自制。北部妇女之田间工作，远不及中东部妇女之多，因此乃有余暇，以自制衣服。此时缠足之风，亦以北方为最甚，或者此乃两地情形所以不同的主要原因。农家所穿的布鞋，通常亦系由妇女所自制。”① 也就是说中国农人穿着样式单一，除中东部个别地方外，多系自制，北方尤为典型。虽然南北方的衣服大都为布制品，但在材质上由于气温的差异仍有着不同，据卜凯在 1929 年至 1933 年对中国 22 省 143 县 149 个地区 439 个农场的农家衣着的调查结果显示：在工作服和装饰服上，北方小麦地区的棉织服装要高于南方的水稻地区，且春麦区之装饰服装，皮制者最多；水稻地区的服装以丝绸常见，且其服装要多于小麦地区。②

在衣服的花费上南北方也存在着差异，“衣着占费用总值百分之七．三，北部较低，占百分之六．四，而中东部较高，则占百分之八．六。……福建连江县费钱最多，为 43. 07 元，河北平乡县费钱最少，为 4. 03 元。衣着费用十三处平均为 17. 31 元，而中东部约高于北部一倍。通常对于衣着部分花钱之成分较多者，其生活程度亦较高，中东部从衣着与其他费用方面，显示其生活程度较北部为高。”③ 由此可见，生活程度高低与衣着费用的多少成正比。

第二，在食物方面。关于南北方饮食的差异，卜凯的前妻赛珍珠曾经有过深切体会，她说，“几年后，我到华北居住，那儿是另一个世界，我不再吃米饭了，而是吃白面馒头配青菜，间或吃一点肉”④，由此可见南北方在主饮

① 卜凯著，张履鸾译：《中国农家经济》，上海：商务印书馆，1936 年，第 530 页。

② 卜凯著，乔启明等译：《中国土地利用》（1941 年影印本），台北，学生书局，1977 年版，第 619 页。

③ 卜凯著，张履鸾译：《中国农家经济》，上海：商务印书馆，1936 年，第 527 页。

④ 赛珍珠著，尚营林等译，《我的中国世界》，长沙：湖南文艺出版社，1991 年，第 21 页。

食上的差别在于南方主要吃米饭，北方主要食面食。而卜凯认为中国农民消费的食品种类不多，农作物中所提供的“占供给食物能力总额中百分之十以上者，只有高粱、小米、玉蜀黍、豆类、山薯与大米等几种”。由于农作物种植的季节性，农民的食物种类也受季节性的影响，“中国北部，秋冬与早春所食者，大都小米、高粱、玉蜀黍与山薯等秋夏之交所收获之作物，春天大麦收获后，乃有第一次的变化。嗣后小麦收获乃再有第二次的变化。从手到口的现象，平时尚无问题。假如秋收不佳，等不到割大麦的时候，就已经吃完，那么，结果仍未免有饥饿之忧。小麦乃众所公认为最佳，而亦工作忙时所必需的食料。很凑巧的在吃小麦的时候，正是一年间工作最为紧张的时节。”①

第三，在住宅方面。卜凯认为北方和中东部地区农家住房也有着一定的差别。一般而言，北部的房屋建筑“普通多系土地，土墙，而屋顶则有本田场所出产之草秸所盖成”。而中东部的房屋建筑普通都是砖墙瓦顶，“梁、椽、柱等木料，大部一半系由自己田场所供给，一半则系向市场购来”②。也就是说，北方农家的房屋建筑大部是土墙草顶，中东部是砖墙瓦顶，从建房所购买的材料来看，中东部商业化程度更高。此外，卜凯通过由北方迁移到中东部地区居住的农人所住的房屋具体分析和考察了南北方房屋建筑之间的差异。他在对江宁、武进一带南迁农民住房进行调查后指出，“在这些地方，北方人迁移过来的很多，他们与本地人比邻而居，而双方面仍旧守着个人的旧有习惯。北方农人比较上更勤劳而朴素，因此本地人常被他们排挤的不堪。客民都是住的土墙茅屋，而本地人则住砖墙瓦房。”③ 此外，卜凯对南北方农民的家具也进行了调查分析，南北方农家“所有家具系最简单而最需用者，有时连必不可少的床、桌、凳、铁锅、土灶等等，也还不周全”④。

第四，在生活嗜好习惯方面。卜凯将凡关于茶、烟、酒、装饰、赌博等费用，都列入个人嗜好费之列。他认为中国农家大都有茶、烟、酒等方面的消费。在茶的消费方面，由于茶是中东部地区产物，中东部人的饮茶习惯、消费较北方人为高，“中东部茶的消费量较大，在此处有三分之二以上的农

① 卜凯著，张履鸾译：《中国农家经济》，上海：商务印书馆，1936年，第503页。
② 卜凯著，张履鸾译：《中国农家经济》，上海：商务印书馆，1936年，第521页。
③ 卜凯著，张履鸾译：《中国农家经济》，上海：商务印书馆，1936年，第518页。
④ 卜凯著，张履鸾译：《中国农家经济》，上海：商务印书馆，1936年，第548页。

家，而在北部有这一项开支的农家则只占总数的五分之一。而且中东部每一农家对于茶的这一项开支亦较北部的高出三倍，平均每家竟达三．四四元”，中东部茶的开支要比北部高出三倍。在烟的消费上，“有五分之四的农家有烟的一项开支，中东部有这一项开支的农家，较北部为多。烟的费用，平均每家为三．六六元，严重者还有将近有百分之一的农家有鸦片烟一项的开支。在酒的消费上，有百分之七〇．九的农家有酒费，平均每家全年所费为二．六〇元。中国北部有百分之六五．三的农家有这一项费用，每家平均为一．七三元，而中东部则有百分之七八．九的农家有这一项费用，每家平均为三．六一元。此外，差不多有三分之一的农家有赌债一项的报告。中国北部农家有赌债的，占总数的百分之二三，平均损失为七．三九元。中东部有赌债的农家，占总数百分之四，而平均损失为一六．一五元。赌博不但失时废业，并且也耗费不小，有三分之一的农家，每家每年平均有一二．二一元的损失”①。通过对农家烟、酒、赌博的调查，卜凯指出，如果将“烟酒，赌博，鸦片的费用，假使能用于教育方面，或者用于正当娱乐，或者能储蓄起来，一定能使生活程度因此而日见提高”②。

第五，南北方农家在家畜的饲养种类以及役畜的使用上也有所不同。卜凯对7省17处2866个农家家畜饲养情况进行调查后认为，中国农家家畜的一般状况是，“十七处黄牛占家畜单位总数的三分之一，水牛占五分之一，驴占百分之十三，而猪占十分之一”，可见，黄牛的数量最多。然而北部农村皆无水牛，“中东部则两种牛皆有，以家畜单位而言，则以水牛较多。水牛喜爱温热气候，且须有池塘或河滨可以滤浴才行，自然不适宜北方。驴马骡等则北部较中东部为多，驴在北部的用途很大，由于驮载的工作很多，而且驴和牛马等于拖车或耕地以外，还可磨面。马当然较为适宜于寒冷而干燥的北方气候，而骡只有北方较多，盖由于不适宜于中东部的水田工作。猪，鸡中东部与北部皆有，而鹅，鸭亦然，羊以山西的两处地方最多。”③

卜凯又将牲畜分为役畜和生产畜两类，其中役畜包括黄牛、驴、水牛、骡、马；而生产畜则包括鸡、绵羊、猪、鸭、山羊、鹅等。“后者尚不及前者

① 卜凯著，张履鸾译：《中国农家经济》，上海：商务印书馆，1936年，第548—553页。
② 卜凯著，张履鸾译：《中国农家经济》，上海：商务印书馆，1936年，第553页。
③ 卜凯著，张履鸾译：《中国农家经济》，上海：商务印书馆，1936年，第305页。

四分之一。中东部生产畜单位占家畜单位总数的百分之二二．五，而北部则只占百分之二一．九。换句话说，四分之三以上的牲畜都为役用，役畜单位所占家畜单位总数之最低者为百分之三八，而最高者则有百分之九四。”① 具体的分布状况是，中国北部，养黄牛所占比例平均为42.9%，其中河北平乡最高为72.4%；驴为21.2%，其中河北盐山最高，1922年为45.5%，1923年为37.6%；绵羊为11.7%，其中山西五台最高，为59.4%；骡为8.5%，其中河南开封最高为20.6%；马为5.5%；鸡为4.7%，其中平乡最高为10.3%；猪为3.8%；山羊为1.4%；水牛为0.2%，只有安徽怀远饲养，鸭为0.1%，安徽的宿县、河北的盐山、山西的武乡都有饲养。中国的中东部，平均黄牛所占比例31.7%，其中浙江镇海占77.2%，最高，其次为福建连江占62.0%，江苏的江宁淳化镇占42.9%，太平门为41.9%居第三位；水牛占41.5%，安徽的来安1921年占63.3%，1922年占68.2%，芜湖占57.8%，江苏的武进占60.1%；猪占15%，其中江苏的武进占24.0%，福建的连江占23.4%；驴占3.4%，其中安徽的来安1921年占12.2%；绵羊占0.9%，其中福建连江占6.3%；马占0.6%，骡占0.3%，马和骡只有安徽来安饲养；鸭、鹅在安徽、浙江、福建、江苏所调查的地方都有饲养。② 中东部约有三分之二的田场有猪，而北部有猪的田场却只占总数的三分之一。中东部有鸡的田场较北部为多。或者由于临近市场的缘故，鸭亦以中东部为多，一由于得水甚易，而秋收以后的稻田，有撒落下来的稻粒，可供鸭的食料，亦为原因之一。③

从总体情况看，“有百分之八二的田场养鸡。鸡在中国，实在是一种最普遍的牲畜。猪占第二位，为百分之四五”；也就是说在饲养各种牲畜中鸡和猪是常见的。在役畜中“黄牛占第三位，为百分之四三，中国北部半数以上的田场皆有黄牛，中东部较少，只占三分之一。中东部有水牛的田场很多，占总数的五分之二。同时北部却有半数以上的田场有驴，百分之一四的田场有骡，而百分之七．四的田场有马”④。中东部饲养的猪、鸡、鸭都比北部多，而中东部的安徽芜湖、浙江镇海、福建连江、江苏的江宁（淳化门、

① 卜凯著，张履鸾译：《中国农家经济》，上海：商务印书馆，1936年，第313页。
② 卜凯著，张履鸾译：《中国农家经济》，上海：商务印书馆，1936年，第309页。
③ 卜凯著，张履鸾译：《中国农家经济》，上海：商务印书馆，1936年，第310页。
④ 卜凯著，张履鸾译：《中国农家经济》，上海：商务印书馆，1936年，第310页。

太平门）和武进则不饲养骡马。

第四节　河北农民生活状况

农民生活状况的好坏是反映农村经济发展水平高低的重要指标，在卜凯的中国农家经济的调查中，有相当一部分内容涉及农民的生活状况，本节即以河北盐山县与平乡县为例，对当时河北农村农家的生活状况进行分析与说明。

一、农家的饮食

俗话说“民以食为天”，饮食是人类生存最基本的需要。饮食文化具有传承性，但同时受种植习惯等因素的影响，不同时代也具有不同特色，以及地区间的差异。明清时期，盐山农民的生活方式是自给自足，大多“耕田而食，凿井而饮”。当时普通农户主要的食粮为高粱、谷子、玉蜀黍等，平时一日三餐，冬天减作两餐，富裕家庭多食小米或玉蜀黍馍饼，早晚多食白高粱馍，初夏收获小麦时，中午吃小麦面馒头，很少食肉。贫困之家则常年以糠菜果腹，故有“糠菜半年粮”的谚语。副食品质次、单调，以自制黑豆酱、咸菜、虾酱、白盐为主，有“萝卜条子靠酱碗”之说，遇到荒年则有吃黄菜、臭蒿充饥者。

从卜凯盐山县150户农家调查中亦可以较为清晰地看到民国时期河北农民的饮食状况，从而反映出当时农民的生活水平。

（一）作物种植种类

民国时期河北省农家种植的农作物种类主要有小麦、高粱、甘薯、玉蜀黍、谷子、黄豆、绿豆、黑豆、水果、蔬菜等。小麦始终是重要农作物，其“为各家通种，且为冬季唯一之作物，故其所种面积，竟占全作物面积之54.8%，或占全作物亩35.9%，96%之小麦地，尚可种第二季作物”。[①] 其次为高粱，“农家88%皆种植。”[②] 虽然小麦是农家仅有的可供出售以获取资金

① 卜凯著，孙文郁译：《河北盐山县一百五十农家之经济及社会调查》，《金陵大学农林科农林丛刊》，1929年第51期，第52页。

② 卜凯著，孙文郁译：《河北盐山县一百五十农家之经济及社会调查》，《金陵大学农林科农林丛刊》，1929年第51期，第56页。

的作物，但与高粱相比，其经济用途却远不及后者为广。对此，卜凯评论说，“高粱为中国重要之农作物之一，用途甚广。谷粒可供人畜食料，并可造酒，叶可做饲料，秆可作燃料及各种工业之原料，如建筑时可以作墙里，可以做屋顶，可以作藩篱，又可以编筐篮玩具及其他家庭用具等。此外农家日用之扫帚，亦多有以去实之高粱穗为之者。”① 关于甘薯的种植，卜凯认为，虽然甘薯有很多的优点，但是，“甘薯为新有之作物，在八年以前，鲜有种植者，然至今仍不能广为栽种，尝考其故，盖其最大原因即成熟时每易被人偷窃也。”② 然而，卜凯十分重视甘薯在农民生活中的重要作用，他认为甘薯有两大优点：其一，甘薯产量大，是解决粮食匮乏的有效途径。“有时或不仅可以弥补减少，而反能使食粮大形增加也。”③ “按甘薯每亩所出之产量，远较他种作物为多”。在他看来，“以目下盐山人口稠密之情形观之，似乎当地农民，应改变方针，种植较多之甘薯，以解决当地之食粮问题。”④ 其二，甘薯易于人工合理分配，“甘薯需要工作最多之时期，为十月后半月及十一月，而该季农场，只有少量工作，并无冲突之点也。按盐山情形，农民于高地中应试种白甘薯。”⑤

盐山县作物种植格局的形成除受地理环境影响外，也和农场的大小密切相关，农作物种植结构所产生的影响也会在农民的生活状况中得以体现。若按农场大小比较各农作物的种植百分率，则“较大之农场，常种较多之黄豆谷子及玉蜀黍，惟玉蜀黍及黄豆之合种亩数，则比较甚为稀少。据一般小农场场主多年之经验，谓在高地中，倘将黄豆同玉蜀黍合种，其结果皆较他种作物为有利”⑥。针对这一种植格局，卜凯认为：“将来改变农作物制时，较

---

① 卜凯著，孙文郁译：《河北盐山县一百五十农家之经济及社会调查》，《金陵大学农林科农林丛刊》，1929年第51期，第62页。

② 卜凯著，孙文郁译：《河北盐山县一百五十农家之经济及社会调查》，《金陵大学农林科农林丛刊》，1929年第51期，第56—57页。

③ 卜凯著，孙文郁译：《河北盐山县一百五十农家之经济及社会调查》，《金陵大学农林科农林丛刊》，1929年第51期，第80页。

④ 卜凯著，孙文郁译：《河北盐山县一百五十农家之经济及社会调查》，《金陵大学农林科农林丛刊》，1929年第51期，第57页。

⑤ 卜凯著，孙文郁译：《河北盐山县一百五十农家之经济及社会调查》，《金陵大学农林科农林丛刊》，1929年第51期，第80页。

⑥ 卜凯著，孙文郁译：《河北盐山县一百五十农家之经济及社会调查》，《金陵大学农林科农林丛刊》，1929年第51期，第57页。

良之人工支配，实为改良中国之第一要点。”所以他提出改良方案：“以倡种棉花代替过量之高粱为最适宜。因为棉花在各季所需之人工相差无几，且为抵抗碱性土壤最有力量之作物也。”① 但由于棉花属于经济性作物，如引种棉花，易使粮食性作物减少，针对这一弊端，卜凯主张“可同时多栽植甘薯，以弥补之”②。

（二）农作物食用的支配

从河北省农家食物来源方式看，农民所需食物主要是自给自足，只有少量由市场购买。而农家从市场购买粮食的多少，影响因素很多，既受作物收成因素的影响，如果收成好，需要购买的食物就较少，反之则比较多；也受农家距离市场远近的影响，尤其是蔬菜果品、肉类、豆腐等非普通田场所自己能供给的食物，多是由市场上购买而来。当然，农家从市场购买粮食的种类与数量主要的还是受经济状况和多年来所形成的习惯的影响。农民会将品质较好、价格稍高的食物出售，如小麦等。同时购买价值低廉、品质较低的食物来充饥。这也是当时贫困农民的生存之道，诚如卜凯所言：“中国农民所以能从一小块土地上而得到生存的另一原因，就是通常自己所食者，都是粗劣的食粮，而将值钱者完全出售。河北盐山就是一个很好的例证，当地农人日常所食的，都是高粱、小米、玉蜀黍等粗劣的食粮，而将较为贵重的小麦出售。此种情形，习见于中国北方平原诸省，不过只有程度上的差异。”③ 玉蜀黍、黄豆、绿豆、高粱、谷子、黑豆、甘薯等粗粮的四分之三以上为农家自用，“惟小麦自用者，仅占总量5%”。农家自用的食物总值也仅占农作物总值的37%。④ 关于这一点，表5－4和表5－5可以清晰地显示出来。对于农家食物的自用情况，张培刚在清苑县的农家调查同样指出清苑的“农作物经营几完全是为着自家的食用”⑤。

从表5－4中可以看出，在调查的盐山150户农家中，作物出售价值总计

---

① 卜凯著，孙文郁译：《河北盐山县一百五十农家之经济及社会调查》，《金陵大学农林科农林丛刊》，1929年第51期，第78页。

② 卜凯著，孙文郁译：《河北盐山县一百五十农家之经济及社会调查》，《金陵大学农林科农林丛刊》，1929年第51期，第80页。

③ 卜凯著，张履鸾译：《中国农家经济》，上海：商务印书馆，1936年，第489页。

④ 卜凯著，孙文郁译：《河北盐山县一百五十农家之经济及社会调查》，《金陵大学农林科农林丛刊》，1929年第51期，第61页。

⑤ 张培刚：《清苑的农家经济》（下），《社会科学杂志》，1937年第8卷第1期，第115页。

为81.5元，百分率为62.8%；自用48.19元，百分率为37.2%。其中小麦出售价值70.76元，占94.8%，自用价值仅3.89元，占5.2%。而黄豆、高粱等粗粮作物，则恰恰相反，如玉蜀黍的出售价值仅为0.88元，占7.6%，自用为10.7元，占92.4%。家畜及其副产品则多为出售，“家畜之出产盖全系出售，惟鸡约有四分之一为农家所自用。”家畜及其副产品出售总计价值4.06元，占87.9%，自用价值仅0.56元，占12.1%，其中只有鸡蛋、鸡有少量自用，鸡出售价值0.15元，占65.2%，自用0.08元，占34.8%；鸡蛋出售价值1.66元，占77.6%，自用0.48元，占22.4%。而由表5-5分析，大约有90%以上的农家，以农场的小麦、黄豆、高粱及玉蜀黍等为食粮，作物秸秆等为燃料；有70%以上农家以农场的谷子为食粮与麦秸为燃料；而食用鸡蛋的农家，在半数以上。这里也可看出，农家对生产生活资料的利用可谓物尽其用，“普通谷类农作物，除销售者外，皆作农家之食料。秆秸等副产品，则多作燃料、饲料及家庭工业原料之用。谷秸及高粱叶（绿时摘下者）为饲畜最佳之食料。高粱秆、玉蜀黍秸、豆秸等，大都系作燃料之用。”①

表5-4　盐山150户农家销售与自用农产物比较

项目		平均价值（元）		价值百分率（%）	
		出售或备用	自用	出售	自用
作物	玉蜀黍	0.88	10.7	7.6	92.4
	小麦	70.76	3.89	94.8	5.2
	黄豆	0.68	6.08	10.0	90.0
	绿豆	0.08	0.27	22.9	77.1
	高粱	3.19	14.05	18.5	81.3
	谷子	3.43	12.32	21.8	78.2
	枣	2.14	0.22	90.7	9.3
	蔬菜	0.34	0.51	40.0	60.0
	黑豆		0.14		100.0
	甘薯		0.01		100.0
	总计	81.5	48.19	62.8	37.2

① 卜凯著，孙文郁译：《河北盐山县一百五十农家之经济及社会调查》，《金陵大学农林科农林丛刊》，1929年第51期，第61页。

续表

项目		平均价值（元）		价值百分率（%）	
		出售或备用	自用	出售	自用
家畜及其副产品	鸡	0.15	0.08	65.2	34.8
	鸡蛋	1.66	0.48	77.6	22.4
	猪	1.57		100.0	
	骡	0.6		100.0	
	皮	0.05		100.0	
	粪	0.03		100.0	
	总计	4.06	0.56	87.9	12.1
	杂项	2.12	21.4	9.0	91.0
	共计	87.68	70.15	55.6	44.4

资料来源：据卜凯著，孙文郁译：《河北盐山县一百五十农家之经济及社会调查》（《金陵大学农林科农林丛刊》，1929 年第 51 期第 62—63 页）表 22 整理而成。

表 5－5　盐山 150 户农家农产品分配

作物种类	单位	农家百分比（%）	所用总量			所用价值			
			所用农家平均数	150 户平均数	总量	所用农家平均数	150 户平均数	总计	占总值百分比（%）
小麦	石	99.3	0.38	0.38	57	3.91	3.89	583.11	5.6
高粱	石	90.7	3.05	2.76	414.6	15.5	14.05	2107.9	20.0
杆（高粱、玉蜀黍）	担	97.3	38.95	37.91	5687	13.65	13.28	1992.5	18.9
谷子	石	72.7	3.21	2.33	350	16.96	12.32	1848.35	17.6
玉蜀黍	石	90.0	1.96	1.76	264.3	11.89	10.7	1609.2	15.2
秸（大半小麦）	担	78.8	20.43	16.07	242	9.2	7.24	1085.5	10.3
黄豆	石	96.0	1.05	1.01	151.34	6.33	6.08	912.09	8.7
家庭工业		5.3				10	0.53	80.0	0.8
蔬菜	斤	5.3	2062.5	20	16500	9.5	0.51	76.0	0.7
蛋	个	56.0	72	40.32	6048	0.86	0.48	72.15	0.7
树木（木料）		10.0				3.52	0.35	52.8	0.5
绿豆	石	12.7	0.31	0.04	5.85	2.1	0.27	39.85	0.4
枣	石	5.3	1.56	0.08	12.5	4.13	0.22	33.0	0.3

续表

作物种类	单位	农家百分比（%）	所用总量			所用价值			
			所用农家平均数	150户平均数	总量	所用农家平均数	150户平均数	总计	占总值百分比（%）
黑豆	石	2.7	0.78	0.02	3.1	5.25	0.14	21.0	0.2
鸡	只	24.7	2.35	0.58	87	0.3	0.08	2.04	0.1
甜薯	斤	0.7	200	1.33	200	2.0	0.01	2.0	
总计							70.15	10522.49	100

资料来源：卜凯著，孙文郁译：《河北盐山县一百五十农家之经济及社会调查》，《金陵大学农林科农林丛刊》，1929年第51期第124—125页表48内容整理而成。

此外，从农家各类食物的消费量来看，其消费多为主食，而水果、油脂、糖类、肉类等副食品的消费比重则很少。对此，卜凯指出，“农民多不将果品当作饭食，亦不当作佐食物品。吃果品不过认为系消遣取乐，犹如农人自己所说的‘玩玩’而已。因此许多农家，恐未能将果品全数报告。不过无论如何，农人所食的果品数量总是不多。”① 而烹调用的脂油也多为植物籽油，如麻油、豆油、菜油等，并且农民食用很少。糖类在农家食物中的地位，也不重要，只有点心甜食中会用一些。而且农村中卖点心甜食者，远不如城市多，多数甜食也系由麦芽糖做成。在盐山县所调查的农家中，“甜薯虽较其他作物每亩所出产之食粮价值——热量——为多，但食用甜薯者，只有一家。种红枣者，在该处共有八家，红枣虽可售的较高之市价，但农民食用之数量仍甚高。”② 此外，甜菜虽然为抵抗碱土最有利的作物。但卜凯认为：“目下销售甜菜之市场尚形缺乏，虽在中国他处，有时农民且直接用之为食物，但其销量究属不多，故就现在而言，甜菜尚不应广为种植。”③ 在所调查的农家费用中，没有食盐一项，“盖因盐山农民自己皆可由碱滩提制食盐。”④

（三）蔬菜及其他副食的食用

蔬菜是人们生活中的重要食物，但中国农家蔬菜与粮食的供给方式截然

① 卜凯著，张履鸾译：《中国农家经济》，上海：商务印书馆，1936年，第478页。

② 卜凯著，孙文郁译：《河北盐山县一百五十农家之经济及社会调查》，《金陵大学农林科农林丛刊》，1929年第51期，第124页。

③ 卜凯著，孙文郁译：《河北盐山县一百五十农家之经济及社会调查》，《金陵大学农林科农林丛刊》，1929年第51期，第80页。

④ 卜凯著，孙文郁译：《河北盐山县一百五十农家之经济及社会调查》，《金陵大学农林科农林丛刊》，1929年第51期，第124页。

不同，这些蔬菜等副食品多从市场上购买。卜凯主持的调查显示农民种植蔬菜的很少，“吾人在内地游历，尤其是在北方，极少见农人有自用菜园者，心中常觉得有很深的感慨。”而农民对较少种植蔬菜的解释则为种菜园比较麻烦，他们认为，假如将田地种了像小麦一样的谷类，其工作也不过是耕耙、播种和收获而已，可种植蔬菜太麻烦，没有这闲工夫。对这一解释，卜凯认为当地农人对此，说不上有什么充分的理由。因为每个农民全年的工作量极少，而工作分配方面也很有改良的余地，决不能连种菜的时间都没有。相对于这种说辞，卜凯则认为一个确切的理由就是普通农民多不明白种菜的方法。“种菜园是一种专门职业，这种情形，北部较中东部尤甚。普通农人，都觉得这里面头绪纷繁，无从捉摸。”① 如盐山所调查的150户农家中栽植自用蔬菜的农家只有8家。对此，卜凯感叹到，“此足表明中国北方各省之人民，对于家庭园艺之不大措意也。在中国北部地方，普通蔬菜大都皆由专门种菜园者，从事种植之。普通农人，皆以缺乏经验，视若难事。”②

应该说农民对蔬菜种植的不重视，其中一个重要因素即在当时极低的生活水平条件下，粮食作物才是他们生存的第一需要，而蔬菜则只是被视为补充性食物。如盐山农家调查中，“所有各种蔬菜供给之食物热量，皆未计入，盖蔬菜之功用，不在乎发热量，而在供给人以生命素也。盐山农民生活之优劣，大部分视小麦收成之丰歉为转移。故盐山农民，常谓小麦一年收，即三年足用也。”③ 此外，蔬菜的种植受水土条件、市场供给等因素的影响也较大，如蔬菜用水量大，而盐山地区恰恰缺少，且“水土含碱性，不宜于种植者，实居大半”。“故盐山城西一带碱性较少，而园艺之农家，亦即较多也。”④

根据对盐山县150户农家的调查，农家平均每年消费蔬菜为547斤⑤。消费蔬菜的种类及比重依次为：萝卜消费量最大，为98斤，占18%；胡萝卜次

① 卜凯著，张履鸾译：《中国农家经济》，上海：商务印书馆，1936年，第478—479页。

② 卜凯著，孙文郁译：《河北盐山县一百五十农家之经济及社会调查》，《金陵大学农林科农林丛刊》，1929年第51期，第123页。

③ 卜凯著，孙文郁译：《河北盐山县一百五十农家之经济及社会调查》，《金陵大学农林科农林丛刊》，1929年第51期，第131页。

④ 卜凯著，孙文郁译：《河北盐山县一百五十农家之经济及社会调查》，《金陵大学农林科农林丛刊》，1929年第51期，第123页。

⑤ 卜凯著，孙文郁译：《河北盐山县一百五十农家之经济及社会调查》，《金陵大学农林科农林丛刊》，1929年第51期，第129页。

之，消费量为87斤，占16%；黄瓜76斤，占14%；白菜、南瓜皆为66斤，占12%；葱55斤，占10%；茄子44斤，占8%；韭菜33斤，占6%；芹菜22斤，占4%（参见表5－6）。从表5－7中各种蔬菜可食用的月数来看，食用率最高的为萝卜，12个月皆有食用，而消费量偏低的葱、韭菜也是一年四季常用的蔬菜。这与蔬菜的季节性以及蔬菜是否易于保存密切相关，如同样消费量的白菜、南瓜，白菜可食用6个月，而南瓜则只可食用3个月。此外，在各类蔬菜食用月份内平均每家每月消费量来看，茄子、南瓜消费量最大，皆为22斤，黄瓜次之，为15.2斤，胡萝卜为12.4斤，白菜11斤，而消费大宗萝卜为8.2斤。

表5－6　盐山150户农家食用蔬菜种类及数量

总计	芹菜	韭菜	茄子	葱	南瓜	白菜	黄瓜	胡萝卜	萝卜	蔬菜名称
100	4	6	8	10	12	12	14	16	18	占全量百分率（%）
547	22	33	44	55	66	66	76	87	98	共计数量（斤）
…	3	12	2	12	3	6	5	7	12	各种蔬菜可用月数
…	7.3	2.8	22	4.6	22	11	15.2	12.4	8.2	在食用月份内平均每家每月消费量（斤）

资料来源：据卜凯著，孙文郁译《河北盐山县一百五十农家之经济及社会调查》（《金陵大学农林科农林丛刊》，1929年第51期第129—130页）内容整理而成。

表5－7　盐山150户农家每月食用蔬菜种类

月份	该月份所食蔬菜种类							
一月	萝卜	葱	韭菜	胡萝卜	白菜			
二月	萝卜	葱	韭菜	白菜				
三月	萝卜	葱	韭菜	白菜				
四月	萝卜	葱	韭菜	黄瓜	黄菜			
五月	萝卜	葱	韭菜	黄瓜	黄菜			
六月	萝卜	葱	韭菜	黄瓜	黄菜	南瓜		
七月	萝卜	葱	韭菜	黄瓜	黄菜	南瓜	胡萝卜	茄子
八月	萝卜	葱	韭菜	黄瓜	黄菜	南瓜	胡萝卜	茄子
九月	萝卜	葱	韭菜	胡萝卜	白菜			

续表

月份	该月份所食蔬菜种类							
十月	萝卜	葱	韭菜	胡萝卜	白菜			
十一月	萝卜	葱	韭菜	胡萝卜	白菜			
十二月	萝卜	葱	韭菜	胡萝卜	白菜			

资料来源：据卜凯著，孙文郁译《河北盐山县一百五十农家之经济及社会调查》（《金陵大学农林科农林丛刊》，1929 年第 51 期第 130—131 页）表格内容整理而成。

总体而言，这一时期盐山普通农家蔬菜种植很少，消费量亦不大，且农民所购买的蔬菜，大都是由城镇附近专门种植蔬菜的农民供给。针对农家的这一饮食习惯，卜凯主张多种植蔬菜。他说："乡村农人，甚少种植蔬菜以作家用者。其实此种事业，不但有利于家庭经济，即对于改良食品、注意卫生，也深有裨益。"① 所以他发出"盐山农民生活既如是之苦，而当地农人毫无设法多种较为集约之物，如蔬菜及根类作物等以供目下之需求，殊滋疑问"② 的感慨。卜凯还对这种情形提出改进方法，"只能一方面用推广的方法，去向农家宣传种植蔬菜的经济和卫生各方面的利益。另一方面，则以种植蔬菜的方法传授农人"③，以推动蔬菜种植面积和食用数量的增加。

（四）农民所食的营养成分

通过对农家的农作物种植结构与食用支配以及蔬菜及其他副食食用情况的分析，对于民国时期河北农民饮食的营养状况，我们可以得出以下两种结论。

第一，农家食物能量的供应来源主要是高粱、谷子等粗粮。从表 5－8 中可以看出，盐山农民食物热量的绝大部分由高粱、小米、玉蜀黍、黄豆及冬季食用的黄菜籽等而来。正如卜凯所讲的那样，"又按中国之北部，肉食并非不足，不过农民之食用甚少。于此可知，盐山农民之生活，几完全依赖谷粮

① 卜凯著，张履鸾译：《中国农家经济》，上海：商务印书馆，1936 年，第 478 页。

② 卜凯著，孙文郁译：《河北盐山县一百五十农家之经济及社会调查》，《金陵大学农林科农林丛刊》，1929 年第 51 期，第 124 页。

③ 卜凯著，张履鸾译：《中国农家经济》，上海：商务印书馆，1936 年，第 479 页。

也”①。根据表5-9，六省各地饮食习惯等因素，农民在卡路里摄入来源上有着很大的差异。总体而言，能量主要来源于谷类、豆类、块根茎类日常主食，而畜产类、果品类、糖类的比重很少，这与农民饮食结构是相对应的。如六省的被调查者平均谷类摄入卡路里77.8%，豆类10.3%，块根茎类8.5%，植物油类1.7%，其他蔬菜类0.4%，畜产类1.0%，糖果类0.2%，果品类0.1%。若将盐山情况与中国其他地区相比较，每成年男子单位消费的粮食和蔬菜均严重不足。

表5-8 盐山150户农家一年间所消费食物种类来源和数量

食物种类	此项食物消费农家所占百分比	每家消费总量（公斤）	田场供给者（百分率）	购买者（百分率）	每种食物所发生之热量总数	在各项食物所发生之总热量中所占之百分率	由蛋白质所发生热量在蛋白质总热量中所占百分率
谷类							
高粱	94.0	344.7	91.6	8.4	1276424	31.4	21.2
小米	85.3	283.2	94.7	5.3	1027733	25.3	22.2
玉米	92.0	226.1	98.2	1.8	910279	22.4	15.6
小麦	99.3	45.9	100.0	……	167719	4.1	3.6
豆类							
大豆	97.3	135.1	87.8	12.2	560665	13.8	34.3
绿豆	12.7	4.1	100.0	……	13562	0.3	0.6
青豆	5.3	2.8	……	100.0	2.366	0.1	0.1
蔬菜类	93.3						
根茎类							
胡萝卜	……	42.8	……	100.0	19046	0.5	0.3
洋葱	……	27.0	……	100.0	13149	0.3	0.3
萝卜	……	48.1	……	100.0	11929	0.3	0.2
韭菜	……	16.2	……	100.0	5265	0.1	0.1
山薯	4.7	4.2	12.0	88.0	5170	0.1	……

① 卜凯著，孙文郁译：《河北盐山县一百五十农家之经济及社会调查》，《金陵大学农林科农林丛刊》，1929年第51期，第134页。

续表

食物种类	此项食物消费农家所占百分比	每家消费总量（公斤）	田场供给者（百分率）	购买者（百分率）	每种食物所发生之热量总数	在各项食物所发生之总热量中所占之百分率	由蛋白质所发生热量在蛋白质总热量中所占百分率
其他							
南瓜	……	32.4	……	100.0	14946	0.4	0.3
茄子	……	21.7	……	100.0	8116	0.2	0.2
黄芽菜	……	32.4	……	100.0	5087	0.1	0.2
黄瓜	……	34.5	……	100.0	4313	0.1	0.2
芹菜	……	10.0	……	100.0	1850	0.1	0.1
果品类							
枣	6.7	7.3	80.0	20.0	8877	0.2	……
畜产类							
蛋	56.0	2.4	100.0	……	3501	0.1	0.2
猪肉	10.7	1.0	……	100.0	3077	0.1	0.2
鸡肉	24.7	0.7	100.0	……	760	……	0.1
合计	……	1322.6	74.4	25.6	4063825	100.0	100.0

资料来源：据卜凯著，张履鸾译《中国农家经济》第491页表格整理而成。

注：人口总数为808（包括5名长工在内）约合成年男子单位613.5，每户之成年男子单位为4.09。表中只有两户购买食盐，其余皆由本地之碱地中获取之。碱地中野生之黄菜，其种子与绿叶亦充食用，并未列入本表。

表5-9　中国六省1070农户各类食物供给卡路里比例（1922—1925）

调查之省县	种子及其制造品			蔬菜		畜产类	果品类	糖类	合计
	谷类	豆类	植物油类	块根茎类	其他				
安徽									
怀远	89.9	3.4	1.3	4.3	0.4	0.5	……	0.2	100
宿县	52.6	22.0	2.2	21.0	0.4	1.3	0.2	0.3	100
河北									
盐山（1922）	83.2	14.2	……	1.4	0.8	0.2	0.2	……	100
河南									
新郑	80.3	5.8	1.5	11.3	0.1	0.6	0.2	0.2	100
开封	71.9	14.1	0.9	12.5	0.1	0.4	0.1	……	100
江苏									
江宁（太平门）	88.8	2.1	4.3	0.5	0.6	3.3	0.1	0.3	100
平均	77.8	10.3	1.7	8.5	0.4	1.0	0.1	0.2	100

资料来源：卜凯著，张履鸾译：《中国农家经济》，第495页表格整理而成。

注：根茎作物除宿县有马铃薯占千分之二外，余者皆为山薯。

第二，盐山农家食物中的热量、脂肪、蛋白质、维生素均明显不足。根据表5－10，将盐山县每成年男子单位每天食物中所含的蛋白质、碳水化合物及脂肪等分量与卜莱费尔氏每一中等工作的成年男子每天食物中所应含的标准分量进行比较后，其结果显示，盐山农民的食物中，对于脂肪及蛋白质两项，均较卜莱费尔氏标准为低。其原因，卜凯认为，“或因黄菜子之分量，尚未计入所致”。而从调查数据来看，盐山农民的食物中似乎有足够的热量，只是对于生命素的供给，“似仍嫌不足，而尤以冬季缺乏蔬菜之时期为甚”①。

表5－10　盐山与卜莱费尔氏标准比较

食物成分	数量（单位公分）		盐山农民消费量较卜莱费尔氏标准量所少的百分率（%）
	盐山	卜莱费尔氏标准	
蛋白质	99	119	16.8
脂肪	44	56	21.4
碳水化合物	452	531	14.9

资料来源：据卜凯著，孙文郁译《河北盐山县一百五十农家之经济及社会调查》（《金陵大学农林科农林丛刊》，1929年第51期第140页）内容整理而成。

综上所述，我们可以得悉20世纪二三十年代河北农家生活的贫困状态。

首先，从饮食结构看，农民所食用的食品种类不多，只是对于少数几种加以大量消费。其中占供给总额百分之十以上者，只有高粱、小麦、玉蜀黍、豆类、山薯等几种。但“小麦为售钱之物，其价值亦较他作物为高。故在各种作物中，小麦之消费，为数甚少”②。此外，农家食物来源“通常以碱滩中野生之黄菜子，为一部分之食料。但黄菜子常能致泄疾，不合乎卫生。然在荒年普通作物歉收时，每仍可结子，届时农民取以为食料者尤多，盖亦无可如何也。夏季黄菜之绿叶，亦可以佐餐，是对于生命素（维他命）之供给，亦不无小补”。据卜凯估算，盐山县“每年每家平均可消费黄菜子两石及黄菜叶五百斤”③，而田场所产黄菜仅能使人饱食不挨饿。据有经验的农民所言，

① 卜凯著，孙文郁译：《河北盐山县一百五十农家之经济及社会调查》，《金陵大学农林科农林丛刊》，1929年第51期，第135页。

② 卜凯著，孙文郁译：《河北盐山县一百五十农家之经济及社会调查》，《金陵大学农林科农林丛刊》，1929年第51期，第128页。

③ 卜凯著，孙文郁译：《河北盐山县一百五十农家之经济及社会调查》，《金陵大学农林科农林丛刊》，1929年第51期，第129页。

“30 亩田地之收入，即可供六口之家所用，但无盈储之机会”①。然而，盐山150 户农家调查所得结果是每人平均的作物面积为 4 亩 2 分，比所估计的数约少 16%，由此可以看出盐山县人民的生活贫困程度之高。

其次，饮食具有季节性特征。卜凯曾讲到，“食物种类颇有季节性，在中国北部，尤显然可以看出从手到口的情形。中国北部，秋冬与早春所食者，大都小米、高粱、玉蜀黍与山薯等秋夏之交所收获之作物。春天大麦收获后，乃由第一次的变化。嗣后小麦收获，乃由第二次的变化。”卜凯所言“从手到口”的现象恰恰反映了中国农家饮食顺应时节的特点。又如“小麦乃众所公认为最佳，而亦工作忙时所必需的食料。很凑巧的在吃小麦的时候，正是一年间工作最为紧张的时节”②。卜凯的前妻赛珍珠对此也深有感受，她在《我的中国世界》一书中曾写道：“北方人每天只有两顿饭，收割季节除外，第二顿我们常吃面条，或者是撒着芝麻的烙饼，卷着蒜和肉的蒸卷儿”③。对此种饮食现象，卜凯认为这一饮食习惯平时并无问题，但是，如果秋季歉收，食物不足以支撑到来年小麦收割，那么人们仍免不了忍饥挨饿。

此外，在每日饮食次数与结构上亦随季节及生活节奏而变化。在春秋两季及夏季后半时段，“农人工作甚忙，故一日皆三餐。小康之家，中饭多为小米或玉蜀黍馍饼，至早晚则多食白高粱馍，因较经济也。初夏收获小麦之时，农人饭食，皆较他时为佳，在此四五十天中，农人中饭时，几皆食用小麦面及馒头。”而到冬季农闲的时候，“农人大都皆无所工作，故农人皆减作两餐，以事节俭。并其食料亦最为经济。”④

二、农民的衣、住、行

（一）衣着

穿衣是人们生活中重要内容之一，不同时代都有其独特的衣饰特色。通过卜凯主持的农家经济和社会状况调查，我们可以看出那一时期农民的衣着

① 卜凯著，孙文郁译：《河北盐山县一百五十农家之经济及社会调查》，《金陵大学农林科农林丛刊》，1929 年第 51 期，第 123 页。

② 卜凯著，张履鸾译：《中国农家经济》，上海：商务印书馆，1936 年，第 503 页。

③ 赛珍珠著，尚营林等译，《我的中国世界》，长沙：湖南文艺出版社，1991 年，第 21 页。

④ 卜凯著，孙文郁译：《河北盐山县一百五十农家之经济及社会调查》，《金陵大学农林科农林丛刊》，1929 年第 51 期，第 129 页。

特点。

首先，衣服原料以棉花为主，“本田场所供给之衣着原料，以棉花为最多，其总值超过于其他一切衣着原料之总和。”① 这一特征与当时农业种植作物习惯密切相关，但不同地区也稍有差异，如卜凯在河北调查的另一个县平乡就有“河北平乡有大麻”② 之说。其次，从衣服风格来看，“布衣最为通行，通常农家之衣服，大都系由蓝色厚布所制成。夏日衣服，并无条纹，冬日常衣绝厚之棉袄。”再次，从供给方式来看，中国农家衣服多为自给自足，这是由当时小农经济的生产方式所决定，但也受商品经济的冲击。“如福建连江县，衣服全向衣店买来，另有许多地方，尤以北部一带，则系全由家中妇女所自制”③。中国北部和中东部差异较为鲜明，“中国北部农人，购买原料以自制衣服者，较中东部为多，前者占全体90%，而后者只占69%。此外尤有一有趣之差别，盖中东部农人买制好之衣着者，占总数三分之一，而北部则只占2.4%。”④ 形成这种差异的原因主要有三个方面，其一，与地区间妇女的分工习惯有关，“北部妇女之田间工作，远不及中东部妇女之多，因此仍有余暇，自制衣服。此时缠足之风，亦以北方为最甚，或者此乃两地情形所以不同的主要原因。”⑤ 其二，与地区间农业生产结构差异有关，主要是农业种植种类的不同，“中国北部差不多有三分之一的农家，可以由本田场供给棉花，而中东部则只有1.7%农家。”其三，与市场经济发展水平有关，“中东部各业分工之程度较高，也许由于该地农人需要一种质料较佳而式样随时之衣着。”⑥ 此外，这一时期农家所穿多为布鞋，且“通常亦系由妇女所自制”⑦。在个别地区特别是山区，农家也会利用更经济易得的材料编制草鞋，如卜凯对盐山农家的调查中介绍马兰系“兰草之一种，其叶可做草绳、草鞋”⑧。

---

① 卜凯著，张履鸾译：《中国农家经济》，上海：商务印书馆，1936年，第530页。
② 卜凯著，张履鸾译：《中国农家经济》，上海：商务印书馆，1936年，第531页。
③ 卜凯著，张履鸾译：《中国农家经济》，上海：商务印书馆，1936年，第530页。
④ 卜凯著，张履鸾译：《中国农家经济》，上海：商务印书馆，1936年，第531页。
⑤ 卜凯著，张履鸾译：《中国农家经济》，上海：商务印书馆，1936年，第530页。
⑥ 卜凯著，张履鸾译：《中国农家经济》，上海：商务印书馆，1936年，第531页。
⑦ 卜凯著，张履鸾译：《中国农家经济》，上海：商务印书馆，1936年，第530页。
⑧ 卜凯著，孙文郁译：《河北盐山县一百五十农家之经济及社会调查》，《金陵大学农林科农林丛刊》，1929年第51期，第58页。

总之，这时期盐山农民服装用料多为农家妇女自织的粗布，间有少量印花细布。衣服制式单一，男子冬穿高腰棉裤，着布结五扣的对襟小棉袄，外套长垂足面的大棉袄，腰系黑布带，以黑带束裤角，脚穿马鞍式棉靴或蒲编草鞋；春秋着黑、青色夹袄、裤；夏季男子赤足，着五扣小白褂、黑裤，戴草帽。妇女缠足，穿绣花尖头鞋。农民皆穿布袜，手工纳底，有里有表①，这在一定程度上代表了当时河北农民的衣着状况。

（二）居住环境及建筑材料

据《北华捷报》对华北地区民居的记载，大约19世纪80年代，“华北农民的居所普遍为泥土筑成的三间矮房，屋顶是高粱杆，上面抹上一层滑秸泥。中间的屋子包括工作场所，里面可能有一捆麦草和一堆蔬菜，但一般是没有一点儿家具的。两边的屋子，每间里面都有一个占去整整半间屋子的土炕，白天供作座位，晚上用作卧床。一个小碗柜，一口衣箱，一面镜子，或许还有一个凳子（都是很脏的），就是房间里的全部家具”。② 盐山县农民的住房与该报的记载相类似，到20世纪二三十年代，盐山“农民住房一般为土木结构，不尚修饰，讲求实用。墙用坯垒或泥垛而成，所用材料低劣，秫秸盖顶。屋矮、窗小、院落狭窄，厕所、牛栏、猪圈毗连”③。其功能正如卜凯所指出的那样，“普通中国农人之住宅，仅避风雨而已，住宅与厩房常不分开，住室同时亦系仓廪”④。

与西方大农场经营方式所呈现的农家分散而居的特点不同，中国农家住宅布局主要是择交通便利之处聚族而居，田地与农居分离。如卜凯在盐山开展调查的吴家阁村，其交通便利，农家都在村中居住，田地则散在村外，与住房距离并不远，平均距离为1.4里。从表5－11中亦可以清晰地看到中国北部地区田地与农舍的距离。在所调查的盐山县农家中，田地距农家住所最远距离，第一次调查的数据为3.46公里，第二次调查的数据为11.52公里，可见农家与田地距离之远，而长距离的交通不利于农民劳作和农业生产。15处平均田区距农舍有0.63公里（1.1里），但北部与中东部也存在地区差异，

① 盐山县地方志编纂委员会：《盐山县志》，天津：南开大学出版社，1991年版，第849页。

② North China Herald，1883年8月3日，第136—137页，转引自李文治《中国近代农业史资料》（第一辑），北京：三联书店，1957年，第917页。

③ 盐山县地方志编纂委员会：《盐山县志》，天津：南开大学出版社，1991年版，第849—850页。

④ 卜凯著，张履鸾译：《中国农家经济》，上海：商务印书馆，1936年，第534页。

“此种距离，在中国北方较中东部大有2.6倍，此或为中国北部所以要用牛车运肥输谷的主因。”①

表5－11　盐山、平乡农田与农舍距离

地区	田区数目	田区与农舍之距离（公里）	
		平均	最远
平乡	5.1	0.69	3.46
盐山（1922）	4.3	0.81	3.46
盐山（1923）	6.4	1.38	11.52
北部地区平均	6.6	0.82	4.18
中东部平均数	10.6	0.31	4.18
十五处平均数	8.5	0.63	3.34

资料来源：据卜凯著，张履鸾译《中国农家经济》第29页表格内容整理而成。

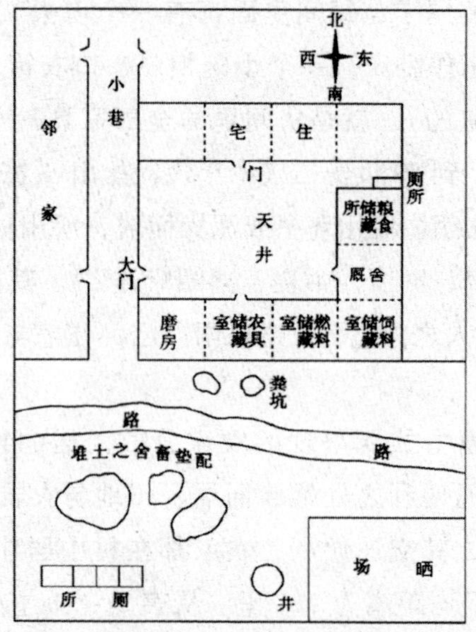

图5－1　河北省盐山县最具代表性农舍平面图

资料来源：据卜凯著，张履鸾译《中国农家经济》第36页图整理而成。

卜凯对农家房屋住宅的清洁卫生问题进行了专门的论述。从图5－1中，我们可以对当地农民的居住环境进行直观的观察，此农舍住宅坐北朝南，而田场房屋，在庭院的另一边，与住宅相对。厩房紧连牧草房，甚为便利。晒场、厕所与水井等都在大路另一边，并不接近农舍。②

① 卜凯著，张履鸾译：《中国农家经济》，上海：商务印书馆，1936年，第28页。
② 卜凯著，张履鸾译：《中国农家经济》，上海：商务印书馆，1936年，第35页。

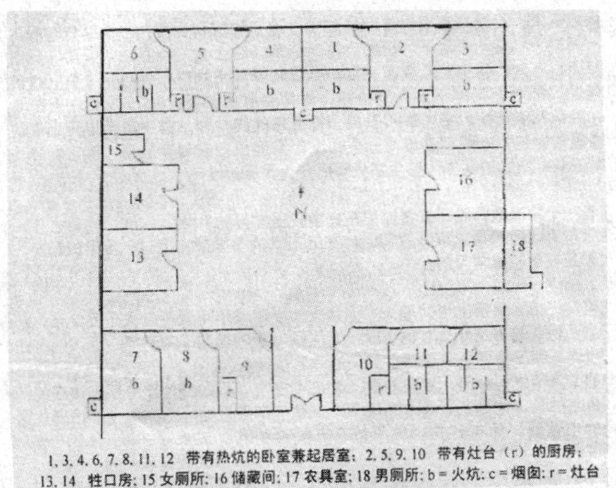

图 5－2　崔毓俊盐山县吴家阁老家住房图解

资料来源：崔肇春《崔氏家族的故事》（未刊）第 123 页图整理而成。

我们再以盐山 150 户农家调查的实施者崔毓俊吴家阁老家住宅（图 5－2）为例做进一步的分析，那时崔毓俊的老家是一个三世同堂拥有 14 口人的大家庭，共有房屋 16 间，其中带热炕的卧室共 8 间，占房屋的一半，1—6 号房供崔毓俊的祖父母、父母、叔叔和婶婶、兄弟及其妻子居住，崔毓俊及其兄妹长大后多半到 7、8 号房或 11、12 号房居住①。厨房共 4 间，牲口房 2 间，农具室和储藏室各 1 间。此外，还有男女厕所各一处，可谓功能齐全。从空间布局来看，崔家住宅是一个四方形的院子，人们居住的房屋在南、北方，阳光照射条件较好；牲口房、农具室及储藏室与南北住房相连，使用方便。厕所分男女厕，分在东、西两个方位，女厕在庭院之内的西处，男厕在庭院之外，并非男女混用，这样的布局既保证了安全，又体现了现代文明。但从总体空间布局来看，牲口房和厕所在南北住房之间，虽方便了使用，但依然形成了人畜杂居的局面，其卫生状况较差。

总体而言，20 世纪二三十年代的华北农村农家的居住条件，“除了富农住的较好外，其余多数住的是土墙败屋、草棚、茅舍、湫隘昏黑，无空气光线可言，人畜杂住，不以为怪”②。通过以上盐山县农家住宅和崔毓俊老家住房的布

① 崔肇春：《崔氏家族的故事》（未刊），第 122 页。

② 郑佩刚：《平汉沿线农村见闻杂述》，陈伯庄：《平汉沿线农村经济调查》，交通大学研究所，1936 年，第 41 页。

局，我们可以看出，盐山农家的住房也存在着诸多弊端，特别是饮水卫生方面。对此，卜凯明确指出，“水源不洁，在饮沸水的地方危险自然较少。但农人亦未尝不饮生水，尤其是在夏天的时候，因盐山农人在炎热之时，每有饮生水者，故厕所水井相离过近，结果一定会有传染病突然发生的危险。”① 且“因盐山夏季热且多潮，冬季则干燥多灰尘，饮水皆含碱质，殊不解渴也。且水料多从井中取得，井深仅十尺，复常与厕所同在道路一旁，且其距离复甚相近。厕所皆系地下窖坑，故饮水中难免有不洁之物，羼杂其中”②。所以，卜凯提出在卫生方面，盐山农家应该加大改良，应“迁移厕所，以免水源染污，或亦为此类农舍急需改革的要点之一”③。

1：盐山150户农家调查的普通农家住房。
2：崔毓俊吴家阁老家住房，左为崔毓俊的大儿子崔震春，右为二儿子崔肇春，拍摄于1935年。

图5-3　崔毓俊盐山吴家阁老家及盐山农家调查某普通房屋图

资料来源：1. 卜凯著，孙文郁译：《河北盐山县一百五十农家之经济及社会调查》，《金陵大学农林科农林丛刊》，1929年第51期，第31页。

2. 崔肇春：《崔氏家族的故事》（未刊），第127页。

此外，关于房屋的建筑材料，我们可以二十世纪三十年代崔毓俊老家房屋的建筑为例予以说明，这一时期盐山县普通农家房屋建筑材料，屋顶用细加工的木椽，木椽上铺以高粱秸，在其上则施以灰泥。房屋的墙体多为土坯墙，墙基多用砖筑成，其上则用混合有麦秸的土坯垒砌。这种土坯房建筑的优点是材

① 卜凯著，张履鸾译：《中国农家经济》，上海：商务印书馆，1936年，第36页。

② 卜凯著，孙文郁译：《河北盐山县一百五十农家之经济及社会调查》，《金陵大学农林科农林丛刊》，1929年第51期，第164页。

③ 卜凯著，张履鸾译：《中国农家经济》，上海：商务印书馆，1936年，第35—36页。

料易得，成本低廉，且“虽有雨水，亦不得渗入”①。但亦有其弊端，如“在夏日有暴风雨的时候，北部平原中的房屋，常有为风雨所冲倒的危险，而在发生水患时，土墙一遇水来，极易被水患浸软而倾圮，如遇暴风雨的时间较长，则存粮、种子，每因倒屋而全行漂失，结果每能使灾患的程度，因此而更形严重”。对此，卜凯认为解决这个问题较妥当的办法，“莫如供给农人以长期借款，使其能建造较坚固的房屋，或较坚固的仓廪。在日本农人于农舍本身之外，另行建筑较坚固之仓廪者殊多。”② 日本农民的这种住房建筑方式值得我们借鉴。

（三）农民的出行

盐山县自古以来土地贫瘠，经济基础薄弱，道路狭窄，交通不甚发达，人民平时很少有外出者，对外交通工具有马拉车、轿子。富裕人家出门探亲访友一般乘坐轿子，贫民多骑驴或步行，以肩挑或手推搞运输。③ 特别是农村的人们出行都以畜力为主。可见畜力在农家生活中的重要性，其不仅为农田耕作之用，更是农家出行的主要工具。所调查的盐山150户农家，“多数之家畜皆为役畜，纯为生产之家畜，只占全家畜中11.7%，马、牛（黄牛）、驴、骡等为役畜，猪、豚、鸡、鸭等为生产之家畜。其畜产或系自用，或作售品，殊不一定。”而这些役畜中，以养驴为最多，150户农家“役畜中驴子一项，几占全家畜单位中之半数，黄牛则占三分之一。有驴之农家，约占全农家三分之二”。其原因在于“距城周围十里之乡间，其农家备受军事时间差徭之苦，故通常鲜有畜养骡马者。惟本调查中，农家所养之驴，仍有如是之多者，又别有故，盖因驴除能耕作于田场外，且兼有负重推磨拉纤等用途也”④。通过调查，卜凯还发现常常是若干农家中有两家共养一个牲畜，或

图5－4　盐山150户农家调查中的骡车

① 卜凯著，孙文郁译：《河北盐山县一百五十农家之经济及社会调查》，《金陵大学农林科农林丛刊》，1929年第51期，第19页。

② 卜凯著，张履鸾译：《中国农家经济》，上海：商务印书馆，1936年，第534页。

③ 盐山县地方志编纂委员会：《盐山县志》，天津：南开大学出版社，1991年版，第850页。

④ 卜凯著，孙文郁译：《河北盐山县一百五十农家之经济及社会调查》，《金陵大学农林科农林丛刊》，1929年第51期，第66页。

为马，或为牛，或为驴，各家不等。另尚有一农家只有四分之一黄牛，其余四分之三，则属其他各家，这表明，一方面，农家的贫困，没有更多的财力与物力养殖大的牲畜，另一方面，也看出农民出行的不易。

三、农家的消费

（一）各项消费数目及比例

消费是社会再生产过程中的一个重要环节，它包括个人消费与生产消费两部分。在个人消费中，生活消费是维持自身生存与发展的基本消费。农家的各项消费状况不仅清晰地反映农家的生活与生产状况以及消费水平，同时也反映出当时社会的经济发展水平。从表5－12盐山县150户农家消费费用支出的数目看，有三分之二以上的家庭消费都出自自己的农场，从消费品的供应来源看，田场供应部分为79.39元，占69.8%，市场购买部分为34.28元，占30.2%。而衣、食、住、燃料四项生活必需消费品所花费用，占去总费用的87%，其余费用为数甚小，很难满足生活需求，更谈不上提高生活水平。

表5－12　河北省盐山县150户农家消费费用数目及支配

项目	价值（元）			各项费用所占之百分比（%）
	田场供给者	市场购买者	总计	
食料	48.75	13.46	62.12	54.7
房租	9.24	……	9.24	8.1
衣服	……	6.68	6.68	5.9
燃料	20.52	……	20.52	18.1
其他各项费用	……	……	15.02	13.2
卫生费用	……	0.40	0.40	0.3
生活改进费	……	10.34	10.34	9.1
嗜好费	……	3.40	3.40	3.0
杂项	0.88	……	0.88	0.8
总计	79.39	34.28	23.67	100.0
自用及购买所占之百分率（%）	69.8	30.2		

资料来源：据卜凯著，孙文郁译：《河北盐山县一百五十农家之经济及社会调查》（《金陵大学农林科农林丛刊》，1929年第51期第121页）内容整理而成。

注：卫生费用一项，系指医药等费而言；生活改进费一项，系包括教育，宗教及新年应酬等费用而言；嗜好一项，系包括烟酒赌博等费用而言。

从表5－13看，河北省盐山县与平乡县农家消费水平远低于同期调查的其他地区，更低于北部和中东部地区的平均值。各项费用总值，每户平均为228.32元，最低者为河北省平乡县，每户只有88.62元，而最高者为河南开封县，每户有349.67元，其原因是由于家庭赚款比他处要低。虽然，是由于旱灾导致小麦歉收所致，但1923年盐山县调查的每户各项费用的总值，较之1922年另一处距离20里外的地区，仍然有过之而无不及。“这是由于该地一般物价日渐升腾，以及第二次调查时所用方法更为精密”的缘故。[①]

表5－13　河北省盐山县、平乡县农家各项费用总值（1921—1925）

（单位：元）

地区	食物	房租	衣着	灯油燃料	医药	生活改进	嗜好	器具	杂项开支	总值	依每家计每一成年男子单位之全年费用	依户计每一成年男子单位之全年费用
平乡	58.83	9.24	4.03	11.63	0.05	2.88	0.86	1.10	……	88.62	26.14	24.82
盐山1922	62.20	9.24	6.68	20.52	0.40	10.34	3.40	……	0.35	113.13	27.86	27.66
盐山1923	88.02	8.59	7.23	26.63	0.72	9.21	6.79	2.49	5.52	155.20	39.9	37.95
北部平均	123.73	8.26	12.23	21.20	1.40	12.79	5.33	1.77	4.10	190.63	41.73	39.34
中东部平均	156.39	16.20	25.44	32.19	2.57	33.12	18.17	1.41	3.14	288.63	69.07	65.99
17处平均	136.29	11.32	17.31	25.32	1.85	20.61	10.26	1.63	3.73	228.32	52.24	49.59

资料来源：据卜凯著，张履鸾译《中国农家经济》第514页表3内容整理而成。

（二）生活必需品消费

在衣、食、住、燃料四项生活必需消费品的费用中，以食料所花费用最多，占54.7%。而在食料费用中，蔬菜仅占食料费的12.8%，农场自产的蔬菜价值，则仅值五角一分，在150户农家中，肉食者只有15家。[②] 这与李景汉在定县的农村调查结果是相一致的，定县农家食品消费中“杂粮支出占

① 卜凯著，张履鸾译：《中国农家经济》，上海：商务印书馆，1936年，第515页。

② 卜凯著，孙文郁译：《河北盐山县一百五十农家之经济及社会调查》，《金陵大学农林科农林丛刊》，1929年第51期，第126页。

81%，蔬菜占去13%，肉类仅占2%，水果仅占3‰"[①]。盐山县住宅大都是由田场所供给的，屋顶是由田场自产的草秸所盖成，梁、椽、柱等木料大多一半是由田场所供给，一半则是向市场购买而来，所以住宅消费在农家消费中所占比例不大。农家有房屋通常与田场连在一起，所以房租系由田场支出。而房租则因建筑材料较为劣质，一般都不会很高，房租占各类费用总值的5.3%，北部较中东部约低50%。

从表5－12看，燃料费为20.50元，占比为18.1%，排在食料费之后，居第二位。从表5－13看，北方平均燃料费为21.2元，占总消费的11.12%，而河北省的平乡县燃料费为11.63元，占比为13.12%，盐山县1927年的燃料费为26.63元，占比为17.16%，平乡与盐山两处燃料消费均高于北方平均数。此外，农家燃料多由田场自给，所购买的比例不高。这一状况，我们可以表5－14进行说明，燃料费北部与中东部相比并无多大差异，北部较中东部低三分之一。北部地区燃料多半是由农作物的副产品如茎秆等类提供，而中东部地区有一大部分燃料是从山地上砍来的柴草。虽然，河北省盐山县也有不少不宜耕种的碱地与沼泽地可以生长柴草，但是，总体而言，北方平原地区生长柴草的山坡地极少。

燃料是人民生活必不可少的，且费用多，占时多。卜凯认为出现此种现象是由于农家所用的燃料大都是草秸等物所致，人们"须守在灶旁边，慢慢添柴，不能一刻离开"。因此，农民对某种新食物的选择，必须要考虑该种食物是否容易煮透，换言之，燃料在某种程度上影响着人们的饮食习惯。由于燃料的昂贵，食物常出现未能充分煮透的现象，如"河北盐山县的燃料尤为昂贵稀少，连所吃的茶水，农人每每亦不能烧滚"[②]。由此可见，"燃料确是一个很急切的问题，有许多农人为节省燃料的原故，常感受很大的痛苦。河北盐山县的农人，为节省燃料，连吃的茶水都是冷的"[③]，由此可见一斑。

① 李景汉：《定县社会概况调查》，上海：上海人民出版社，2005年，第293页。
② 卜凯著，张履鸾译：《中国农家经济》，上海：商务印书馆，1936年，第503页。
③ 卜凯著，张履鸾译：《中国农家经济》，上海：商务印书馆，1936年，第536页。

表 5－14　河北省盐山县、平乡县有灯油燃料费农户在该项开支上的平均花费及百分比（1922—1925）

地区	平均花费数目								
	田场所供给的					购买来的			
	茎秆	柴草	芦柴	树枝	木柴	煤	木柴	茅草	灯油
平乡	11.25	……	……	2.93	……	……	……	1.54	0.34
盐山（1922）	9.20	13.65	……	……	……	……	……	……	……
盐山（1923）	17.51	11.64	……	6.50	……	……	……	7.65	1.65
北部平均	14.27	14.61	50.0	6.43	2.94	9.62	7.36	6.55	2.23
中东部平均	20.44	18.23	……	2.33	2.37	……	……	6.45	2.40
十三处平均	16.75	16.72	5.00	4.18	2.71	9.62	7.36	6.54	2.29
地区	平均花费占百分比								
	田场所供给的					购买来的			
	茎秆	柴草	芦柴	树枝	木柴	煤	木柴	茅草	灯油
平乡	98.7	……	……	4.6	……	98.7	……	3.3	……
盐山（1922）	78.7	97.3	……	……	……	……	……	……	……
盐山（1923）	99.2	15.8	……	33.8	……	100.0	……	46.6	……
北部平均	78.5	37.5	6.4	4.6	0.1	70.3	14.9	7.1	4.0
中东部平均	74.8	74.7	6.0	8.0	……	52.7	……	1.1	2.3
十三处平均	77.0	52.9	6.2	6.0	——	63.0	8.7	4.6	2.3

资料来源：卜凯著，张履鸾译：《中国农家经济》，第 530 页表内容整理而成。

表 5－15　河北省盐山、平乡两县食物、房租衣着、灯油燃料与其他费用各项所占比（%）

	食物	房租	衣着	灯油燃料	其他费用
中国	58.9	5.3	7.3	12.3	16.2
盐山（1922）	55.0	8.2	5.9	18.1	12.8
盐山（1923）	56.7	5.5	4.7	17.1	16.0
平乡	66.4	10.4	4.5	13.1	5.6

资料来源：据卜凯著，张履鸾译《中国农家经济》第 528—530 页表格整理而成。

（三）其他消费费用

首先，生活改进费，这类费用主要包括社交、教育、宗教及新年应酬等费用。从表 5－15 和 5－16 可以看出，所列生活改进费有社交、教育、新年、佞佛以及医药的消费，而敬神、教会捐款、慈善、娱乐则只是在个别地区有所消费。在生活改进费用中社交费为最大开支，包括送礼、演戏、戏场上饮食与赌博等费用，以及上街买卖时在茶馆中所费的茶资，差不多家家都会产生社交费用，但地区间的差异也较大。教育费居生活改进费中的第二位，且中国北部农家教育费平均支出要低于中东部地区。用于新年的费用南北方无大的差别，“在新年的开始，农民就用香烛纸钱来敬天地祖先，以答谢过去的平安和预祝将来的福佑，家家门前贴红纸春联，有的地方连农具提篮上都会贴有红纸福字。家里每人至少都要多添一件新的衣衫，就是穷点，少不了还要换双新鞋。此外还要买点爆竹，并且还需留点钱，以供饮酒赌博的开支”①。其中食物方面的开支最大，不但要多预备鸡、猪、鱼、鸭等荤菜，有时还要预备年糕及荤点心，以便新年招待客人所用。此外，在宗教上也会产生一些费用。河北农民除传统的敬神外，信基督教的农民也渐多，在卜凯主持盐山县150户农家调查中，信基督教的场主，占总数23.3%，且基督教的家庭每家全年也会对教会捐款，但相较敬神和佞佛方面的用款，数目较低。

表5－16　河北省盐山县、平乡县有生活改进费的农家对该项开支平均花费数目及百分比

平均花费数目（元）									
地区	生活改进费								医药
	社交	教育	新年	佞佛	敬神	教会捐款	慈善	娱乐	
平乡	1.85	4.53	1.70	0.45	……	2.83	0.93	8.00	1.04
盐山（1922）	2.98	8.77	3.87	0.90	1.01	……	……	……	3.37
盐山（1923）	2.92	14.67	2.90	0.26	1.40	0.80	1.17	……	1.85
北部平均	5.28	15.17	4.97	1.24	1.26	2.18	1.49	1.92	3.83
中东部平均	21.14	7.87	9.81	5.08	4.04	2.15	6.00	……	4.98
13处平均	12.16	11.44	6.94	2.78	2.27	2.18	1.96	1.92	4.40
所占百分比（%）									
地区	生活改进费								医药
	社交	教育	新年	佞佛	敬神	教会捐款	慈善	娱乐	
平乡	99.3	15.8	55.3	10.5	……	3.9	2.6	0.7	5.3
盐山（1922）	100.0	96.0	86.7	22.0	89.3	……	……	……	12.0
盐山（1923）	97.7	97.0	64.7	19.5	13.5	11.3	23.3	……	39.1
北部平均	99.1	71.0	67.8	26.7	28.2	15.2	8.6	7.4	39.1
中东部平均	96.1	77.0	64.4	39.4	22.7	2.5	2.0	……	53.6
13处平均	97.8	73.5	66.4	32.0	25.9	10.0	5.9	4.3	45.1

资料来源：据卜凯著，张履鸾译《中国农家经济》第537、538页表整理而成。

① 卜凯著，张履鸾译：《中国农家经济》，上海：商务印书馆，1936年，第543页。

其次，个人嗜好费。该项费用数目颇大，有这一项费用的人家也很多。其中用于烟酒、赌博、鸦片的费用又占去了相当大的比例。从表5-17中看出，个人嗜好品多由购买而来。除鸦片消费盐山县要明显高于所调查的其他地区外，其余消费，平乡、盐山要低于中国北部与中东部的平均值。对此，卜凯感慨到，“假使这些消费费用能用于教育方面，或者用于正当娱乐，或者能储存起来，一定能使生活程度因此而日渐提高”。由此，卜凯提出，“经济改革必需与社会改革同时并进，始克有济”的建议。而“经济方面虽已改良，而社会方面与精神风貌不能同时进步，则亦不过使不良嗜好之日渐滋蔓而已，未必即能提高农人的真正福利”。[①] 可见，社会经济发展与精神风貌应同步进行。

表5-17　河北省盐山县、平乡县有个人嗜好费的农家的平均开支数目（元）

地区	田场所供给的		购买来的						
	烟	茶	鸦片	赌博	烟	茶	酒	杂项	装饰
平乡	……	……	14.00	5.40	0.51	0.43	0.51	……	1.75
盐山（1922）	……	……	……	3.73	1.18	……	0.78	……	……
盐山（1923）	1.08	……	300.00	3.24	1.35	0.47	2.00	……	3.52
北部平均	4.74	0.97	50.57	7.39	2.05	1.02	1.73	2.00	1.85
中东部平均	……	4.00	56.25	16.15	5.76	3.44	3.61	……	1.64
13处平均	4.74	1.73	52.64	12.21	3.66	2.74	2.60	2.00	17.9

资料来源：根据卜凯著，张履鸾译《中国农家经济》第538页表整理而成。

第三，杂项开支。这一部分消费包括：丧葬费、婚嫁费、诉讼费及仆费等四个部分。卜凯认为，传统的社会风俗使丧葬所费过奢，“不如此每为一般人所鄙视”。所有曾经调查过的农家都有丧葬一项开支，其费用占农家总数的2.8%，每家平均为52.68元。但是，丧葬费用的花费地区间的差异并不大，中国北部每家平均为50.15元，而中东部为62.07元。中国北部有丧葬费用者占总数的3.7%，而中东部则只有1.4%。对此，卜凯认为“中国北部有丧葬费用的人家所占百分率所以较高的原因是由于河北盐山县的百分率特高，竟达15.8%”[②]。

① 卜凯著，张履鸾译：《中国农家经济》，上海：商务印书馆，1936年，第553页。
② 卜凯著，张履鸾译：《中国农家经济》，上海：商务印书馆，1936年，第554页。

婚嫁所需费用北部也较中东部为多。各地农家，在调查周年内有婚嫁一项开支的，占农家总数的3.8%，北部较高占总数的4.3%，中东部则只占2.9%。婚嫁费平均每家为69.43元，中东部平均每家为114.83元，北部则只有47.50元。卜凯认为“婚嫁也和丧葬一般，为维持场面的关系，费用乃不得不如此之高”①。农民大都是通过借钱的方式支撑婚丧的花费，其借钱的方法，“或卖地，或当地，或用其他方法不等。其他方法有两种，一为定期借款，为期十月，年利三分；一为摇会，由入会会员组织”②。

最后是诉讼费与仆费，这两部分的花费最少，占比也最小。在卜凯所主持调查的区域中，诉讼费只有千分之六的农家有此项开支，其中1923年盐山县调查的每家费用平均为7.94元。对于仆费，卜凯认为只有绝少数的富农会有，所占比例亦不高，而每家全年所费平均为11.09元③。

四、教育与娱乐

（一）受教育时间

从受教育的时间来看，农民受教育比例并不高，时间也较短。从卜凯的调查可知，受过教育的农民不到一半，平均受教育的时间为4.1年，北部时间较长，为4.3年。而受教育程度与其成分有着密切的关联，自耕农、半自耕农、佃农受教育率及受教育年限依次递减，是一种正比例的关系，如卜凯所调查的13处未受教育者所占百分比率分别为：佃农65.5%、半自耕农54.3%、自耕农44.8%。此外，地区间的差异也较大，北部与中东部的佃农所受的教育年限都较短，实际上有四分之三的佃农从未受过教育；自耕农则不然，受过教育的差不多占总数的一半。而且就是受过教育的佃农，其所受的教育年限也仅有2.9年，远低于自耕农的4.3年。（参见表5－18）

① 卜凯著，张履鸾译：《中国农家经济》，上海：商务印书馆，1936年，第555页。

② 卜凯著，孙文郁译：《河北盐山县一百五十农家之经济及社会调查》，《金陵大学农林科农林丛刊》，1929年第51期，第157页。

③ 卜凯著，张履鸾译：《中国农家经济》，上海：商务印书馆，1936年，第555页。

表5－18 河北省盐山县、平乡县受教育场主所占百分比

地区	未受教育者所占百分率（%）				曾受教育者所受教育之年限（年）				适龄儿童受学者所占百分率（%）
	自耕农	半自耕农	佃农	合计	自耕农	半自耕农	佃农	合计	
平乡	51.6	……	……	53.3	2.8	……	……	2.8	89.7
盐山（1922）	78.7	……	……	78.7	5.8	……	……	5.8	77.9
盐山（1923）	62.8	……	……	62.4	4.8	……	…	4.7	75.9
北部平均	49.1	64.3	53.1	54.4	4.4	4.7	2.6	4.3	72.9
中东部平均	40.1	46.1	73.8	49.7	4.1	4.0	3.3	3.9	66.3
13 处平均	44.8	54.3	65.6	52.2	4.3	4.2	2.9	4.1	69.6

资料来源：卜凯著，张履鸾译：《中国农家经济》，第542页表14内容整理而成。

（二）教育费用、方式和内容

中国农家的教育经费投入并不高。对此，卜凯指出："这一代场主受教育的所占百分率，既如此之低，当然要问他们的儿女的情形如何？他们是不是想叫他们的儿女比他们自己多受一点教育？这答案是如此。就是当有70%的7—16岁的儿童，依然没有受过一点教育"①。如盐山县班吴镇，"有新式小学16所，共有男生157名，女生20名，并有私塾4处，共学生24名。若据此推算，则入学人口仅占全人口2%，就表面言之，该处学校设备，固不足餍人民之需求，但就实际言之，有多数农人皆喜愿其子女留在家中或助理农务，即有好学校，亦仍不能使其子弟入学。"② 但各地的情形也颇有差异，如中国北部只有26.7%的农家有教育费的支出，而中东部则有39.4%的农家有这项费用。只是北部有教育费开支的农家其所花的费用要比中东部地区多，约为中东部农家的两倍。对此，卜凯解释说，"此盖由于北部农人自给的程度较高，同时或者也由于中东部对于间接的教育费，例如地税等类，负担较重"③所致。

从教育方式和内容来看。民国时期，普通农家所接受的教育方式仍是以旧式私塾教育为主。如盐山县"有五分之一之场主，曾受教育，平均为5.9

① 卜凯著，张履鸾译：《中国农家经济》，上海：商务印书馆，1936年，第541页。

② 卜凯著，孙文郁译：《河北盐山县一百五十农家之经济及社会调查》，《金陵大学农林科农林丛刊》，1929年第51期，第117页。

③ 卜凯著，张履鸾译：《中国农家经济》，上海：商务印书馆，1936年，第541页。

年。在曾受教育之全数场主中，除一人外，余皆受过旧式的通年的私塾教育"①。在教育内容的选择上，卜凯指出："乡村学校差不多完全是背诵古书的旧式私塾，这种学问对于农人的实际生活并没有多大的价值，尤其是他们读书时期只有两三年，出了学校门，他们幼年所认识的几个字，差不多就都要忘记了。普通农人都不能看书阅报，所以实际上依然还是文盲"。而这一时期的农家支撑儿女读书的主要目的或说主要利益，"只不过能替家庭略微撑点门面而已"②。

（三）农民受教育与农场大小及赢利之间关系

农民受教育与农场大小及赢利之间有着密切的关系，受过教育农民的优势较为明显。盐山县150户农家的调查结果显示，受过教育的农民比未受教育的农民，其所得的场主工价要约多两倍，且受过教育的农民能得到50元以上的场主工价的人数，其百分率比未受过教育的农民要高。如表5－19所示，农民受教育的人数仅为31人，占调查人数的20.7%。平均每家的家庭赚款，受过教育的农场主为194.74元，较未受过教育的场主的119.62元高出75.12元。而平均每家的场主工价，受教育的场主比未受教育的场主高28.46元，场主工价在50元以上者占14%。

表5－19　盐山150户农家教育与赢利关系

受教育与否	场主受教育		平均总面积（亩）		平均祖遗之农场面积（亩）	作物产量指数	平均每家之家庭赚款（元）	平均每家之场主工价（元）	得有场主工价50元以上者之场主百分率（%）
	数目（人）	百分率（%）	农场面积	作物亩					
未受教育者	119	79.3	22.4	31.9	24.7	103	119.62	33.80	31.1
已受教育者	31	20.7	32.5	46.5	38.0	102	194.74	62.26	45.1
总计	150	100	……	……	……	……	……	……	……
平均	……	……	24.5	34.9	27.5	102.5	135.13	39.67	……

资料来源：卜凯著，孙文郁译：《河北盐山县一百五十农家之经济及社会调查》，《金陵大学农林科农林丛刊》，1929年第51期第118、119页表格整理而成。

① 卜凯著，孙文郁译：《河北盐山县一百五十农家之经济及社会调查》，《金陵大学农林科农林丛刊》，1929年第51期，第116页。

② 卜凯著，张履鸾译：《中国农家经济》，上海：商务印书馆，1936年，第541页。

卜凯通过计算得出，受教育与工价之间的函数关系值为 +0.292，也就是说教育有利于农民提高工价，增加收入。虽然，场主工价的大小，因受教育与否而有所区别，但另一方面又根据自身所拥有地亩的多少而有所不同，一定程度上使这种关系更加显著，即田亩的增加使受过教育的场主的工价随之增高，对此，卜凯指出，“凡受过教育之场主，每增加一作物亩，因而增加之场主工价，一次较一次增多。而未受过教育之场主，每增加一作物亩，因而增加之场主工价，每次仅大约相等”。虽然“受过教育之场主，似较未受过教育者为优”。但是，卜凯对受教育与否与增加农民收入，“仍难据此下一断语”，他指出，“因同时受过教育之场主中，其品行坏者之百分率，反较未受教育者为多也”①。由此，可以看出，农民收入的增加既与受教育与否有直接关系，又和农民自身品行的好坏有着某种关联。可以说，卜凯是综合多种因素观察农民收入问题的。

而从农场主品行好坏与教育的关系来看，两者未能成正比增长，在受过教育的场主中，其品行坏者的百分率，反而比未受教育者为多。从表 5－19 中可以看出，在总计未受教育者的 119 户农家中，品行优良的场主，占四分之三以上，而曾受教育的 31 场主（平均受 5.9 年教育），品行优良者反仅有三分之二以上。究其原因，主要在于当时中国农村陈旧落后的教育方式。对此，卜凯认为，“按普通情形而论，凡受教育之儿童，皆系出自富有供给能力之农家，而所学者，大都为四书五经，以故此类之场主，在现在为少数。且此种结果，可表明教育不但不能使品行优良，且因家长昧于家庭教育，或缺乏需要教育之识见，以致儿童习成不良之习惯或嗜好也。此外，中国向以学做分为两事，知行每不能合而为一，或亦有以促成之。”② 由此可见，受教育与否与个人品行的好坏两者之间没有必然的联系。

（四）娱乐种类、次数和时间

娱乐作为人类社会生活中的一种必不可少的社会活动，“不但能使人的身体与精神双方面都得到安慰与康健，并且能陶冶德性，培养人格。更是有趣味的社会教育，例如：开通民智，增进知识，养成良好的习惯，参加社会的

---

① 卜凯著，孙文郁译：《河北盐山县一百五十农家之经济及社会调查》，《金陵大学农林科农林丛刊》，1929 年第 51 期，第 117 页。

② 卜凯著，孙文郁译：《河北盐山县一百五十农家之经济及社会调查》，《金陵大学农林科农林丛刊》，1929 年第 51 期，第 118—119 页。

生活，都可以由娱乐方面入手办理，而收事半功倍的效果”①。然而，这只是良性娱乐，不良娱乐仍给乡村社会与农民家庭带来严重的影响甚至是破产。根据盐山县的调查，普通娱乐可以分为两类，即家庭娱乐与公众娱乐。家庭娱乐通常只有一种，即赌博。在盐山150户农家调查中，参与赌博的农家就占调查人数的6.7%，每场主每年平均的赌博次数为14.9次，每次赌博“至少为半天，至多为一天”②。

公共娱乐项目主要包括看戏、赌博、游玩、集会以及饮酒等。通过表5－20可以看出，盐山县150户农家公共娱乐项目中，首先，看戏的参与率最高，达93.3%，参与调查的农家几乎都参加看戏这种娱乐活动。看戏的时间，大概是每次为两三天。其次，在外赌博的人数居半数以上，参与率为58%，每场主年平均29.8次；第三，饮酒也较为普遍，参与率为30%，饮酒常常和其他娱乐项目如赌博活动是在一起进行的，饮酒、赌博最多的时期是在新年。卜凯也注意到“赌博一项参与率虽高，但赌额亦甚微小，多属娱乐性质，且其中连观场的时间亦已计算在内”③。此外，露天游戏、集会等在农村中也是较为通行的娱乐活动。由此可知，普通农家娱乐活动种类和时间还是十分有限的。

表5－20　盐山150户农家各种娱乐的人数和次数

娱乐种类	场主娱乐之人数（人）	场主娱乐之百分率（%）	每场主每年娱乐之次数（次）
家庭娱乐			
赌博	10	6.7	14.9
公众娱乐			
看戏	140	93.3	5.8
赌博	87	58.0	29.8
露天游玩	43	28.7	14.0
集会	11	8.7	5.0
饮酒	45	30.0	12.1

资料来源：据卜凯著，孙文郁译：《河北盐山县一百五十农家之经济及社会调查》（《金陵大学农林科农林丛刊》，1929年第51期第154页表格）内容整理而成。

① 李景汉：《定县社会概况调查》，上海：上海人民出版社，2005年，第312页。

② 卜凯著，孙文郁译：《河北盐山县一百五十农家之经济及社会调查》，《金陵大学农林科农林丛刊》，1929年第51期，第153页。

③ 卜凯著，孙文郁译：《河北盐山县一百五十农家之经济及社会调查》，《金陵大学农林科农林丛刊》，1929年第51期，第153页。

卜凯还分析农民的品行好坏与农场面积大小及赢利之间的关系（这里所说场主品行好坏系指嗜赌酗酒而言）。此类品行不好者在卜凯的调查中约占全部农场主的四分之一，达24.7%。其根源之一即农家娱乐活动项目的单调与匮乏，在公共娱乐中，赌博是农民每年娱乐次数最高的项目。“普通赌博者，多在新年过节时举行，虽有若干农人未曾加入，然亦终日偷闲，无所事事。统计农人之曾赌博者约占全数63%，而饮酒者约占全数31%，盖较赌博者少约一倍”①。通过卜凯的调查发现，场主品行与农场大小、田地价值及作物指数有着一定关联。总体而言，品行较好者较为贫穷，继承时所得土地较少，继承后土地减少亦较少，但作物产量指数相对较高。而嗜赌酗酒者多较为富裕，继承时所得土地较多，继承后土地减少亦较多，且作物产量指数也相对较低。

综上所述，卜凯对河北农家的衣、食、住、行等的调查不仅反映出了当时农家的生活状况，而且提出了一系列富有远见性的建议，为我们研究民国时期河北省农民的生活状况提供了丰富的文献资料。但是，我们也要注意到卜凯主持的这些农村调查仍具有其不可避免的局限性。如调查数据似嫌偏高，调查农户多为调查区域生产生活条件较好者。具体实施调查者为金陵大学农学院的学生，而这些学生多为家庭条件较好者，这些状况不可避免地造成在调查点的选择上会有失偏颇。以盐山县的调查为例，此次调查是以卜凯的学生崔毓俊作业的形式出现的，之前并没有较为详细的计划和安排，具有一定的偶然性；调查点的选择也完全取决于崔毓俊自己的意志；而被调查的盐山县实为寒苦的地区，而具体实施调查的三个村庄位于盐山县的西部，就全县来说，这三个村庄150户农家的经济状况是相对较好的，东部盐碱地多、比较贫瘠的村庄没在调查之列，使得此次调查的数据具有一定的局限性。此外，此次调查实施时又恰逢该县历经1920年以来持续三年的旱灾和军阀混战。农民在调查内容上有所保留，这些难免会影响到调查结果的准确性和全面性。

虽然如此，卜凯主持的河北农村调查在内容设计上较为缜密，统计细致认真，有一套比较系统的科学的调查方法。调查结果比较准确地反映了当时河北农村的一般状况。而盐山第二次调查在选择村庄时有意识地进行了区域的调整和村庄数量的增加。在资料的统计分析上，做到西方经济理论与中国北方农村农家的实际情况相结合，比较全面真实地反映出当时河北省农家的经济及社会状况。

---

① 卜凯著，孙文郁译：《河北盐山县一百五十农家之经济及社会调查》，《金陵大学农林科农林丛刊》，1929年第51期，第112页。

第六章　卜凯对相关国家农业问题的研究

第一节　对美国农业问题的研究

卜凯出生在美国的一个农场主家庭，对美国农业的熟悉使卜凯得以对中美农业开展详细全面的比较。在卜凯的视阈下，美国农业与中国农业各具代表性，美国农业以大农场经营为主，而中国农业则以家庭经营为主。两种经营方式各有其产生的土壤，又各对本国的土地利用、种植结构以及民众的饮食习惯和生活程度产生深刻的影响。

一、地广人稀

在卜凯的视阈中，美国无疑是地广人稀型国家的典型代表，其田场面积大、人口密度小的特点与中、日等人多地少型的国家存在显著的差异。

（一）中美田场面积的比较

表6－1　中美两国田场面积比较　　（单位：公顷）

国别或地区	作物面积（中数）	作物公顷面积（中数）
中国 1921—1925	2. 13	3. 18
中国北部 1921—1925	2. 53	4. 04
中国中东部 1921—1925	1. 54	2. 54
中国 1929—1933	0. 96	
小麦地带 1929—1933	1. 27	
水稻地带 1929—1933	0. 83	
美国 1928	24. 69	

资料来源：据卜凯著，张履鸾译《中国农家经济》，第54、58页；卜凯《中国土地利用》，第351页，两书中的统计和引用数据表格整理而成。

由表6－1可见，卜凯1921—1925年中国七省调查结果是，中国农村田场作物面积的中数[①]为2.13公顷。其中北部地区为2.53公顷，中东部地区为1.54公顷，这组数字仅分别为美国田场面积的8.63%、10.25%和6.24%。卜凯1929—1933年对中国22省的调查中，关于中国农场作物面积的统计数字出现一定程度的变化，全国小麦地带和水稻地带的作物面积中数分别为0.96公顷、1.27公顷和0.83公顷，若再与美国比较，中国小麦地带和水稻地带田场的作物面积中数仅为美国的3.89%、5.14%和3.36%。

值得注意的是，作物面积并不是反映耕地实际情况的唯一指标。由于复种指数不同，各地区作物公顷面积[②]的差距会有所变化。卜凯曾专门以中国北部和中东部地区为例对这一问题进行说明，他指出，"中国北部的作物面积比中东部大的多，不过不能很正确的用来表示两处田场企业的大小，因为各地的气候不同，每年能产作物的次数，各地也因之各异。用作物公顷面积来比较大小，北部和中东部的差别，就减低不少"。[③] 由于当时中国农村土地的复种指数高于欧美国家，中西间作物的栽种制存在着不同的地方很多。"复种制在中国比较盛行，就所调查的地方而论，平均有半数的作物面积，都实行复种制"[④]。中国复种指数较高，有利于作物公顷面积的扩大，因而一定程度上缩小了中美田场面积的差距。

另一个值得注意的问题是，中国的土地利用率相对较低，美国的土地利用率高于中国，这在一定程度上地抵消了复种指数差别带来的影响。根据卜凯1921—1925年在中国七省的调查，中国田场非生产用途的土地主要用于农舍、道路、坟墓、水面等。"非生产用途之面积所占农地比例之大，出人意表。农舍面积占所有农地3.4%，如连同道路坟墓池塘及其他水面面积所占4.2%，则非生产用途共占7.6%"[⑤]。其中坟墓一项占到田场面积的1.9%。相比之下，美国非生产用地仅占4.5%，且并无坟地之用。卜凯还进一步分析

① 卜凯认为"以平均数或算数平均数，测量田场面积之大小，不如以中数为善，盖一二特大农场，对于平均数之影响，甚于中数"。（卜凯著，乔启明等译：《中国土地利用》（1941年影印本）台北，学生书局，1977年，第351页。）

② 作物公顷面积是指当年实际耕种的田亩乘以复种指数。

③ 卜凯著，张履鸾译：《中国农家经济》，上海：商务印书馆，1936年，第56页。

④ 卜凯著，张履鸾译：《中国农家经济》，上海：商务印书馆，1936年，第222页。

⑤ 卜凯著，乔启明等译：《中国土地利用》（1941年影印本），台北，学生书局，1977年版，第207页。

认为，即使中国减去1.9%的坟地面积，所余5.6%的非生产用地面积仍较美国的4.5%为高，可见中国农家田场的土地利用率之低。究其原因，卜凯认为是田场面积较小所致。中国的田场面积虽小，但非生产用途的土地，并不能随之相应缩减，因而“不栽培作物之农地，占田场总面积之比数，亦甚可观”。①

（二）中美人口密度的比较

表6-2 1921—1925年中美两国人口密度比较

国家或地区	每一平方公里之人数（作物面积）	每一平方英里之人数（作物面积）
中国	282	730
中国北部	240	621
中国中东部	324	839
美国	19	48

资料来源：据卜凯著，张履鸾译：《中国农家经济》，第472页表格整理而成。

由表6-2可见，1921—1925年中国7省17处人口密度平均为282人/平方公里（作物面积），而同时期美国的人口密度仅为19人/平方公里（作物面积），只有中国的6.74%。卜凯将美国人口密度低的原因归结为以下两点：其一，美国民众饮食中动物产品较多，而生产动物产品需要较多的土地，因此形成了地广人稀的状态。其二，美国生活程度较高，国民不愿过多繁殖人口或不“允程度太低之民族移入”以致生活水平降低。在此基础上，卜凯认为中国要想解决人口问题，不能寄希望于移民。而要想提高人民的生活水平，“必须设法限制人口，同时并于各方力谋改进”。②

综上所述，中美两国在田场面积和人口密度两方面存在很大差异，一方面美国的田场面积要远远大于中国，另一方面美国的人口密度要远远低于中国，正是由于人地关系的较大差异，决定了中美农业的不同。

---

① 卜凯著，张履鸾译：《中国农家经济》，上海：商务印书馆，1936年，第38页。

② 卜凯著，乔启明等译：《中国土地利用》（1941年影印本），台北，学生书局，1977年版，第20—21页。

二、粗放型农业经营方式

由于田场面积广，劳动力相对较少，美国农业采取的是相对粗放的经营方式，为节省劳力和充分利用田场土地，美国农民在田场上种植了大量的秣草，从而大大提高了牧场占田场面积的比例。尽管经营方式相对粗放，但得益于优越的农业生产条件和气候土壤条件，美国农业的总体单产水平反而高于中国。本部分拟从土地利用、种植结构、主要作物单产水平、农业商业化程度及农产品价格四个方面来说明中美两国农业经营方式差别的具体表现和影响。

（一）土地利用

表 6-3　中美两国土地主要用途所占百分比（%）

国别	耕地	牧场	森林	其他	总计
中国（八大农区）	27.0	4.6	8.7	59.7	100
美国（1934 年）	22.6	35.1	31.9	10.4	100

资料来源：据卜凯著，乔启明等译：《中国土地利用》（1941 年影印本）第 205 页表 6 内容整理而成。

注：牧场与“其他”一项数字不分，森林与“其他”一项数字不分。

表 6-4　中美两国作物面积占田场总面积的百分比（%）

地带及区	地区数目	各种用途占田场总面积之百分比								可垦未垦地
		作物	农舍	道路池塘坟地等	牧场	森林牧地	森林	有生产之水面	柴薪土地（草与灌木）	
中国	168	86.6	3.4	3.9	0.7	0.4	1.0	0.3	0.7	1.4
小麦地带	71	89.9	3.0	3.9	1.1	0.6	1.4	X	0.1	1.9
水稻地带	97	89.4	3.7	3.9	0.3	0.3	0.7	0.5	1.2	1.1

资料来源：据卜凯著，乔启明等译：《中国土地利用》（1941 年影印本）第 223 页表 15 内容整理而成。

由表 6-3 中美两国主要用途所占国土面积的比例来看，中国耕地面积的比例高出美国 4.4 个百分点。但中国的森林和牧场所占比例却分别比美国低 23.2 个百分点和 30.5 个百分点。值得注意的是，中国的牧场集中于蒙古和西藏一带，森林亦为人烟稀少的原始森林。如果从农家田场土地的各种用途分析，田场用于牧场、森林的土地占有比例更低，与美国的差距将更大。由表

6-4可见，无论是全国还是小麦地带和水稻地带，农家田场的土地都主要用于种植农作物，耕地所占比例分别高达86.6%、89.9%和89.4%，而牧场或林地很少。中国、小麦地带和水稻地带仅有0.7%、1.1%和0.3%的土地为牧场，2.1%、2.1%和2.2%的土地为林地，而美国牧场占35.1%、森林占31.9%，均远远高于中国。

（二）种植结构

表6-5 中美各类作物所占作物公顷面积百分比（%）

国别及地区	种籽类	秣草	纤维类	球茎及块根类	果实类	其他
中国	85.4	0.1	3.6	3.3	0.9	6.7
中国北部	94.1	——	1.1	2.8	0.4	0.8
中国中东部	89.9	——	2.7	4.9	0.5	0.9
美国	58.6	21.9	11.9	1.0	1.8	4.8

资料来源：卜凯著，张履鸾译：《中国农家经济》，第256页，卜凯著，乔启明等译：《中国土地利用》（1941年影印本），第254页内容整理而成。

注：表中中国北部和中东部地区的统计数字来自于《中国农家经济》，中国和美国的统计数字来自于《中国土地利用》一书，前者为卜凯1921—1925年调查统计结果，后者为卜凯1929—1933年调查统计结果，两者调查时间和涉及范围不同，所以统计数字有一定偏差。

由表6-5可见，中美的种植结构区别较大，主要表现在以下两个方面。

首先，美国的种籽类作物种植比例低于中国。种籽类作物占田场作物公顷面积的比例，美国为58.6%，而中国为85.4%，其中中国北部高达94.1%，中东部为89.9%，美国的种籽类作物种植比例仅为中国的68.62%。

其次，美国秣草种植比例高于中国。美国高达21.9%，而中国仅为0.1%。美国的秣草种植比例是中国的219倍。出现这种不同，与美国牧场较多、畜牧业发达有关。

卜凯曾指出，作物品种与农业经营方式之间有着直接的关联，秣草“系劳力最少之作物，故视为粗放作物”。而“种籽类作物，如谷类之属，其集约性质不逮纤维、球茎、果木等类作物，或芳草桑树等类特殊作物”。[①] 通过中美作物种植结构的比较可见，中国的农业种植结构较为集约，而美国则相对

① 卜凯著，乔启明等译：《中国土地利用》（1941年影印本），台北，学生书局，1977年版，第253页。

粗放。

美国作为畜牧业发达的国家，饲养牲畜的主要目的是为了获得肉、乳等动物产品和厩肥，而中国农民迫于人口压力，往往大量栽种可供直接食用的种籽类作物而很少栽种牧草，茎秆等农作物的副产品有很大一部分用作燃料而非牲畜饲料，因而畜牧业较为落后，进而导致地力的衰减和民众饮食营养的欠缺。

（三）单产水平

表 6-6　中美两国主要粮食作物产量比较　（单位：公顷/公担）

作物品种	中国	中国北部	中国中东部	美国
小麦	9.7	8.54	11.12	9.9
稻	25.6	5.76	28.42	16.8
大麦	10	10.03	13.70	12
玉蜀黍	7.5	7.47	8.53 套种	16.3
棉花	1.8	6.04	3.62	2.0
山薯	68.5	59.92	102.73	24.6

资料来源：据卜凯著，张履鸾译：《中国农家经济》，第 291 页内容整理而成。

注：中国数据来源于 1929—1933 年，22 省 150 县 162 地区，16334 田场的调查数据。

美国数据来源于 1930—1931 及 1932—1933 年国际农业统计年鉴。

表 6-6 显示了中国和美国主要粮食作物的产量情况。通过比较可以发现，中国的稻和山薯的产量分别为美国的 1.52 倍和 2.78 倍，小麦、大麦和棉花与美国大致持平，玉蜀黍的产量则仅为美国的 46.1%。卜凯认为，中国稻产量高于美国，一部分原因是耕种方法较为集约。中国稻作在生长季里面必须中耕几次，对于增加有机肥料，也要花费不少的劳力和资本。山薯同样是一种需要耗费大量人力的农作物，中国所花费（山薯）翻藤的人工很多，因此藤上不易生根。因而在集约化程度较高的中国，山薯的产量是美国的 2.8 倍。小麦、棉花、大麦等农作物，由于对集约劳动的要求低于稻和山薯，但受土壤和降水的影响更大，“中国农业，普通都以为是集约农业，但是将调查各地小麦的平均产量，与素以粗放著名之美国的平均产量来比较，结果差不多毫无区别，这很足以使人吃惊”①。由此可以看出，近代中国农业虽是集约

① 卜凯著，张履鸾译：《中国农家经济》，上海：商务印书馆，1936 年，第 289—290 页。

性农业，但其产量并不比美国高。此外，卜凯还提到，美国的气候对于小麦似乎要比中国更为适宜，这也使中国农业的集约优势没有在小麦的增产问题上得以显现。卜凯认为，中国玉蜀黍的产量之所以远远低于美国，并非在于农业经营方式上集约与粗放的差别，因为玉蜀黍的耕种方法，粗放的程度不逮高粱；也并非在于土壤气候的差别或市场的影响，因为中国有很多地方，适宜于玉蜀黍的生产，而玉蜀黍在食用上的价值，亦较高粱为优。真正的原因在于种子与耕种方法的不良，农业技术条件的落后限制了中国玉蜀黍单产量的提高。

（四）农业商业化程度及农产品价格

一般而言，田场自给程度越低，则农业的商业化程度越高。以中国北部与中东部的比较为例，根据卜凯 1921—1925 年的调查，北部地区农家的各项生活费用中，由田场直接供给的部分占 73. 3%，而中东部地区的这项统计结果为 58. 1%。从食物和衣着两项费用的构成来看，中国北部的食物总值中由田场供给的部分占 88. 5%，而中东部地区则为 76. 5%。[①] 由此可见，中国中东部地区的农业商业化程度高于北部地区，这与当地较北部地区人口密度更大、城镇数量更多、经济水平较高有关。

中美两国情况对比，美国农业的商业化程度显然比中国高。中国农家的各项生活费用中，由田场自身供给的部分平均占 65. 9%，而美国则仅为 42. 8%。中国农家的食物总值中由田场供给的部分平均占 83. 2%，而美国为 66. 9%。“中国农事不若西洋各国之近于商业化，而关于食物消费自给之程度则较大，故中国农家食物之主要来源为田场。然其不足者，或购之于市，或采集野生可食之植物，或赖人馈赠，以补充之”[②]。不过，卜凯也指出，中美两国农家的食物自给程度之差距“并无如吾人意想中差异之大”。[③] 但这并不是说美国农业的商业化程度不高，因为美国农家食物自给程度较其他消费品自给程度高的原因在于食物消费的特殊性。农业本身就是生产各种食物或食物原料的，美国较大的农场面积、多样化的种植结构，使农民的食物得以有

① 卜凯著，张履鸾译：《中国农家经济》，上海：商务印书馆，1936 年，第 521 页。

② 卜凯著，乔启明等译：《中国土地利用》（1941 年影印本），台北，学生书局，1977 年版，第 570 页。

③ 卜凯著，张履鸾译：《中国农家经济》，上海：商务印书馆，1936 年，第 521 页。

很大一部分来自田场，因此美国农家食物消费的自给程度较高。

此外，我们还可以对中美两国农产品的价格进行比较，从而探讨中美两国农业商业化程度的差异。

表6-7　中美两国农作物物价比较　（单位：元）

农产物	中国	中国北部	中国中东部	美国
小麦	6.73	6.88	6.55	7.98
稻	5.55	4.58	5.79	5.73
玉蜀黍	4.64	4.25	5.40	5.37
高粱	4.02	4.02	6.41	—
山薯	1.77	1.64	1.88	9.49
棉花	25.08	23.03	5.40	47.40

资料来源：据卜凯著，张履鸾译《中国农家经济》第304页表20内容整理而成。

注：中国物价指7省17处2866田场调查的1921—1925年物价。美国物价指1921—1925年各州的平均价格，按当时平均兑换率美金1.00元合国币1.87元计算。

由表6-7可见，小麦、稻、玉蜀黍的价格，中国与美国相比并无太大差别，卜凯认为，从这里面可以看出劳力价格的贵贱，并不一定是影响两国农产品价格高低的因素。也正因为两国的这三种农产品价格相当，中国出产的小麦在国内市场上的价格优势并不突出，因而小麦能从加拿大和美国输入。而山薯和棉花的价格情形与小麦、稻、玉蜀黍颇为不同，中国山薯和棉花的价格仅分别为美国的18.65%和52.91%，这是因为山薯和棉花在生长季里需要耗费的人工较多，而美国工价较高，因而提高了山薯和棉花的生产成本，造成这两种农产品价格的高昂。

三、生产条件（家畜和农具）

（一）家畜密度和种类

表6-8　中美两国家畜密度对照表

国家或地区	每作物公顷之工作家畜单位	每作物公顷之各种家畜单位
中国	0.72	0.85
小麦地带	0.53	0.68
水稻地带	0.84	0.97
美国	0.12	0.57

资料来源：据卜凯著，张履鸾译《中国农家经济》第334页表4内容整理而成。

由表6－8可见，每作物公顷的工作家畜单位，中国小麦地带为0.53、水稻地带为0.84，均高于美国；每作物公顷的各种家畜单位，小麦地带为0.68、水稻为0.97，亦高于美国。中国家畜密度高于美国，一方面与中国农民广泛将大牲畜用作役使有关。另一方面，则在于美国农业机械化水平较高，正如卜凯所说，“英美数量（工作家畜数量）所以较低者，因田场较大，且所用机器较多，及其家畜行动较为敏捷”。[①] 农业机械大范围替代了工作家畜，使工作家畜的大量饲养不再必要，因而降低了美国各类家畜的总饲养量。

表6－9　中美两国各种家畜所占家畜单位百分比

工作家畜

国家或地区	水牛	黄牛	马	骡	驴	骆驼	总计
中国	22.0	33.5	3.7	6.2	9.2	0.1	74.7
中国北部	0.2	42.9	5.5	8.5	21.2		78.3
中国中东部	41.5	31.7	0.6	0.3	3.4		77.5
美国	0	0	15.8	6.8	0	0	22.1

生产家畜

国家或地区	黄牛	猪	绵羊	山羊	家禽	其他	总计
中国	0	12.8	5.9	0.8	4.8	0.4	25.3
中国北部	0	3.8	11.7	1.4	4.8		21.7
中国中东部	0	15.0	0.9	0.1	6.5		22.5
美国	54.8	9.3	8.8	0	5.0	0	77.9

资料来源：据卜凯著，张履鸾译《中国农家经济》第334页整理而成。

从表6－9可以看出，中美两国之间家畜类别的不同主要表现在以下几个方面。

其一，中国的家畜以工作家畜为主，生产家畜较少，而美国反之。中国的工作家畜与生产家畜分别占74.7%和25.3%，美国则分别占22.1%和77.9%。中国工作家畜所占比例是美国的3.38倍，而美国的生产家畜所占比例是中国的3.07倍。

其二，中国的工作家畜以黄牛和水牛为主，美国则以马、骡为主。中国

① 卜凯著，乔启明等译：《中国土地利用》（1941年影印本），台北，学生书局，1977年版，第333页。

无论是北部地区还是中东部地区，皆以牛为主要的工作家畜，水牛和黄牛共计占到各类家畜的55.5%。其中北部地区以黄牛为主，黄牛在各类家畜所占比例中高达42.9%；中东部地区则以水牛为主，水牛占到各类家畜的41.5%，而黄牛亦占到31.7%。除牛以外，作为工作家畜的还有马、骡、驴和骆驼。美国的工作家畜则主要是马和骡，分别占到各类家畜的15.8%和6.8%，但除马、骡外，没有其他种类的牲畜用作工作家畜。

其三，中国的生产家畜以猪、绵羊为主，美国则以黄牛为主。生产家畜中，中国的北部和中东部地区具有明显的地域差异，北部地区的生产家畜主要是绵羊，占到各类家畜的11.7%，而猪仅占3.8%；中东部地区的生产家畜则以猪为主，占到各类家畜的15.0%，绵羊仅占0.9%。中国的黄牛仅用于役使，但不会作为生产家畜。而在美国，尽管猪和绵羊的比例分别达到9.3%和8.8%，但黄牛却是最主要的生产家畜，占到各类家畜的54.8%。黄牛在美国全部作为生产家畜而非工作家畜。

（二）农具

卜凯主要从农具的工作效率和使用成本两个方面对中美两国农具之间的差别进行了比较分析。

卜凯认为，在工作效率上，美国农具或机器的工作宽度较大，大多数机器每种工作均超过1英尺的宽度，而中国农具偏小，除耙以外，大多数农具工作均不足1英尺的宽度。美国农具或机器工作能力较强，美国所使用的农具或机器每英尺宽度每天所做的工作量为1—2英亩（合6—12市亩），较快的工作效率为每天1.75英亩或10.5市亩，较慢的工作效率为1英亩或少于1英亩，平均之工作效率为每天1.4英亩或8.4市亩。而中国农具的工作能力较弱，农具多较小，往往构造不良，所用拉纤力较少，乡间到处所见的农具打样多有缺点。由于缺乏中国农具工力的统计，卜凯无法对两国农具的工作效率进行精确的量化比较，但他以中国鐝与镰的工作效率为例，对先进农具与落后农具的工作效率进行了比较说明。他指出，一个人操鐝每次可割取8—10行的谷物，一日可割取10.2市亩；一个人持镰刀工作每日仅能收割2.8市亩。而耕犁用一口牲畜拉牵较以锄头所耕的行距较宽，且工作较快，前者每日可耕11.4市亩，但一人一锄每日仅能耕2.5市亩，两种农具的工作效率差异明显。

从使用成本来看，卜凯认为农具的使用费用“因其制造材料之种类及一年之使用日数而定，此种费用包括农具之投资利息、折旧、贮放、修理及动用诸费用（动用费用如滑油及机器之燃料油）”。① 中国农具的使用费用占农具资产的价值比例较美国为高，据1935年南京国民政府调查，中国各种农具的使用费用为平均每作物市亩0.356元。这一数字占农具清查价值的比例为41%，而美国为20%，美国仅为中国的1/2。不仅如此，由于中国的利率比美国高，农具又不够坚固耐用，因此无形中进一步增加了中国农具的使用成本。

通过对中国农家使用农具状况的实地调查，卜凯将制约中国农民使用机器的原因归结为如下四点：

首先，使用成本的高昂。20世纪20年代卜凯曾针对牲畜和农机的耕种成本进行过周密的计算，计算结果为使用机器耕地的“固定费用（包括拖拉机和机器犁头的售价均摊在农业上的年均费用）和工作费用（包括煤油费、机器油费和人工费）二者合计每公顷需银10.43元”，而“使用水牛耕田每公顷费用约数只需银4.00元即可”。② 即，使用牲畜耕地的成本仅为农机耕地的38.35%。

其次，农场布置的限制。卜凯认为，中国“田丘面积过小，或形状大不规律，或田间道路太窄，机器则不能有利运用”③。20世纪20年代的欧美农机多宽大，很难在田场面积小而分散、田间道路狭窄的中国农村田地中推广。

第三，中国的劳动力廉价而丰富。如果使中国田场足够大，适于机器耕种，则很多农人将无工作可做，除非能够使农人能谋求如工业、运输及其他职业。但在当时中国工商业不发达的情况下，大量劳动力长期堆积在农业上的现实很难改变，因而丰富且廉价的人力资源阻碍了农机事业的发展。

第四，燃油问题。卜凯指出，在中国推行动力机器耕种的一个重要问题是其所需的燃料油必须购进。但在当时的中国，燃料油的购买渠道狭窄，购买成本较高，农民即使购买了农机，也很难解决燃料油的问题。而使用役畜

① J. L. Buck，W. M. Curtis著，戈福鼎、汪荫元译：《中国农场管理学》，上海：商务印书馆，1947年，第129页。

② 卜凯著，张履鸾译：《中国农家经济》，上海：商务印书馆，1936年，第428页。

③ J. L. Buck，W. M. Cutris著，戈福鼎、汪荫元译：《中国农场管理学》，上海：商务印书馆，1947年，第132页。

进行耕作，役畜的饲料——农作物副产品如茎秆等产自农场，易于获取，畜粪又可以用来肥田，因而役畜较机器更受农民的欢迎。

正是基于上述四点考虑，卜凯客观地指出，“农人不应仅因机器为‘摩登’而即予采用，设机器之运用徒增费用而无利，农人不能支持此种‘体面’之虚获。如此做法，农人不久将失去其农场之所有”。① 因此，“人口甚密之国家能否采用甚多农业机器如人口稀少之国家同样有利，尚属疑问”。② 因此，对于人口稠密的国家而言，农业生产是否采用机器，其关键在于社会是否能为失业农民提供充足的非农就业机会。

四、工作效率

（一）人工与畜工的耗费量

表 6－10　中美两国各种作物每公顷所需人工、畜工钟点比较

作物	人工		畜工	
	中国	美国	中国	美国
棉花	1620	289	253	138
山薯	1184		198	
马铃薯		203		195
玉蜀黍	663	47	167	144
高粱	637		237	
美国大根高粱与黄金高粱		48		99
小麦	600	26	201	67
大豆	610		147	
白豆		86		133

资料来源：据卜凯著，张履鸾译：《中国农家经济》，第 322、328 页表格内容整理而成。

从表 6－10 可以看出，单位面积土地上中美两国农场各种作物所耗费的人工和畜工都存在较大的差异。以棉花、玉蜀黍和小麦为例，中国农场每公顷耗费的人工分别是美国的 5.61 倍、14.11 倍和 23.08 倍，畜工分别是美国的 1.83 倍、1.16 倍和 3 倍，单位面积土地上中国所需的人工和畜工均高于美

① J. L. Buck，W. M. Cutris 著，戈福鼎、汪荫元译：《中国农场管理学》，上海：商务印书馆，1947 年，第 132 页。

② J. L. Buck，W. M. Cutris 著，戈福鼎、汪荫元译：《中国农场管理学》，上海：商务印书馆，1947 年，第 134 页。

国。卜凯在列举人工、畜工耗费量的同时，也指出了造成这种现象的原因："美国人工的节省，由于农业机器与改良农具，而每人所驾驭的役畜数目亦较多，并且所用的役畜，大都为骡马等行动敏捷的动物，因此所费时间极为节省"①。值得注意的是，中美两国畜工耗费量的差距大大小于人工耗费量的差距。这是因为，一方面，农机的推广使美国农场的人力大大节省，因而减少了单位面积土地上的人工。而中国农场农机的推广，作物的管理和收获都需要耗费大量的人力，因此两国农业在人力的投入上相差颇大。另一方面，在美国农场的某些领域，农机并未完全取代牲畜，畜力仍然发挥着作用，尽管两国役畜的种类有所不同，但这种差别并不悬殊。

（二）人工效能

表6－11　中美两国每一人工钟点所能生产各种作物的数量　（单位：公斤）

作物	中国	美国
玉蜀黍	1. 1	45. 5
小麦	1. 6	39. 4
高粱	1. 6	
美国大根高粱与黄金高粱		28. 6
稻	2. 2	18. 7
大豆	1. 3	
白豆		8. 2

资料来源：卜凯著，张履鸾译：《中国农家经济》，第426页内容整理而成。

注：关于美国方面的材料，系从美国农业部1921年的年鉴农产品生产费用项下摘出。唯米的产量乃1921至1925年的平均，系从1928年的年鉴中摘出。米所需要的人工钟点，系1922年的年鉴第556页摘出。关于中国方面的材料根据此次七省十七处2866田场的调查（1921—1925）。

每一人工钟点所能生产的作物数量是衡量工作效能的重要指标。表6－11列出了中美两国每一人工钟点所能生产的各种作物的数量，从该表来看，中国农民的人工效能显然弱于美国，美国每人工钟点所能生产的玉蜀黍、小麦、高粱（两国高粱的品种不同）、稻的数量分别为中国的41. 36倍、24. 63倍、17. 88倍和8. 5倍。针对这种现象，卜凯认为主要原因在于美国多花资本以节

① 卜凯著，张履鸾译：《中国农家经济》，上海：商务印书馆，1936年，第327页。

省昂贵的劳力。美国农场将资本大量投入到新式农具和机器的购买、使用和维护上，从而节约了人力。上文已经提到，中美两国主要农产品的单产水平虽互有高低。在作物单产水平大致持平的情况下，美国单位面积土地上耗费的人工较中国为少，必然意味着人工效能更高，人工效能的差别，致使两国农民的生活程度相差甚大。在中国每人所耕的土地如此之小，所出的劳动力如此之微，因此满足生活欲望的报酬方面，不得不如此之低。

在两国人工效能的比较上，卜凯客观地指出，尽管美国农业生产有赖于资本的大量投入，中国农业生产有赖于人工的大量投入，但事实上中国每田场上投入的人力并没有比美国高出很多。中国实际上的本钱以劳力为主，“就连劳力也不很充足，平均每个田场只有两个农人用他们的全部时间耕种田地，同时美国除机器而外，每个田场却也平均有一个半人。”卜凯认为出现这种现象是由于中国农业的集约化程度不高，“并未用集约的耕种方法，来充分扩充田场面积的内容”①。而事实上，除该原因以外，中美田场面积差别悬殊，近代中国农民农副结合的生计方式等也是造成这种现象出现的重要因素。

（三）闲暇

农民在农闲时间里从事工作的内容和数量，能够在一定程度上反映劳动力能否得到充分的利用。在此问题上，卜凯对中美两国农民的闲暇时间进行了比较。他指出“中国农人的冬季工作问题，颇不易于解决。在许多西方国家，如照应乳牛、饲育牲畜与管理果树等等，很能使农人在冬天也有相当的工作可做。在中国只有在家或出外所从事的副业，对于利用农人的闲暇时间上，或者还具有相当的可能性”②。而中国农村由于田场面积小且经营内容单一，每到农闲季节，就会出现劳动力闲置的问题，为此中国农民只能通过经营副业或外出做工的方式寻求更多的工作机会。事实上，中国农民的这种做法恰恰反映出农业上劳动力的严重过剩。而在美国，农场里的农民即使在农闲季节里仍然有充足的工作可做，这说明美国农业劳动力的就业是比较充分的。

---

① 卜凯著，张履鸾译：《中国农家经济》，上海：商务印书馆，1936 年，第 562 页。
② 卜凯著，张履鸾译：《中国农家经济》，上海：商务印书馆，1936 年，第 398 页。

五、生活状况

（一）消费结构

表6－12 中美两国农家年均消费总额及各项费用所占比例对照

国家及地区	家庭人口规模	年均消费总额（折合中国币）单位：元	各项费用所占比例（%）				
			食物	房租	衣着	灯油燃料	其他费用
中国	5.94	228.32	58.9	5.3	7.3	12.3	16.2
中国北部		190.63	62.1	5.3	6.4	12.6	13.6
中国中东部		288.63	53.8	5.5	8.6	11.8	20.3
美国	4.8	2988	41.2	12.5	14.7	5.3	26.3

资料来源：据卜凯著，张履鸾译《中国农家经济》第520页图4内容整理而成。

由表6－12可见，中国农家的年均消费总额显然低于美国。美国农家年均消费总额高达2988元（折合中国币），而中国为228.32元，美国是中国的13.07倍。消费总额的高低并不一定说明生活程度存在同等的差异，各地的消费结构和物价水平不同也会导致年均消费总额数量上的变化。卜凯对此指出，中美“双方生活程度的差别，一部分乃系由于中国农人之主要食物为种实、块茎及块根；较之美国人之主要食物之肉类，大为廉贱。同时中美两国一般物价之高低，盖亦不容忽视，在中国以某种代价可以买到之物品，在外国就未必可能”①。

衡量生活水平的高低，还需要进一步分析消费结构上的差异。卜凯将农家日常生活中的各项开支划分为生活必需费和其他费用两类。其中，食物、灯油燃料、衣着和房租等生活中必要开支为生活必需费，生活必需费在各项生活费用中所占比例越高，则生活水平相对越低。中国的生活必需费占各项生活费用的83.8%，与美国相比，中国农家的生活水平确实较低。

① 卜凯著，张履鸾译：《中国农家经济》，上海：商务印书馆，1936年，第520页。

表 6－13　中美两国食物、房租、衣着、灯油燃料及其他费用百分比（%）

国家	食物	房租	衣着	灯油燃料	其他费用
美国	41. 2	12. 5	14. 7	5. 3	26. 3
中国	58. 9	5. 3	7. 3	12. 3	16. 2

资料来源：据卜凯著，张履鸾译：《中国农家经济》，第 520 页图 4 内容整理而成。

关于生活水平的比较，还可借助于恩格尔系数的比较。恩格尔系数即食物消费在居民消费总额中所占的比例，恩格尔系数越高，表明居民生活水平越低。中美两国农家的恩格尔系数分别为 58. 9% 和 41. 2%，“从各方面观察，中国农家生活程度较美、日、丹各国为低，乃确系毫无疑义之事实，生活程度之低，似犹在最低标准之下”①。由此可见，中国农村的贫困状况。

（二）饮食结构

饮食结构的比较同样可以清晰地展现中美农家生活水平的差异。

表 6－14　中美两国食物能力来源（%）

种类	中国	美国
种子及其制造品	89. 8	38. 7
畜产类	1. 0	39. 2
蔬菜类（附块根茎类）	8. 9	9. 0
糖类	0. 2	10. 1
果品类	0. 1	3. 0

资料来源：卜凯著，张履鸾译：《中国农家经济》，第 487 页图 2 内容整理而成。

注：中国数据是指中国 4 省 1070 农户（1922—1925）的数据，美国数据指美国 224 个具代表性的城市与乡村的家庭之数年间的食物研究的数据。

卜凯对中美两国民众的各类食物所含热量进行量化统计，以便科学地分析两国民众饮食结构的差别。由表 6－14 可见，中国农民食物热量的 89. 8% 来源于种籽类食物，8. 9% 来源于蔬菜及块根类食物，而畜产类、糖类和果品类食物仅分别占食物总热量的 1. 0%、0. 2% 和 0. 1%。也就是说，中国农民饮食结构比较单一，其主要热量来源于谷物，蔬菜次之，其他种类的食物所占比例则很小。与中国相比，美国民众的饮食结构则更加均衡和多样化。种籽

① 卜凯著，张履鸾译：《中国农家经济》，上海：商务印书馆，1936 年，第 520—521 页。

类食物在美国民众食物总热量中所占比例为38.7%，这一数字只有中国的43.09%。蔬菜及块根类所占比例中美两国大致相当，但畜产类、蔬菜类、糖类和果品类食物则分别占食物总热量的39.2%、9.0%、10.1%和3.0%。美国民众的食物能力，畜产类产品所占比例是中国的39.2倍，糖类是中国的50.5倍，果品类是中国的30倍。根据两国饮食结构的比较，卜凯总结认为，中国饭食（大多）为蔬食，而美国饭食热量则多得自动物产品。他还进一步指出，由于谷物和蔬菜所含脂肪量小于动物产品，因此致使中国农民饭食之体积，显然过于西洋混合饭食。

两国饮食上的差异不仅在于结构上的不同，也有食物加工程度的差别。卜凯调查发现，“（中国）良以精炼食物少于美国，盖食物一经提炼，除加洛里（卡路里）外，其中养料多半丧失”，因此，中国农民的食物较少经过精细的加工，“多系种籽类之略经舂碾者”，而美国民众的食物则其加工更为精细，“以白粉及其他精细之谷物制造品与糖类居多。”[①] 粗加工谷物与精加工谷物在营养成分是不同的，“粗加舂碾之种籽，所含纤维较西洋饭食中精制之谷类、粉类及糖类所含者较多。”铁质、维生素和优质蛋白质的含量也较精加工食物为多。因此卜凯并不主张中国农民在饭食中过量或突然增加精碾食品，其原因在于，一方面，这样做会导致食物中营养成分的损失。“铁质、维他命及较优之蛋白质因以丧失，其害甚大。”另一方面，中国人的肠胃不一定能够适应，“中国人之消化系，经过长期之习惯与淘汰，或较西洋人过于粗食，然各种食物之利害，就其消化性而言，仍为营养问题之要素。”[②]

卜凯还进一步分析了中美饮食结构对农业生产与生活的影响。他认为，由于中国农民的食物以谷物为主，饮食结构较为单一，所以中国农家尽管田场面积小，却仍然能够继续维持生计。而美国民众由于大量食用动物产品，因此美国农民需要先将粮食用作动物饲料，然后再食用动物产品。不过，支撑这种饮食需要更多的土地，美国土地的15%，用于耕植小麦、糖，与其他食料，而产生的食物能力，占59%。22%的土地，用于饲养乳牛，而产生的

① 卜凯著，乔启明等译：《中国土地利用》（1941年影印本），台北，学生书局，1977年版，第588页。

② 卜凯著，乔启明等译：《中国土地利用》（1941年影印本），台北，学生书局，1977年版，第592页。

食物能力，占17%。63%的土地，供肉类的生产，而所产生的食物能力，只占24%。所以，生产同等食物能力所需的土地面积，中国比美国小得多。

综上所述，美国作为地广人稀型国家的典型代表，土地资源充足而人力资源有限促使其在农业上采取相对粗放的经营方式。由于工价较贵，农民将相当一部分土地用于种植牧草，因为牧草对人工的需求量低于种籽类作物，种植牧草能够在节省人力的情况下充分地利用土地。美国农民大量种植牧草又促进了畜牧业的发展，从而形成了多样化的作物种植结构和农业产业结构，并使居民摄入较多的动物产品，饮食结构更营养、更全面。总体来说，美国尽管采取粗放的农业经营管理方式，但由于其社会经济发展水平高，农业生产条件好，农业的总体发展水平和农民的生活水平远远高于中国。

第二节　对日本农业问题的研究

卜凯1915年来中国时，在旧金山出发乘坐的就是“日本丸”号蒸汽船，在中国工作和生活期间，多次到过日本。1927年，他在日本长崎县云仙温泉度假时，继续撰写《中国农家经济》一书。1956年他率团去日本考察农业，并参观奈良县吉野郡的茶叶园，可以说，卜凯对日本的农业有着一定的了解。在卜凯的视阈下，日本农业与中国农业存在着很多相似之处，其原因在于中日两国的人地关系紧张程度比较接近。不过，由于社会经济发展水平和传统习惯的影响，日本农业的生产发展水平要高于中国。

一、人多地少

与英美相比，中日同为人多地少的国家，但程度上又有所差别。

田场面积方面，由表6－15可见，日本的田场作物面积中数为1.08公顷，而卜凯1921—1925年调查结果为，中国全国、北部和中东部分别为2.13公顷、2.53公顷和1.54公顷，分别是日本的1.97倍、2.34倍和1.43倍。卜凯1929—1933年调查结果为，中国全国、小麦地带和水稻地带的作物面积中数分别为0.96公顷、1.27公顷和0.83公顷，如再与日本比较，只有小麦地带的作物面积中数是日本的1.18倍，而中国和中国水稻地带的作物面积中数则低于日本，分别为日本的88.89%和76.85%。大致而言，中日田场面积相差不大。

表6－15　中日两国田场面积　　（单位：公顷）

国家或地区	作物面积（中数）	作物公顷面积（中数）
中国1921—1925年	2.13	3.18
中国北部1921—1925年	2.53	4.04
中国中东部1921—1925年	1.54	2.54
中国1929—1933年	0.96	
小麦地带1929—1933年	1.27	
水稻地带1929—1933年	0.83	
日本1925年	1.08	

资料来源：卜凯著，张履鸾译：《中国农家经济》，第54、58页；卜凯著，乔启明等译：《中国土地利用》（1941年影印本），第351页表格内容整理而成。

人口密度方面，20世纪20年代，中国和日本同为人口稠密国家，但两国相比较，日本的人口密度更高。

表6－16　中日两国人口密度

国家或地区	每一平方公里人数（作物面积）	每一平方英里人数（作物面积）
中国	282	730
中国北部	240	621
中国中东部	324	839
日本	478	1238

资料来源：卜凯著，张履鸾译：《中国农家经济》，第472页表17内容整理而成。

由表6－16可见，1921—1925年中国7省17处人口密度平均为282人/平方公里（作物面积），而日本的人口密度为每平方公里478人，日本的人口密度是中国的1.7倍，也是中国北部地区的1.99倍和中东部地区的1.48倍。“若以中国农村人口的密度，与日本比较，似尤稍逊”，卜凯还给出了两国农村人口密度差异的主要原因，即中国“每单位土地的生产力较低”①。

此外，日本不仅人口密度较高，而且人口年龄结构较中国进一步趋于年轻化。

① 卜凯著，张履鸾译：《中国农家经济》，上海：商务印书馆，1936年，第471页。

表6－17　中日两国人口年龄分配百分比（%）

年龄组	中国	日本
0—9	25.0	25.4
10—19	19.3	21.1
20—29	17.0	15.8
30—39	13.8	12.0
40—49	11.4	10.5
50及以上	13.5	15.1
总计	100	99.9

资料来源：卜凯著，乔启明等译：《中国土地利用》（1941年影印本），第528页内容整理而成。

从表6－17给出的数据来看，日本0—29岁者占总人口的62.3%，其中0—19岁者占总人口的46.5%，而30—49岁者占总人口的22.5%，50岁及以上者占15.1%；中国0—29岁者占总人口的61.3%，其中0—19岁者占总人口的44.3%，而30—49岁者占总人口的25.2%，50岁及以上者占13.5%。这说明在20世纪20年代之前的20到30年时间里，日本保持了较高的人口自然增长率，而日本青少年占据人口的大多数，也预示着在此后很长一段时间里人口将会不断增长，从而继续保持较高的人口密度。50岁及以上的人口日本比中国高出1.6%。

基于以上分析，尽管中日两国田场面积相差不大，但日本的人口密度却是中国的1.7倍。由此可知，日本人多地少状况比中国更为严重。

二、农业集约化程度较高

关于土地利用方面（参见表6－18），中日两国的相同点在于，中日皆属于牧场较少的国家，其牧场分别占国土面积的4.6%和0%。两国的不同点在于，一方面，中国的耕地占国土比例高于日本，中国八大农业区27%的土地为耕地，而日本国土中只有17.2%用作耕地。另一方面，日本国土的森林覆盖率高达56.6%，高出中国47.9个百分点，这一点与中国颇为不同。森林覆盖率低是近代中国农村的一大特点，中国农家田场的土地大量用于种植农作物，用于植树的土地较少。“中国农地用途最重要之特点，厥为作物面积比例独大，逮90%，而牧场面积，包括森林牧场，仅1.1%，其数极小”①。绿化

① 卜凯著，乔启明等译：《中国土地利用》（1941年影印本），台北，学生书局，1977年版，第204页。

面积少，致使农家燃料问题难于解决。20世纪20年代，中国农民习惯于使用柴草而非煤炭作为燃料。但由于缺乏树木，农家普遍利用作物茎秆充当燃料。为了获得充足的燃料，农家一方面减少了牲畜的数量，进而导致厩肥产量的下降；另一方面，此时在中国北部，常有拾禾的人，或农夫自己，将作物连根拔起，充当燃料，有的地方甚而至不用刀割小麦，而用手拔起，罄其所有而去，所送还土地的不过一点草木灰而已。这种竭泽而渔的方式必然带来地力的严重损耗，进而影响农作物的产量。此外，树木的砍伐、植被的破坏也造成了严重的水土流失，进一步加剧了地力的损耗，且造成河道泥沙拥堵进而容易发生水患，如此恶性循环。反观日本，由于注重绿化，不仅解决了燃料问题和养地问题，而且大面积的森林植被有效防止了水土流失，从而形成一种良性循环。

表6－18　中日两国土地主要用途所占百分比（%）

国家或地区	耕地	牧场	森林	其他	总计
中国（八大农区）	27.0	4.6	8.7	59.7	100
日本1935	17.2	0	56.6	26.2	100

资料来源：据卜凯著，乔启明等译《中国土地利用》（1941年影印本）第205页内容整理而成。

注：牧场与“其他”一项数字不分，森林与“其他”一项数字不分。

农业的种植结构、各类作物所占比例以及农作物的单产的水平，一定程度上也能反映出两国农业的集约化程度。

表6－19　中日两国各类作物所占作物公顷面积百分比（%）

国家或地区	种籽类	秣草	纤维类	球茎及块根类	果实类	其他
中国	85.4	0.1	3.6	3.3	0.9	6.7
中国北部①	94.1	——	1.1	2.8	0.4	0.8
中国中东部	89.9	——	2.7	4.9	0.5	0.9
日本	78.6	——	0.4	7.7	9.7	3.6

资料来源：据卜凯著，乔启明等译《中国土地利用》（1941年影印本）第254页内容整理而成。

从表6－19列出的数据来看，在农作物的种植结构方面，中国与日本皆以种籽类作物为主，是秣草种植较少甚至为零的国家。中日的种籽类作物种植比例分别为85.4%和78.6%，中国的秣草种植比例为0.1%，而日本则无

① 卜凯著，张履鸾译：《中国农家经济》，上海：商务印书馆，1936年，第256页。

此项统计，结合上文土地利用结构中提到的日本的牧场比例为零可以推论，日本很少甚至不种秣草。不过，两国的种植结构也存在一定差异，即日本的球茎及块根类作物和果实类作物种植比例高于中国，这两类作物在中国分别占3.3%和0.9%，而日本则占7.7%和9.7%，分别比中国高出4.4个百分点和8.8个百分点。球茎及块根类作物和果实类作物比种籽类作物更加集约，日本的球茎及块根类作物和果实类作物所占比例高于中国，说明日本农业种植结构的集约化程度高于中国。此外，中日作物种植结构的差异也影响了人们的饮食习惯，种植更多的球茎及块根类作物和果实类作物，使日本人的食物不拘泥于粮食类一种，其膳食结构更均衡，营养也更丰富。

在单产水平方面（参见表6－20），从总体上来说，日本粮食的单产水平不仅高于中国，而且高于美国。日本小麦的单产分别是中国和美国的1.39倍和1.36倍。日本大麦的单产分别为中国和美国的1.9倍和1.58倍。日本玉蜀黍的单产虽为美国的85.89%，但却是中国的1.87倍。日本水稻产量分别为中国和美国的1.19倍和1.83倍，与卜凯所分析的其他国家相比亦属最高。中国的稻产量高出美国52%，但却低于日本，基于此，卜凯认为“日本的气候和土壤和中国大致仿佛，可是稻的产量要比中国高五分之一，这实在是日本稻作较中国尤为集约的一个明证”。①

表6－20　中日两国主要粮食作物产量（单位：公顷/公担）

作物品种	中国	中国北部	中国中东部	日本
小麦	9.7	8.54	11.12	13.5
稻	25.6	5.76	28.42	30.7
大麦	10	10.03	13.70	19
玉蜀黍	7.5	7.47	8.53 套种	14
棉花	1.8	6.04	3.62	——
山薯	68.5	59.92	102.73	——

资料来源：据卜凯著，张履鸾译《中国农家经济》第291页内容整理而成。

注：中国材料系根据1929—1933年，22省150县162地区，16334田场之调查。其他各国系根据1930—1931及1932至1933年国际农业统计年鉴。

① 卜凯著，张履鸾译：《中国农家经济》，上海：商务印书馆，1936年，第292页。

三、家畜密度和种类

日本的家畜密度低于中国，由表6－21可见，日本每作物公顷的各种家畜单位和工作家畜单位分别为0.47和0.37，只有中国各种家畜密度和工作家畜密度的55.29%和51.39%。

表6－21　中日两国家畜密度对照表（%）

国家或地区	每作物公顷的工作家畜单位	每作物公顷各种家畜单位
中国	0.72	0.85
小麦地带	0.53	0.68
水稻地带	0.84	0.97
日本	0.37	0.47

资料来源：卜凯著，张履鸾译：《中国农家经济》，第291页内容整理而成。

而从家畜类别来看（参见表6－22），中日两国的家畜皆以工作家畜为主，中国的工作家畜单位占各种家畜单位的74.7%，日本则占81.2%。牛在两国均用作工作家畜而非生产家畜。不同的是，工作家畜方面，日本只有牛、马两种，而中国除牛、马外，还有一定量的骡、驴和少量骆驼用作工作家畜。日本的工作家畜以马为主，占各种家畜单位的42%，而中国以牛为主，占各种家畜单位的55.5%；生产家畜方面，日本以家禽为主，占各种家畜单位的14.8%，而猪和羊所占比例仅分别为3%和1%。中国以猪和羊为主，分别占各种家畜单位的12.8%和6.7%，而家禽则仅占4.8%。

表6－22　中日两国各种家畜所占家畜单位百分比（%）

中日两国工作家畜所占百分比（%）

国家或地区	水牛	黄牛	马	骡	驴	骆驼	总计
中国	22.0	33.5	3.7	6.2	9.2	0.1	74.7
中国北部	0.2	42.9	5.5	8.5	21.2		78.3
中国中东部	41.5	31.7	0.6	0.3	3.4		77.5
日本	39.2		42.0	0	0	0	81.2

中日两国生产家畜所占百分比（%）

国家或地区	黄牛	猪	绵羊	山羊	家禽	其他	总计
中国	0	12.8	5.9	0.8	4.8	0.4	25.3
中国北部	0	3.8	11.7	1.4	4.8		21.7
中国中东部	0	15.0	0.9	0.1	6.5		22.5
日本	0	3.0	0.1	0.9	14.8	0	18.8

资料来源：卜凯著，乔启明等译：《中国土地利用》（1941 年影印本），第 318—324 页内容整理而成。

四、生活状况

中日之间生活程度的差异，不仅体现在消费水平和消费结构上，也体现在人口的生育和死亡状况上。

从消费状况来看，日本农家的消费水平较高。消费额度方面（参见表 6－23），日本农家年均消费总额为 958 元（折合中国币），尽管只有美国的 32.06%，但却是中国的 4.2 倍。消费结构方面（参见表 6－23），日本的生活必需费在消费总额中所占的比例低于美国，“美国农家其生活必需费用所占之百分率为 73.7%，在日本则只有 60.9%。不过在日本地税亦列入于生活必需费用以外之支出，可是别的国家，地税则不算家庭开支，因此有点区别，日本地税占费用总额 2.9%”①。食物在消费总额中所占的比例也即恩格尔系数，中、日、美分别为 58.9%、42.8% 和 41.2%，日本与美国相差不大，比中国低了 16.1 个百分点。

表 6－23　中日两国农家年均消费总额及各项费用所占比例

国家或地区	家庭人口规模	年均消费总额（折合中国币）单位：元	各项费用所占比例（%）				
			食物	房租	衣着	灯油燃料	其他费用
中国	5.94	228.32	58.9	5.3	7.3	12.3	16.2
中国北部		190.63	62.1	5.3	6.4	12.6	13.6
中国中东部		288.63	53.8	5.5	8.6	11.8	20.3
日本	5.19	958	42.8	3.1	9.5	5.5	39.1
美国	4.8	2988	41.2	12.5	14.7	5.3	26.3

资料来源：卜凯著，张履鸾译：《中国农家经济》，第 519—520 页图 2、3、4 内容整理而成。

① 卜凯著，张履鸾译：《中国农家经济》，上海：商务印书馆，1936 年，第 520 页。

表 6－24　中日两国食物、房租、衣着、灯油燃料及其他费用所占百分比（%）

国家	食物	房租	衣着	灯油燃料	其他费用
日本	42.8	3.1	9.5	5.5	39.1
美国	41.2	12.5	14.7	5.3	26.3
中国	58.9	5.3	7.3	12.3	16.2

资料来源：据卜凯著，张履鸾译：《中国农家经济》，第519—520页图2、3、4内容整理而成。

从人口状况来看，中日两国的人口在婚姻、生育年龄及其生殖力等方面存在着很大差异。

表 6－25　中日两国人口在15—44岁间（生育年龄）的婚姻状况

性别	国家或地区	15—44岁总数	百分比（%）				
			总数	未婚	已婚	丧偶	离婚
男性	中国	46434	100	28.3	68.1	3.5	0.1
	中国北部	21560	100	28.9	67.7	3.3	0.1
	中国南部	24874	99.9	27.8	68.4	3.6	0.1
	日本		99.9	42.6	54.5	1.2	1.6
女性	中国	42438	100	10.5	84.8	4.6	0.0
	中国北部	19801	100	9.8	85.5	4.7	0.0
	中国南部	22637	100	11.2	84.2	4.6	0.0
	日本		99.9	28	66.7	3.1	8.8

资料来源：据卜凯著，乔启明等译：《中国土地利用》（1941年影印本），第532页表16内容整理而成。

表 6－26　中日两国粗生育率及15—44岁已婚女子每千人的产儿数

国家或地区	每千人之出生数		15—44岁已婚女子每千人之产儿数	
	年份	生育率（‰）	年份	产儿数
中国	1929—1931	38.3	1929—1931	207
中国北部	1929—1931	37.4	1929—1931	201
中国南部	1929—1931	39.0	1929—1931	-
日本	1930	32.4	1925	280

资料来源：据卜凯著，乔启明等译：《中国土地利用》（1941年影印本），第539页表20内容整理而成。

中国女性的生殖力弱于日本，中国生育年龄的女性每千人之产儿数为207人，而日本则为280人。因此，尽管中国粗生育率为38.3‰，高于日本的32.4‰，但并不是因为中国女性的生殖力强，而仅仅是因为中国女性在生育年龄结婚的人数高于日本。中国女性在生育年龄已婚者占 84.8%，而日本为 67%，这说明中国女性的平均结婚年龄低于日本。对此，卜凯曾有过分析，“中国平均结婚年龄实较其他各国为低”①，中国男女结婚年龄大都在 20 岁以下，且早婚现象尤为严重。此外，“中国抽样调查所得之生育率与日本相较，尤为有趣。中国之粗生育率，确系较高，只因已婚女子较多，并非因其生殖力特强。中国女子之生殖力，显较日本为低。……中国女子在生育年龄内结婚者占 86%，日本则仅占 67%。中国已婚女子生殖力虽低，惟结婚者众，两相乘除，故中国之粗生育率，反高于日本。”② 中日之间的人口婚育状况差异反映出日本人生育年龄偏高而生殖力较强的特点，而其根源正是两国社会经济文化发展水平的差异。

表 6－27　中日两国人口粗死亡率

国家或地区	年份	每千人之死亡数
中国	1929—1931	27.1
中国北部	1929—1931	24.1
中国南部	1929—1931	30.0
日本	1930	18.2

资料来源：卜凯著，乔启明等译《中国土地利用》(1941 年影印本) 第 549 页表 24 内容整理而成。

表 6－27 的数据显示了中日两国粗死亡率的调查结果，中国人口的粗死亡率平均水平为 27.1‰，而日本只有 18.2‰，比中国低了 8.9 个千分点。

表 6－28　中日两国人口各年龄组的平均寿命

国家	性别	年龄组					
		0	5	10	20	40	60
中国	男	34.85	47.58	47.05	40.74	26.84	14.19
	女	34.63	46.95	46.00	40.08	28.05	15.22
日本	男	42.06	50.35	46.53	39.10	25.13	11.87
	女	43.20	50.71	47.00	40.38	28.09	14.12

资料来源：卜凯著，乔启明等译《中国土地利用》(1941 年影印本) 第 556 页表 28 内容整理而成。

① 卜凯著，乔启明等译：《中国土地利用》(1941 年影印本)，台北，学生书局，1977 年版，第 533 页。

② 卜凯著，乔启明等译：《中国土地利用》(1941 年影印本)，台北，学生书局，1977 年版，第 540 页。

卜凯认为，人出生时的平均寿命，中国胜于印度，而远逊于日本，而日本复不及西洋。由表6－28可见，除60岁组外，欧美日各年龄组人口的平均寿命基本上都高于中国。卜凯还将中日的平均寿命与美国马萨诸塞州（麻省）人口的情况进行对比，指出："日本今日之平均寿命，约与美国马萨诸塞四十五年以前相等，而中国则无大殊于马萨诸塞及新罕木什尔一百五十年以前之情形"①。

不同年龄段人口的死亡率是不同的，根据卜凯1929—1933年的调查，当时中国人口死亡率较高的年龄段为儿童时期及成人初期、老年时期和女子生育期。对此卜凯给予了必要的解释："儿童时期及成人初期之死亡率奇高，除印度外，莫与比伦。老年时期，与新式卫生与医药设备之成效甚鲜，故中国老年人之死亡率与西洋无多分别。中国女子死亡率所以高于男子者，纯以女子生育期间死亡过高。此生育年龄之高死亡率，印度较中国尤为显著，日本亦略有此现象。在西洋各国男女在相当年龄内，女子之死亡率，鲜有高于男子者，即在生育期间亦然"②。总之，中国在这三个年龄段的人口死亡率较高与当时医疗条件落后和社会福利水平较低有关。

人口生育和死亡状况直接反映了国民生活水平的高低。中国与日本同为东亚国家，国民皆为黄色人种，两国人口状况的差别并非人种因素，而是社会经济发展状况和民众生活水平差异所致。20世纪20年代，日本卫生医药日渐改良，医疗卫生事业的进步、社会经济的发展和民众生活水平的提高，都有利于人口生殖力的增强和平均寿命的延长。而当时的中国处在战乱和贫弱的困境中，人口的生殖和寿命状况必然会深受影响。

综合以上分析，中国和日本人多地少，人力资源丰富而土地资源匮乏促使两国在农业上采取相对集约的经营方式。低廉的工价和过密过多的人口对粮食的巨大需求促使农民将绝大多数的土地用作耕地，并在这绝大多数的耕地上种植种籽类作物，而牧草的种植则较少甚至为零，从而造成作物种植结构和农业产业结构的单一化，并进而导致农民饮食结构向谷物类严重倾斜，缺少动物产品的摄入。具体而言，中日两国的农业又各有其特点。与中国相比，日本的人

① 卜凯著，乔启明等译：《中国土地利用》（1941年影印本），台北，学生书局，1977年版，第558页。

② 卜凯著，乔启明等译：《中国土地利用》（1941年影印本），台北，学生书局，1977年版，第553页。

口密度更大，田场面积更小，其人地关系紧张程度较中国有过之而无不及。但由于日本合理有效地利用土地，增加作物性质更加集约的球茎块根类作物和果实类作物的种植面积、提高森林覆盖率、不断改善农业生产环境并推广新型的农业技术，使农业单产水平不仅高于中国而且处在世界前列，农民生活水平也比中国高。这说明日本和中国虽同属集约型农业，但集约化程度却有较大差别，日本是真正农业高度集约化的国家，而近代中国农业的集约化程度确实比日本低。卜凯曾说："就作物性质而言，中国土地使用虽较集约，然以产量计，则不甚集约。大体而论，中国各种产量优于印度或苏联，但不及日本，且逊于意德英美诸国"。卜凯还进一步指出了出现这种差别的原因，在于中国农业"水旱为灾，土壤侵蚀，肥料不足，虫病不治，籽种不良"[①] 等。精耕细作并不等于农业的高度集约化，它只是农业集约化的一个方面，技术条件的落后严重制约了近代中国农业的集约化程度。换句话说，农业的高度集约化不仅需要生产方式上的精耕细作，更需要农业技术条件的进步、生产环境的改善以及对土地的合理利用，即需要通过"广义的技术进步"来解决中国农村和农业问题。唯其如此，才能够提高农业集约化的程度进而增加农业产量、改善农民生活。正如卜凯所说："中国农作物素称集约，然藉引用改良种子、改善作物保护、增用肥料、防治病虫害及灌溉排水诸法，颇有增加产量之机会。"[②]

第三节　对其他相关国家农业问题的研究

卜凯在研究中国农业时也参考了相关国家的农业情况，其中包括英国、丹麦、德国、意大利、苏联、印度等。卜凯对这些国家的考察内容主要涉及土地利用结构、种植结构、作物单产水平、家畜、人口生育状况等方面的对比。

卜凯视阈下相关国家的农业及其特点如下：

印度：印度是社会经济发展水平低于中国的国家。中国和印度同为经济发展较落后的国家，人口密度大，农民生活水平低。印度得益于印度河和恒

① 卜凯著，乔启明等译：《中国土地利用》（1941 年影印本），台北，学生书局，1977 年版，第 15 页。

② 卜凯著，乔启明等译：《中国土地利用》（1941 年影印本），台北，学生书局，1977 年版，第 279 页。

河的滋养，印度河—恒河平原占到国土面积的40%以上，因而耕地资源丰富，其耕地比例占国土面积的46.3%，是中国的1.71倍，也分别是英国和美国的2.06倍和2.05倍，且略高于德国和意大利。在卜凯所分析研究的8个国家中，印度的耕地所占比例最高。

表6-29　有关国家土地主要用途百分比（%）

国家	耕地	牧场	森林	其他	总计
中国（八大农区）	27.0	4.6	8.7	59.7	100
日本（1935）	17.2	0	56.6	26.2	100
印度（1930—1931）	46.3	#	13.1	40.6#	100
苏联（1928）	12.0	2.9	27.3	57.8	100
意大利	44.6	20.1	16.0	19.3	100
德国	43.8	17.4	27.2	11.6	100
英国	22.5	56.8	*	20.7*	100
美国（1934）	22.6	35.1	31.9	10.4	100

主要资料来源：据卜凯著，乔启明等译《中国土地利用》（1941年影印本）第205页表6内容整理而成。

注：牧场与“其他”一项数字不分，森林与“其他”一项数字不分。

虽然上述所列国家中印度的耕地所占比例最高，但是，地理环境的优势并没有促成印度农业的强大，印度的作物单产水平和农民的生活水平低于中国。由表6-30可知，印度的主要农作物为小麦、稻和棉花，产量分别只有中国的83.51%、64.45%和50%。

表6-30　有关国家主要粮食作物产量比较　（单位：公顷/公担）

作物品种	中国	中国北部	中国中东部	日本	美国	英国	丹麦	印度	各国平均
小麦	9.7	8.54	11.12	13.5	9.9	21.2	33.1	8.1	10.3
稻	25.6	5.76	28.42	30.7	16.8	——	——	16.5	——
大麦	10	10.03	13.70	19	12	——	——	——	——
玉蜀黍	7.5	7.47	8.53 套种	14	16.3	——	——	——	——
棉花	1.8	6.04	3.62	——	2.0	——	——	0.9	——
山薯	68.5	59.92	102.73	——	24.6	——	——	——	——

资料来源：据卜凯著，张履鸾译《中国农家经济》第291页内容整理而成。

就生活水平方面而言，印度的高死亡率可以说明印度民众生活水平的低下。由表6-31可知，在卜凯所列的九个国家中，印度的粗死亡率之高仅次于中国。另外，印度儿童和育龄妇女两个年龄组的人死亡率奇高，这也可说明该国家的医疗卫生条件较差和社会福利事业的落后。卜凯曾专门提到："儿童时期及成人初期之死亡率奇高，除印度外，莫与比伦。……中国女子死亡率所以高于男子者，纯以女子生育期间死亡过高。此生育年龄之高死亡率，印度较中国尤为显著，日本亦略有此现象。在西洋各国男女在相当年龄内，女子之死亡率，鲜有高于男子者，即在生育期间亦然。"①

表 6－31　有关国家粗死亡率

国家或地区	年份	每千人之死亡数
中国	1929—1931	27.1
中国北部	1929—1931	24.1
中国南部	1929—1931	30.0
英属印度	1931	24.9
日本	1930	18.2
澳大利亚	1931	8.7
英格兰及威尔士	1931	12.3
法兰西	1931	16.3
苏联	1928	18.8
瑞典	1930	11.7
美国	1930	11.3

资料来源：据卜凯著，乔启明等译《中国土地利用》（1941 年影印本）第 549 页表 24 内容整理而成。

表 6－32　有关国家人口各年龄组的平均寿命

国家	性别	年龄组					
		0	5	10	20	40	60
中国	男	34.85	47.58	47.05	40.74	26.84	14.19
	女	34.63	46.95	46.00	40.08	28.05	15.22
印度	男	26.91	38.96	36.38	29.57	18.60	10.25
	女	26.56	36.61	33.61	27.08	18.23	10.81
日本	男	42.06	50.35	46.53	39.10	25.13	11.87
	女	43.20	50.71	47.00	40.38	28.09	14.12
美国	男	59.31	59.47	55.03	46.07	29.25	14.73
	女	62.83	62.22	57.70	48.55	31.53	16.05

资料来源：据卜凯著，乔启明等译《中国土地利用》（1941 年影印本）第 556 页表 28 内容整理而成。

① 卜凯著，乔启明等译：《中国土地利用》（1941 年影印本），台北，学生书局，1977 年版，第 553 页。

苏联：苏联是农业发展水平较低的国家。苏联土地广袤，但受自然环境的限制，耕地比例仅占国土面积的12.0%，仅为中国的44.44%，也低于英、美、日、德、意等国。苏联的作物单产水平低于中国，更低于英、美、日等国。卜凯虽未在《中国农家经济》和《中国土地利用》两书中引用苏联农作物的单产数据，但他在书中提到，“中国产量较印度或苏联为优，而不逮日本”。[①] 由此可以推断，卜凯视阈下的苏联农业单产水平是低于中国的。连中国尚且不及，遑论英、美、日等国了。

丹麦：丹麦是地广人稀、小麦单产水平较高的国家。丹麦与美国同为地广人稀型的国家，卜凯引用丹麦的数据与中、美进行比较分析。从田场面积来看，丹麦的田场作物面积中数为13.25公顷，据1921—1925年卜凯对中国7省的调查数据，中国农村田场作物面积中数[②]为2.13公顷。其中北部地区为2.53公顷，中东部地区为1.54公顷，只有丹麦的16.08%、19.09%和11.62%。另据1929—1933年卜凯对中国22省的调查数据，全国、小麦地带和水稻地带的作物面积中数分别为0.96公顷、1.27公顷和0.83公顷，分别只有丹麦的7.25%、9.58%和6.26%。可见丹麦与美国一样，相对于中国而言，是地广人稀型的国家。但若与美国相比，丹麦的地广人稀程度又不及美国，丹麦的田场作物面积公顷中数只有美国的53.67%。从人口密度上看，丹麦的人口密度为每一平方公里30人，而美国为19人，丹麦的人口密度是美国的1.58倍。从农作物的种植结构及产量上看，丹麦仅种植小麦，但小麦单产水平在卜凯所列的6国中最高（参见表6-30），平均每公顷33.1公担，该数字分别是中国、日本、美国和英国的3.41倍、2.45倍、3.34倍和1.56倍。由于经济发展水平较高且人口密度较低，丹麦民众的生活程度较高，卜凯虽未在书中列出丹麦人生活水平方面的数据，但他提到，丹麦国民“不愿多繁殖，以降低生活程度”[③]。可见，在卜凯视阈下，丹麦人的生活程度是比较高的。

英国：英国是畜牧业发达的典型国家。

---

① 卜凯著，乔启明等译：《中国土地利用》（1941年影印本），台北，学生书局，1977年版，第279页。

② 卜凯认为“以平均数或算数平均数，测量田场面积之大小，不如以中数为善，盖一二特大农场，对于平均数之影响，甚于中数。”（卜凯著，乔启明等译，《中国土地利用》（1941年影印本），台北，学生书局，1977年版，第351页。）

③ 卜凯著，张履鸾译：《中国农家经济》，上海：商务印书馆，1936年，第471页。

表 6－33　有关国家家畜密度

国家或地区	每作物公顷之工作家畜单位	每作物公顷之各种家畜单位
中国	0.72	0.85
小麦地带	0.53	0.68
水稻地带	0.84	0.97
日本	0.37	0.47
美国	0.12	0.57
英国	0.17	1.73
印度		1.51
苏联	0.72	0.91
德国		0.89
意大利	0.59	0.72

资料来源：据卜凯著，张履鸾译《中国农家经济》第 334 页表 4 内容整理而成。

由表 6－33 可见，英国每作物公顷各类家畜单位为 1.73，在卜凯所列的八个国家中位列第一，是中国的 2.04 倍，美国的 3.04 倍。但英国每作物公顷的工作家畜单位只有 0.17，仅为中国的 23.61%，只有美国与英国的工作家畜密度较为接近。此外，英国工作家畜与生产家畜的比例分别为 9.9% 和 90.1%。在卜凯所列的八个国家中，英国工作家畜比例最低，生产家畜比例最高。出现这样的情况，一方面说明英国是一个畜牧业发达的国家，由于地广人稀及气候环境的原因，英国选择了较为粗放的农业经营方式，即以秣草来代替集约作物的种植，为畜牧业的发展创造了良好的条件。另一方面也说明英国农业的机械化水平较高，部分地替代了工作家畜的作用。

表 6－34　有关国家各种家畜所占家畜单位百分比（%）

工作家畜

国家或地区	水牛	黄牛	马	骡	驴	骆驼	总计
中国	22.0	33.5	3.7	6.2	9.2	0.1	74.7
中国北部	0.2	42.9	5.5	8.5	21.2		78.3
中国中东部	41.5	31.7	0.6	0.3	3.4		77.5
日本	39.2	42.0	0	0	0	81.2	
美国	0	0	15.8	6.8	0	0	22.1
印度	24.7	67.6	1.0	0.1	0.4	0.7	94.5

续表

国家或地区	水牛	黄牛	马	骡	驴	骆驼	总计
苏联	0	49.2	27.7	0	0	0.3	77.2
意大利	0.2	63.4	0.9	4.1	3.9	0	80.5
德国	0	0	15.2	0.1	0	0	15.3
英国	0	0	9.9	0	0	0	9.9

生产家畜

国家或地区	黄牛	猪	绵羊	山羊	家禽	其他	总计
中国	0	12.8	5.9	0.8	4.8	0.4	25.3
中国北部	0	3.8	11.7	1.4	4.8		21.7
中国中东部	0	15.0	0.9	0.1	6.5		22.5
日本	0	3.0	0.1	0.9	14.8	0	18.8
美国	54.8	9.3	8.8	0	5.0	0	77.9
印度	0	0	2.3	3.2	0	0	5.5
苏联	0	2.7	17.5	1.7	0	0.9	22.8
意大利	0	4.1	13.0	2.4	0	0	19.5
德国	63.5	12.4	2.2	1.7	4.9	0	34.7
英国	50.8	3.3	30.7	0	5.3	0	90.1

资料来源：据卜凯著，张履鸾译《中国农家经济》第307—309页表1、2内容整理而成。

除了畜牧业发达，英国的小麦单产水平亦较高。由表6－30可知，英国的主要农作物只有小麦一种，小麦的产量是每公顷21.2公担，在卜凯所列的6个国家中仅次于丹麦，其小麦的单产量分别是中国、日本和美国的2.19倍、1.57倍和2.14倍。

德国、意大利：两国都是耕地比例较大、种植结构较集约的国家。在卜凯的视阈下，虽然同为欧洲国家，但德国与意大利的农业比较接近，却与英国有一定差别。由表6－29可知，德意两国的耕地所占比例分别为43.8%和44.6%，其耕地所占比例之多仅次于印度，分别比中国高出了17.6个百分点和16.8个百分点，也分别比英国高出了22.1个百分点和21.3个百分点。在种植结构上，德意两国不同于英国，德意两国的秣草种植比例分别为34.6%和26.2%，比英国低了27.5个百分点和19.1个百分点。两国种植结构皆以种籽类作物为主，种籽类作物的种植比例分别达到45.9%和54.6%，分别比英国高出了17.6个百分点和8.9个百分点。两国的球茎块根类作物和果实类作物的种植比例亦高出英国，特别是意大利的球茎及块根类作物的种植比例高达13%，在卜凯所列的8个国家中位列第一，比英国高出8.5个百分点。前文已提到，从作物种植的集约化程度来说，球茎及块根类作物和果实类作物高于种籽类作物，种籽类作物高于秣草，由此可见，德意两国属于农业集约化程度较高的国家。

表6－35　有关国家各类作物所占作物公顷面积百分比（%）

国家或地区	种籽类	秣草	纤维类	球茎及块根类	果实类	其他
中国	85.4	0.1	3.6	3.3	0.9	6.7
中国北部	94.1	——	1.1	2.8	0.4	0.8
中国中东部	89.9	——	2.7	4.9	0.5	0.9
苏联	81.2	4.2	3.3	4.3	——	6.5
日本	78.6	——	0.4	7.7	9.7	3.6
印度	78.2	3.6	7.8	3.1	0.6	6.7
美国	58.6	21.9	11.9	1.0	1.8	4.8
意大利	54.6	26.2	0.6	1.7	4.4	2.5
德国	45.9	34.6	0.1	13.0	2.7	5.3
英国	37.0	53.7	——	4.5	1.9	2.9

资料来源：1. 根据卜凯著，乔启明等译：《中国土地利用》（1941年影印本）第254页整理而成。

2. 卜凯著，张履鸾译：《中国农家经济》，第256页表4。

以往学界关于近代中国农业生产方式和发展水平的研究，习惯于将中国与英美国家作比较。英美等发达国家地广人稀，农业上采取机械化、规模化的生产方式，这与近代中国小农经济所采取的精耕细作和高人力投入的生产方式完全不同。因此学者往往将近代欧美农业称为“粗放型农业”，而将中国称为“集约型农业”。又由于中国与英美的农业单产水平比较接近，因而往往会给人一种错觉，即中国的小农经营是一种高度集约化的经营模式，这种经营方式能够使农业保持较高的、至少不会低于欧美的作物单产水平。卜凯针对中美之间的农业生产也曾多有论述，他以小麦种植为例，“中国耕种小麦确是要比美国来得集约，在生长季里至少要中耕一次或二次不等，而施肥亦常在一次或一次以上。”“中国农业，普通都以为是集约农业，但是将调查各地小麦的平均产量，与素以粗放著名的美国的平均产量来比较，结果差不多毫无区别”。[①]

然而，卜凯又将近代日本农业的统计数据与中国进行比较，这就为学者正确理解中国农业的经营方式和生产发展水平打开了另一扇窗口。

近代日本与中国的农耕文化有很多相似之处，比如都是家庭式经营和采取精耕细作的生产方式、都将土地大量用于农作物特别是粮食作物的种植、畜牧业都不发达且家畜多用于役使等。但两国农业又存在较大的差异，与中国相比，日本的人口密度更大，田场面积更小，其人地关系紧张程度较中国有过之而无不及。但由于日本合理有效地利用土地，增加作物性质更加集约的球茎块根类作物和果实类作物的种植面积、提高森林覆盖率、不断改善农业生产环境并推广新型的农业技术，使它的农业单产水平不仅高于中国而且处在世界前列，农民生活水平也比中国要高。以水稻的生产为例，近代中国采取集约化的生产方式，“中国稻作在生长季节里面必须中耕几次，而对于增加有机质肥料的一层，也要花费不少的劳力和资本”[②]。所以“稻的产量，中国确比美国高出52%，这里面一部分系由于耕种方法的较为集约”。[③] 然而与中国一样精耕细作的日本水稻的生产，却比中国水稻产量高出了20%。这说明日本和中国虽同属集约型农业，但集约化程度却有较大差别，日本是农业高度集约化的国家，而近代中国农业的集约化程度确实比日本低。卜凯曾说，“就作物性质而言，中国土地使用虽较集约，然以产量计，则不甚集约。大体而论，中国各种产量优于印度或苏联，但不及日本，且逊于意德英美诸国”。卜凯还进一步指出了出现这种差别的原因，在于中国农业“水旱为灾，土壤侵蚀，肥料不足，虫病不治，籽种不良”[④]。然而，农业生产虽采取精耕细作的方式，其农业并不一定高度集约化。因为，精耕细作的生产方式只是农业集约化的一个方面，技术条件的落后仍严重制约了近代中国农业的集约化程度。换句话说，农业的高度集约化不仅需要生产方式上的精耕细作，更需要农业技术条件的进步、生产环境的改善以及对土地的合理利用，即需要通过

① 卜凯著，张履鸾译：《中国农家经济》，上海：商务印书馆，1936年，第289页。

② 卜凯著，张履鸾译：《中国农家经济》，上海：商务印书馆，1936年，第292页。

③ 卜凯著，张履鸾译：《中国农家经济》，上海：商务印书馆，1936年，第289页。

④ 卜凯著，乔启明等译：《中国土地利用》（1941年影印本），台北，学生书局，1977年版，第15页。

"广义的技术进步"来解决中国农村和农业问题。唯其如此，才能够提高农业集约化的程度进而增加农业产量、改善农民生活。正如卜凯所说，"中国农作物素称集约，然藉引用改良种子、改善作物保护、增用肥料、防治病虫害及灌溉排水诸法，颇有增加产量之机会"。①

20 世纪 80 年代至今，中国农村改革的脚步从未停歇。三十余年来，中国农业的科技进步已经取得了长足的发展，生产环境也得到了根本改善。家庭联产承包责任制的实施使中国小农经营模式再度复归，这一生产经营方式顺应了农业生产的规律和特点，促使中国农业取得了举世瞩目的成就。但就目前情况而言，中国"三农"问题比较突出，有学者认为中国农业未来应该朝着欧美的机械化、规模化农业方向发展，但从历史和现实情况来看，这种想法并不符合中国农村的实际。因为人多地少是中国的基本国情，这一点与英美的地广人稀存在根本不同。"人地比例资源禀赋及其约束乃是农业发展的决定性因素"，② 国情的根本差异决定了欧美类型的农业现代化道路在中国行不通。日本与中国同为人多地少的国家，它走出的是一条典型的高度集约化的农业现代化道路，日本的发展经验或可为中国在选择农业发展路径时提供另一种借鉴。

---

① 卜凯著，乔启明等译：《中国土地利用》（1941 年影印本），台北，学生书局，1977 年版，第 279 页。

② 黄宗智：《"家庭农场"是中国农业的发展出路吗?》，《开放时代》，2014 年第 2 期。

附录　卜凯生平大事记与文献著述

一、卜凯生平大事记

1. 1890 年 11 月 27 日，卜凯（John Lossing Buck）出生于纽约州德彻斯县（Dutchess County）快乐谷（Pleaseent Valley）的一个农家。

2. 1910—1914 年在康奈尔大学农学院就读，获农业经济学学士学位。

3. 1914—1915 年在纽约州米德尔城新汉普顿教养农场工作。

4. 1915 年受美国麦迪逊长老会的派遣，到安徽宿州传教并负责该地区的农业改良与推广工作。同年 11 月从旧金山乘“日本丸”号启程来中国，历时 29 天抵达上海。

5. 1915 年 12 月到安徽宿州。

6. 1915 年 12 月—1916 年 6 月在金陵大学华言科（Nanking Language School）接受汉语培训。培训后又返回宿州，并在南关郊区创建农事部。

7. 1916 年 7 月与赛珍珠在安徽庐山牯岭相遇并相爱。

8. 1917 年 2 月与赛珍珠订婚。5 月 30 日在镇江与赛珍珠举行婚礼。同年在宿州创办“农业科学试验部”。

9. 1918—1919 年深入宿州农村开展调查、育种实验和农业推广工作。

10. 婚后至 1920 年，定居宿州，卜凯在妻子的陪同下经常深入农村开展农家调查，从事农业种子改良试验，农业知识的普及和技术推广工作。

11. 1920 年接受康奈尔大学校友金陵大学农学院院长芮思娄（J. H. Reisner）的邀请，到金陵大学任教，主讲本科学生的农业经济学、农业社会学、农场管理学和农业推广学课程。创建农业经济系，当时名为“农业经济及农场管理系”，任农业经济学系教授和系主任，直到 1934 年。1920—1922 年间担任农林学院代理院长。

同年 2 月，被美国长老会任命为该地区的代表。

同年3月20日，女儿卡罗尔·格雷斯在南京出生。

12. 1921年，制作农村调查表数种，由华伯雄在南京农村试行社会状况调查，让学生深入社会，开该系调查研究风气之先。

13. 1922年，夏天开始，要求选学“农场管理学”课的学生，必须回乡调查100户以上农家经济与社会状况，凡满100户者给予学分。

14. 1922年秋天，与华伯雄一起对学生陶延桥调查的安徽芜湖近郊102户农家资料进行统计分析，结果分两册印行，第一册以《中国安徽芜湖近郊102农家社会经济调查》为名发表。

15. 1922年，受命为北京国际赈灾委员会的信用及经济发展委员会委员，参加制定农村合作社条例。

16. 1922—1923年，卜凯指导学生对中国7省17处2866个农家经济状况进行了调查，在此基础上1930年出版《中国农家经济》（英文版），汉译本1936年初由商务印书馆出版。

17. 1924年4月4日至18日，出席在江苏震泽举行的养蚕改良展览会。

18. 1924年夏天，到河北省盐山县查看学生崔毓俊开展农村社会调查情况，进行调查材料的核实和农民农业情况的指导。

19. 1924年，在安徽宿州创建林墅职业学校，并任校长，以培养初级农业技术人才。校址设在农事部院内农业试验部，1925年首期招收高小毕业生50人，但只办了一学期就停办。

20. 1924年至1925年与乔启明对豫皖苏陕四省八县11个地区4216户农家人口状况开展调查与研究。

21. 1925年获康奈尔大学硕士学位，硕士学位论文为《河北盐山县150农家之经济社会调查》。

22. 1925年秋返美，在纽约州特洛伊市收养女儿珍妮斯。

23. 1926年7月，携家眷游历江苏。

24. 1927年，爆发“南京事件”，一家人躲藏于仆人鲁大妈简陋的小屋内，后前往日本，继续撰写《中国农家经济》一书。9月返回上海。年末，完成《中国农家经济》初稿。

25. 1928年3月，与乔启明合作以《中国乡村人口的组成及增长》为题发表于《中国经济》杂志。

26. 1929 年冬返美，就中国土地利用调查问题寻求经济上的援助和技术的指导与合作。

27. 1930 年春，返回金陵大学，同年夏天，出版《中国农家经济》。

28. 1929—1933 年，主持中国土地利用调查，组织有关专家和学生对中国 22 个省、168 个地区、16781 个农场和 38256 个农家进行调查研究，编辑出版《中国土地利用》（分一册论文，二册地图，三册统计资料三册）一书，该书 1938 年由芝加哥大学出版社出版，论文集中译本 1941 年初由金陵大学农学院农经系出版。

29. 1931 年 4 月，国民党中央农业研究所筹备委员会成立，地址定在中山门外孝陵卫，主要职能为主管全国农业研究改良与推广，卜凯是 14 名委员之一。

30. 1931 年 10 月 21 日—1932 年 1 月 11 日，作为主任对江淮流域重大水灾的 87 个县 248 地区的受灾情况进行调查。

31. 1932 年 6 月返美。

32. 1933 年获康奈尔大学农业经济学博士学位，博士学位论文为《中国农家经济》。

同年 10 月返回中国。

33. 1934 年，与赛珍珠离婚。

34. 1934 冬至 1935 年春任美国财政部顾问，其间调查美国白银的收购政策对中国银本位的影响。

35. 1935 年 6 月中下旬赴甘肃、青海、宁夏、绥远等地考察农业情况。8 月 18 日在包头与中国著名作家冰心相见，

36. 1936 年 9 月金陵大学农学院农科研究所农业经济部开始招收研究生，首届研究生共 4 名学生，卜凯作为 4 位导师之一，他指导的学生是邵德馨。

同年 10 月，任金陵大学农学院院务委员会委员和农科研究所农业经济部部务委员会委员。

37. 1937 年，《中国土地利用》英文版由商务印书馆出版。

38. 1938 年，被南京国民政府授予“襟绶新采玉勋章”。

同年，利用历年农家调查材料与刻替斯博士合作，完成《中国农场管理学》初稿，1942 年在成都用英文出版，1946 年 4 月 6 日由戈福鼎、汪荫元翻

译的中文版出版。

39. 1940 年 9 月，返回金陵大学农业经济系任教，参与四川彭县和华阳县农村经济及土地分类调查。

40. 1941 年 10 月 11 日，与张渌梅（卜凯的学生、同事，上海崇明人）女士结婚。

41. 1941 年，四川省农村经济调查委员会成立，卜凯被聘为 7 位委员之一。

42. 1943 年 1 月，任《经济统计》刊物主编，直到回国。

1943 年 3 月 3 日，金陵大学院务委员会重组 6 个研究委员会，卜凯任调查委员会主席。

同年，卜凯被聘为中国农业机械公司顾问，承担“中国农业机械化方案”起草工作。

43. 1944 年 6 月，携夫人张渌梅和三个月的儿子回美国。

同年 8 月 12 日抵达美国加利福尼亚。

44. 1945 年任美国财政部顾问，驻中国专员，联合国远东救济总署署长。

45. 1946 年 6 月至 10 月，以中美农业技术合作团团员身份回到南京，重访农经系，并参与“中美农业合作报告”部分文稿的撰写工作。

46. 1947 年 9 月，出席在英国举行的太平洋国际协会第十届会议，并向大会提交《中国农业的一些基本问题》研究报告。

47. 1950 年，任联合国国际组织的农产品农业组织观察员。

48. 1953 年，在越南参加土改。

49. 1954 年，应洛克菲勒邀请回纽约任农业经济管理主任。

50. 1956 年，在日本研究粮食增产和农业教育问题。

51. 1957 年，回到纽约州德彻斯县的家庭农场。

52. 1960 年退休，以写作为主要生活内容。

53. 1964 年与欧文道森、吴元黎合著《共产主义中国的食品和农业》。

54. 1973 年，发表《南京大学农业经济学发展》，并列入康奈尔国际农业发展系列出版物。

55. 1975 年 9 月 27 日，在纽约州德彻斯县波基普西（Poughkeepsie）逝世，享年 85 岁。

二、卜凯主要文献著述

卜凯的一生著述颇丰，成果达90部（篇）。在国内，有关卜凯教授发表的关于中国农业经济方面的成果文献，我们可以在张宪文主编的《金陵大学校史》（南京大学出版社，2002年）第六章第二节“农学院的教学工作”中，崔毓俊在金陵大学农学院农业经济系建系70周年时发表的“我系科研、推广工作简介”（《金陵大学农学院农业经济系建系70周年纪念册1921—1991》，1991年，南京）、《忆往拾遗》中的“金大农经系的科研和推广工作”（《忆往拾遗》，1993年10月，未刊），卜凯撰写、卢良俊翻译的回忆文章“Development of Agricultural Economics at the University of Nanking”（金陵大学农业经济系之发展，《金陵大学农学院农业经济系建系70周年纪念册1921—1991》，1991年，南京）等资料上查阅到。但是，这些介绍因为论述时间的先后和角度的不同而不全面、不系统；在国外，美国学者Randalle E. Stross撰写的“The Stubborn Earth—American Agriculturalists on Chinese Soil, 1987 - 1937”（《僵硬的大地——在中国土地上的美国农学家（1937—1987）》，洛杉矶：加州大学伯克利分校出版，1986年）第七部分：Myopia - Lossing Buck and Agricultural Economics, 1920s - 1930s（缺乏远见——卜凯与二三十年代的农业经济）对卜凯关于中国农业方面的成果文献进行了论述，但将时间限定在20世纪二三十年代，对他1944年回国后的成果文献几乎没有涉及。卜凯一生的成果文献我们可以从他自己提供的“a list of publication by John Lossing Buck”（卜凯的出版物，1962年）中有全面详尽的了解①，其后人所建的JohnLossingBuck. org网站上也可以浏览到。

卜凯一生的成果文献概括起来主要包括：专著（书）、专题研究论文、报告以及演讲和手稿等四大类，详情如下：

（一）专著（书）4部

（1）《共产主义中国的粮食和农业》，与欧文·L. 达森和吴元黎合著，英文。加利福尼亚：斯坦福大学胡佛战争、革命与和平研究所；纽约：Fredric

---

① 该资料原件现保存于康奈尔大学档案馆，复印件为卜凯教授的儿子Paul和现居住美国加州洛杉矶的崔毓俊先生之子崔肇春教授提供，This Memoir has been edited by Dr. Buck 未刊，1962年。

A. Praeger 出版社，1966 年。主要论述了“共产主义政权之前和共产主义政权时期中国的谷物食品”以及共产主义之前 1929—1937 年间和共产主义期间 1949—1958 年之间粮食和农业发展的比较。

（2）《中国农场管理学》，与威廉. M. 刻替斯合著，1942 年，成都金陵大学。1946 年 4 月 8 日由戈福鼎、汪荫元翻译成中文。Farm Management in China. Co – author William M. Curtiss，1942（in simplified English）. The typed English mss contains 131 p（single spaced）. A comparison of the Pre – Communist Period 1929 – 37 with Communist Period 1949 – 58.

（3）《中国土地利用》（文论图集统计三部分）（Land Utilization in China 1937.）1937 年，有英文版和中文版。

《中国土地利用》报告是由金陵大学出版的，也是由太平洋关系中国研究会和国家经济委员会以及中国中央银行赞助的太平洋研究会国际研究系列的报告之一。They contain an analysis of data obtained from 16，786 farms in 168 localities and 38，256 farm families in 22 provinces of China，1929 – 1933. 它们包含了 1929—1933 年的数据分析，这些数据从 168 个不同地域的 16786 个农场和 22 个省份的 38256 个农户家庭统计而来。分别由上海 Distributors：The Commercial Press，Shanghai，The University of Chicago Press and Oxford University Press（商务印书馆、芝加哥大学出版社和牛津大学出版社）出版。

（4）《中国农家经济》（An analysis of data from 2866 farms in 17 localities of seven provinces，China.）。由中国金陵大学和太平洋关系中国委员会资助，芝加哥大学出版社出版，1930 年 7 月 1 日。张履鸾译，上海商务印书馆，1936 年出版。该书从 7 个省的 17 个地区的 2866 家农场收集的数据分析。Appendix IV，a Record of a Year's Farm' Business illustrates the form used for recording information from each farm.

（二）专题研究文章 63 篇

1. 《纽约市的供水》，波基普西中学《波基普西人》，1909 年 12 月。

2. 《新汉普顿教养农场》，《展望》，1914 年 8 月 8 日。

3. 《南宿州：农业工作》收录在《中国之窗——对江南传教差会一瞥》，1917 年。

4. 《安徽北部水利保护》，上海：《远东评论》，1917 年 12 月。

5.《传教士开始在中国开展农业教育》，上海：《米勒氏评论》，第6卷第2期，1918年9月14日。

6.《安徽的南宿州》，上海：《中国报》，一份卜凯关于庆祝盟军胜利的新闻栏目，1918年11月21日。

7.《农村社会调查表》，此调查表有多个版本，第一版是在安徽南宿州，1915至1919年卜凯与美国长老会的首次任务地点。第二版是1921至1922年，由华伯雄译成中文，金陵大学出版。1931年为第三个修订版，由孙文郁翻译成中文。

8.《中小学引入农业教育的可行性计划》，《中国记录》，1919年在河南、山东教育协会上的发言，1919年5月。

9.《4000年后南宿州的农业状况》，上海：《中国报》，分3个报纸专栏刊载，1920年1月22日。

10.《美国长老教会在中国安徽南宿州的农业工作》，上海：《教务杂志》，1920年6月。

11.《中国一个农村教会组织和项目建设》，上海：《教务杂志》，1920年7月。

12.《中国农业传教会的发展》，中国继续委员会——教会调查手册，上海：国际农业教会委员会，1921年5月7日。

13.《国际农业传教协会》，上海：《密勒氏评论》，1921年5月7日。

14.《中国的教堂和乡村生活》，上海：《教务杂志》，1923年6月。

15.《农村调查表》，《中华农学会报》，1923年第39期，第39页。由章之汶译，另有徐澄翻译版本。

16.《芜湖附近一百零二户农家之经济的与社会的调查》，南京：金陵大学，第一部分，于1923年12月完成；第二部分于1924年7月完成；至1925年3月由徐澄翻译为中文。《安徽实业杂志》1925年第6卷第2期发表部分内容。《金陵大学农林科农林丛刊》，1928年第42期刊载文章全部内容。

17.《中国的价格变化——灾荒的影响和最近价格上涨》，《美国统计协会杂志》，1925年6月。

18.《四万万人每天必须要吃饭——农家和人民》，此文为1925年8月6日至17日在纽约（Lake Success）举行的联合国资源保护和利用科学会议记录，《成人圣经》（月刊）重印，1925 年 10 月。

19.《中国一些农村的状况》，卫理公会外国传道差会《农场与人》，1925 年 10 月。

20.《中国直隶省盐山县 150 户农家经济与社会调查》，南京：金陵大学，1926 年 6 月，康奈尔大学硕士学位论文，孙文郁翻译为中文，《河北盐山县 150 户农家之经济及社会调查》，《金陵大学农林科农林丛刊》，1929 年第 51 期。

21.《东方的状况》，该文是卜凯写给特洛伊第二次基督教长老会集会关于南京事件的记录的，1927 年 1 月 17 日发表在纽约特洛伊《特洛伊记录》上。

22.《声明——关于对南京暴行的愤慨》，应上海美联社的要求而写，1927 年 3 月 24 日。

23.《南京事件》，此文是卜凯写的信，由美国基督长老教会外国传教董事会转载和分发，1927 年 4 月 15 日。

24.《南京事变——给母亲的信》，该文发表在 1927 年 5 月 13 日的纽约波基普西《波基普西鹰报》上，后作为金陵大学农林学院第 13 次年度报告发表。

25.《中国的农村问题》，上海：中华基督教协会，1927 年。

26.《中国农场的所有权和租佃》，上海：中国基督教协进会，1927 年。

27.《中国农村人口的构成及其生长》，与乔启明合著，上海：中国政府经济信息局，《中国经济》杂志第 2 卷第 3 期，1928 年 3 月。

28.《“大刀会”和“小刀会”的冲突》，《中国每周评论》，1928 年。

29.《中国农村经济》，《农场经济》杂志，第 12 卷，第 3 期，1930 年 7 月。

30.《中国农村的差异》，日本东京：国际统计协会会议，1930 年。

31.《农业与中国的未来》，美国费城：《美国政治和社会科学研究院年报》，1930 年 11 月。

32.《中国农场管理调查》，伊萨卡，康奈尔大学《农场经济学》第 67 期，1930 年。

33.《改良农业的手段和方法》：上海《中国每周评论》，还发表在《农业周刊》第1卷第14期，1931年。

34.《中国土地问题——农场所有权和租佃：地主与佃农的关系》，报刊专栏卜凯博士的讲座，《平津时报》1932年3月7日，星期一。

35.《中华民国二十年水灾区域之经济调查》，该文系金陵大学与全国洪水灾救济委员会的合作，《金陵学报》第2卷第1期，1932年4月。

36.《农业经济学对于中国农村改进之可能的贡献》，该文由刘润涛翻译为中文，刊登于《农林新报》，1932年第277—279期。

37.《农业推广方法》，上海：《中国每周评论》，1932年。

38.《中日冲突引发上海近郊乡村损失的社会和经济调查》，这是一篇根据国民政府财政部长宋子文博士要求提交的未发表的秘密调研报告，因为有7个县的县长要求救济，调研结果显示在农村地区的损失较为有限，因此政府没有给予救济，1932年。(A confidential unpublished Report submitted to Dr. TV Soong, Minister of Finance, who requested the survey, for determination of need for relief requested by magistrates of seven counties. As a result no relief was extended because of the comparatively limited damage in rural areas. 1932)

39.《白银与中国的经济问题》，《太平洋事务》杂志，1935年3月。

40.《中国经济萧条和财政问题》，上海：《中国报》双十增刊，1935年10月10日。

41.《中国殖民化的可能性》，上海：《中国论坛》第1卷第15期，1938年。

42.《增加农家收益的方法》，成都：《农业推广通讯》，第3卷第9期，1941年。

43.《四川大米的价格及其决定性因素》，《经济统计》第15期，1941年，成都：金陵大学。

44.《价格行为》，《油印丛刊》第1期，1941年5月，成都：金陵大学。

45.《调查方法》，统计初级读本（中文）周年纪念刊，1942年，成都：统计局。

46.《是否存在日本在中国的扩张?》，《军事日报》（中文），1942年，成都。

47.《中国四川省的农业调查》，重庆：中国农民银行，1942年。纽约：

太平洋关系学会国际秘书处，1943 年。

48.《增加农业生产的方法》，《经济统计》第 16 期，1943 年，成都：金陵大学。

49.《官方汇率和价格关系》，《经济统计》第 23 期，1943 年，成都：金陵大学。

50.《通货紧缩——最大的战后问题》，《经济统计》第 24 期，1943 年，成都：金陵大学。

51.《生产成本》，《经济统计》第 32 期，1944 年，成都：金陵大学。

52.《中国农场租佃》，《经济统计》，第 33—34 期成都，金陵大学，1944 年。

53.《中国四川省华阳县的土地利用》，《经济统计》，第 37 和 38 期，成都：金陵大学，1944 年。

54.《农民》，该文系 1944 年 5 月 12 日在中国农业协会的演讲，1944 年 5 月 16 日发表在重庆《国家先驱报》。同时，演讲稿由原颂周译为中文，发表在《现代农民》1944 年第 7 卷，第 6 期。

55.《四川农民的经济地位》，该文由翁绍耳翻译，《中国农民》，1944 年第 4 卷第 2—3 期。

56.《中国的农具和农业机械》，《经济统计》第 50 期，1945 年，成都：金陵大学。该文还刊印在金陵大学农业经济系年度报告上。

57.《中国农业的一些基本问题》，纽约：太平洋关系学会第 1 号秘书处文件，1947 年在英国 Stratford - on - Avon 的第十届大会上提交。

58.《第二次世界大战期间的中国农民及其战后的未来》，纽约：太平洋关系学会，1947 年。出版时的标题可能是“农业基本问题”。

59.《中国土地的事实与理论》，纽约：《外交事务》杂志，第 28 卷第 1 期，1949 年 10 月。

60.《亚洲国家土地改革的进展》，1959 年 9 月 25 日，该文收入在《土地使用权，工业化和社会稳定：亚洲的经验与展望》一书，密尔沃基：马凯特大学出版社，1961 年。

61.《中国简单的保护应用和土地利用实践》，《联合国资源的保护和利用科学会议年报》，1950 年 8 月 17 日—9 月 6 日，第一卷，全体会议，联合国，经济事务部，纽约，也发表在《土壤与水源保护》杂志第4卷第4期上，1949年10月。《原子科学家学报》，1950年12月重刊，第6卷，第12期，芝加哥核科学教育基金会，第12号。

62.《共产主义中国的粮食生产数据的可靠性》，1965年3月1日发表在《当代场景》第3卷第14期。（Reliability of Communist China's Data on Food Grain Production，Current Scene，vol III，No. 14，11 p（The entire issue），March 1，1965）。

63.《金陵大学农业经济的发展》，伊萨卡：纽约州立农学院（康奈尔大学），1973年9月。（Development of Agricultural Economics at the University of Nanking，Cornell International Agricultural Development Series，Bulletin 25，73 pp. NY State College of Agriculture，Ithaca，NY，September 1973. 1. 1）。该文由卢良俊翻译为中文，收录在《金陵大学农学院农业经济系建系70周年纪念册》（1921—1991）的附录中。

（三）报告6篇

1. 1920—1921农林学院报告，Shanghai，China：Nanking Bulletin，vol. 6，No. 5，pp. 37. 1921.《金陵集刊》，第6卷第5期，1921年。

2. 国家水灾赈济委员会报告1931年至1932年，上海，1933年。

3. 卜凯职业生涯的口头报告，康奈尔大学图书馆，纽约，伊萨卡，1962年。

4. 市场行情，华盛顿特区：中美农业使团报告中的一章，美国农业部，1947年。（Report No. 2，Office of Foreign Agricultural Relations，USDA pp. 265，Washington，DC，May 1947. J. Lossing Buck，a member of the Mission，prepared material for the chapter on "Production and Marketing Statistics". The information in Buck's report on the Tea Industry in Taiwan and chekiang Provinces was synthesized in to the section "The Tea Industry of China"，pp. 187 - 197）。

5. 中美农业使团报告，第二号报告书，华盛顿特区，农业部对外农业关系办公室，1947年5月。卜凯为代表团成员，为"产销统计"一章的准备材料。卜凯报告中的关于台湾和浙江省茶叶产业信息部分被整合在"中国茶叶"一章。（Report No. 2，Office of Foreign Agricultural Relations，USDA pp. 265，Washington，DC May 1947. J. Lossing Buck，a member of the Mission，prepared

material for the chapter on "Production and Marketing Statistics" . The information in Buck's report on the Tea Industry in Taiwan and chekiang Provinces was synthesized in to the section "The Tea Industry of China" . p. 187 – 197)。

6. 经济与文化事务委员会报告，纽约，1953 年 11 月 23 日至 1956 年 12 月 31 日。

（四）演讲和手稿 6 篇

1. 《农民》，1944 年 5 月 12 日在重庆中国农业协会发表的演讲，1944 年 5 月 15 日发表在重庆《国家先驱报》。

2. 一份未发表的演讲，该演讲是在 Doylestown 的 Forhook 农场召开的中美园艺家会议上发表的，1945 年 12 月 27 日至 29 日。

3. 《农业传教会》（调查卷），中国持续委员会，手稿，大约在 20 世纪 40 年代。

4. 《现代东方的基本矛盾——中国土地发展问题》，联合国粮农组织赞助的报告，1950 年 10 月。

5. 《提高土地利用所需的训练和经验》，联合国粮农组织土地中心，关于亚洲和远东的问题，曼谷．泰国，联合国粮农组织会议，1954 年。

6. 《建立农业经济学系的作用》，约 1958 年，手稿。

从卜凯自己列出的 78 篇成果文献情况分析，除 5 篇（部）外，73 篇（部）是有关中国农业经济和社会状况的，他不愧为"世界上关于中国农业经济最优秀、最权威的学者"① 的赞誉。成果中的 61 篇（部）是他 1944 年回美国以前发表的，大部分为英文，其中的部分成果由他金陵大学的同事或学生翻译为中文。

截至目前，我们收集到列入卜凯自己出版目录的有专著 4 部，其中 3 部为中文译本，《共产主义中国的粮食与农业》（*Food and Agriculture in Communist China*）一书为英文版，包括专题研究文章、报告、演讲和手稿 18 篇，只占卜凯所列研究成果文献总数的 24%。此外，我们还收集到了没有被卜凯列入自己研究成果目录的部分研究文献 12 篇，它们是：

---

① 陈意新：《美国学者对中国近代农业经济的研究》，《中国经济史研究》2001 年第 1 期，第 118 页。

1. 卜凯：《欧洲农业改观》，该文是卜凯1921年3月13日在金陵大学农业经济系的学术报告，唐希贤根据报告记录整理翻译而成。

2. 卜凯、乔启明：《佃农纳租平议》，《金陵大学农林科农林丛刊》，1928年12月刊印，第46和47号。

3. 卜凯著，张履鸾译：《采用西洋农具应注意的几点》，《农林新报》，1929年第186—187期。

4. 卜凯著，叶有琪译：《农业改良之意义》，《农业周刊》，1931年第1卷第14期。（原载《中国评论》第四卷，第27、28期。）

5. 卜凯著，孙文郁译：《中国目前应有之几种农业政策》，该文是1934年卜凯在中央农业试验所改良农作物冬季讨论会上的演讲稿，由孙文郁译成中文。

6. 卜凯著，黄席群译：《中国乡村人口问题之研究》，《现代读物》，1937年第2卷第27期。

7. 卜凯著，方绩佩译：《中国之农业》，《农学月刊》，1939年第1卷第4期。

8. 卜凯著，章柏雨译：《大农场与家庭农场》，《农业推广通讯》，1941年9月1日第3卷11期，成都，金陵大学。

9. 卜凯著：《廿二年来从事中国农业经济研究之感想》，《农林新报》，1942年第19卷第34—36期。

10. 卜凯著，白永达译：《华阳县土地利用调查》，《农林新报》，1943年第34—36期。

11. 卜凯、应廉耕合著，翁绍耳译：《中国农民之经济状况》，该文以孙文郁1933—1934年在豫鄂皖赣四省582户农家经济状况为资料，发表在金陵大学农业经济系发行的《经济统计》1944年第35期上。

12. 《自给自足的教会》（The Self - supporting，J. Lossing Buck，University of Naking，National Christian Council of China 23 Yuen Ming Yuen Road，Shanghai Reprint from "The China Council Buttetin" No123）卜凯，金陵大学，中国宗教委员会公报，第123期，上海，圆明园路23号。

参考文献

一、外文文献

1. John Lossing Buck：The following is an interview with DR. John Lossing Buck held at his residence at Pleasant Valley，New York，on sept. 21，1962，未刊.

2. John Lossing Buck：Americans who have Assisted in the Improvement of Chinese Agriculture.

3. Allison Lossing Buck：Letter from China. The Early Life of Pearl S. and John Lossing Buck. http：//www. johnlossingbuck. org.

4. Randalle Stross：The Stubborn Earth—American Agriculturalists on Chinese Soil，1898－1937，University of California Press，Berkeley Los Angeles London，1986.

5. Ramon H. Myers：The Chinese Peasant Economy：Agricultual Develop ment in Hopei and Shantung，1890－1949，Cambridge：Harvard University Press，1970.

6. John Lossing Buck、Owen L. Dawson：Food and Agriculture in Communist China，Published for The Hoover Institution on War，Revolution，and Pace Stanford university，Standford，California by Frderick A. Praeger，publishers. NEW YORK. Washington，pall mall press London.

7. John Lossing Buck：Americans Who have Assisted in the Improvement of Chinese Agriculture，1962，未刊.

8. Paul Lossing Buck：Memory of my father，在农林经济管理高层论坛暨“农村改革与发展：面对21世纪新挑战”国际学术研讨会的报告.

二、译著

1. ［美］多伊尔著，张晓胜等译：《赛珍珠》，沈阳：春风文艺出版社，1991年版。

2. ［美］彼德.康著，刘海平等译：《赛珍珠传》，桂林：漓江出版社，1998年版。

3. ［美］卜凯著，戈福鼎、汪荫元译：《中国农场管理学》，上海：商务印书馆，1947年版。

4. ［美］卜凯著，张履鸾译：《中国农家经济》，上海：商务印书馆，1936年版。

5. ［美］卜凯著，乔启明译：《中国土地利用》（1941 年影印本），台北：学生书局，1977 年版。

6. ［美］费正清编：《剑桥中华民国史》（1912—1949 年上卷），北京：中国社会科学出版社，1994 年版。

7. ［美］马若孟著，史建云译：《中国农家经济》，南京：江苏人民出版社，1999 年版。

8. ［美］赛珍珠著，尚营林等译：《我的中国世界》，长沙：湖南文艺出版社，1991 年版。

三、著作

1. 白永达：《望九琐忆》，济南：山东画报出版社，2007 年版。

2. 陈敬：《赛珍珠与中国——中西文化冲突与共融》，天津：南开大学出版社，2006 年版。

3. 陈伯庄：《平汉沿线农村经济调查》，上海：交通大学研究所，1936 年。

4. 崔毓俊：《忆往》，1986 年，未刊。

5. 崔毓俊：《忆往拾遗》，1993 年，未刊。

6. 费旭、周邦任编撰：《南京农业大学史志》（1914—1988），南京：南京农业大学印刷厂，1994 年版。

7. 顾长声：《传教士与近代中国》，上海：上海人民出版社，1991 年版。

9. 金陵大学农学院农业经济系在宁系友联谊会编：《金陵大学农学院农业经济系建系 70 周年纪念册》，1991 年，未出版。

10. 李景汉：《定县社会概况调查》，上海：上海世纪出版集团，2005 年版。

11. 李文治：《中国近代农业史资料》（第一辑），北京：三联书店，1957 年。

12. 刘崧生、刘葆金主编：《中国农业经济教育史》，北京：中国农业科技出版社，1997 年版。

13. 孟昭华：《中国灾荒史记》，北京：中国社会出版社，1999 年，第 759—760 页。

14. 南京大学高教研究所校史编写组编：《金陵大学史料集》，南京：南京大学出版社，1989 年版。

15. 平乡县地方志编纂委员会：《平乡县志》，北京：方志出版社，1999 年版。

16. 平乡县旧志校注工作委员会：《平乡县志》（康熙十一年版），北京：中国文史出版社，2012 年影印版。

17. 乔启明：《中国农村社会经济学》，上海：商务印书馆，1945 年版。

18. 千家驹：《中国农村经济论文集》，上海：中华书局，1936 年版。

19. 钱俊瑞：《钱俊瑞选集》，太原：山西人民出版社，1986 年版。

20. 盛邦跃：《卜凯视野中的中国近代农业》，北京：社会科学文献出版社，2008 年版。

21. 上海书店出版社编：《中国地方志集成河北府县志辑》42《民国沧县志》，上海：上海书店出版社，2006 年版。

22. 沈宗瀚：《沈宗瀚自述》（中），合肥：黄山书社，2011 年版。

23. 孙毓琇修，贾恩绂纂：《盐山新志》（1916 年铅印本），台北：成文出版社，1976 年版。

24. 吴敬恒、蔡元培、王云五主编：《农业经济史》，上海：商务印书馆发行，1929 年版。

25. 王亿年修，刘书旂纂：《任县志》（1915 年铅印本），台北：成文出版社，1968 年版。

26. 薛暮桥：《中国农村经济常识》，大连：大众书店翻印，1946 年版。

27. 薛暮桥、冯和法编：《中国农村论文选》，北京：人民出版社，1983 年版。

28. 薛暮桥：《薛暮桥回忆录》，天津：天津人民出版社，1996 年版。

29. 盐山县地方志编纂委员会：《盐山县志》，天津：南开大学出版社，1991 年版。

30. 鄢化志：《赛珍珠、布克与宿州——皖北大地中美文化交流的百年印记》，合肥：合肥工业大学出版社，2017 年版。

31. 章开沅：《章开沅口述自传》，北京：北京师范大学出版集团、北京师范大学出版社，2015 年版。

32. 张五常：《佃农理论——应用于亚洲的农业和台湾的土地改革》，北京：商务印书馆，2001 年版。

33. 张宪文主编：《金陵大学史》，南京：南京大学出版社，2002 年版。

34. 章有义编：《中国近代农业史资料》（第 2 辑），上海：三联书店，1957 年版。

四、论文

1. 安徽建设厅编印：《安徽一年来之农村救济及调查》，1936 年版。

2. 白郎都：《民国二十年之长江水灾》，《扬子江水道季刊》，1933 年第 1 期。

3. 卜凯著，章之汶译：《农村调查表》，《中华农学会报》，1923 年第 39 期。

4. 卜凯著，徐澄译：《芜湖一百零二农家之社会的及经济的调查》，《金陵大学农林科农林丛刊》，1928 年第 42 期。

5. 卜凯著，孙文郁译：《河北盐山县一百五十农家之经济及社会调查》，《金陵大学农林科农林丛刊》，1929 年第 51 期。

6. 卜凯著，张履鸾译：《采用西洋农具应注意的几点》，《农林新报》，1929 年第 186 期。

7. 卜凯著，张履鸾译：《采用西洋农具应注意的几点》（续），《农林新报》，1929 年第 187 期。

8. 卜凯著，叶有琪译：《农业改良之意义》，《农业周报》，1931 年第 1 卷第 14 期。

9. 卜凯著，刘润涛译：《农业经济学对于中国农村改进之可能的贡献》，《农林新报》，1932 年第 277 – 279 期。

10. 卜凯著，刘润涛译：《农业推广方法》，《农林新报》，1935 年第 12 卷第 26 期。

11. 卜凯著，方绩佩译：《中国之农业》，《农学月刊》，1939 年第 1 卷第 4 期。

12 卜凯：《念二年来从事中国农业经济研究之感想》，《农林新报》，1942 年第 19 卷第 34 – 36 期。

13. 崔毓俊：《不能忘却的记忆——记为中国土地利用提出良策的美国友人卜凯》，《地理知识》，1989 年第 2 期。

14. 陈意新：《美国学者对中国近代农业经济的研究》，《中国经济史研究》，2001 年第 1 期。

15. 《定县平教育会与金大农学院合作》，《农林新报》，1933 年第 10 卷第 1 期。

16. 二十年份水灾调查室：《二十年份水灾调查》，《中行月刊》，1932 年第 4 卷第 1 – 2 期。

17. 《二十四年棉花大豆玉蜀黍推广数量报告》，《农林新报》，1935 年第 12 卷第 26 期。

18. 陈燕山：《改良我国棉种之方针及方法》，《农林新报》，1929 年第 172 期。

19. 郛公：《河北省之农业》，《民鸣月刊》，1937 年第 1 卷第 4 期。

20. 《各省水灾概况》，《赈务月刊》，1931 年第 2 卷第 7 期。

21. 《各省水灾概况》，《农业周报》，1931 年第 1 卷第 24 期。

22. 公达：《汉市水灾之由来》，《生活》，1931 年第 6 卷第 35 期。

23. 过探先：《金陵大学农林科之发展及其贡献》，《中华基督教教育季刊》，1927 年第 3 卷第 1 期。

24. 《河北农业通讯》，《农林新报》，1935 年第 12 卷第 2 期。

25. 《河北省人口之密度》，《冀察调查统计丛刊》，1936 年第 1 卷第 2 期。

26. 尚久愈：《河北省举办地政刍议》，《河北月刊》，1937 年第 5 卷第 3 期。

27. 郝钦铭、颜元亮：《金陵大学棉作改良近况》，《农林新报》1936 年第 10 期。

28. 黄宗智：《“家庭农场”是中国农业的发展出路吗?》《开放时代》，2014 年 02 期。

29. 霍席卿：《山西农作物之调查比较》，《新农村》，1934 年第 13—14 期。

30. 君实：《中国之农利增进》，《东方杂志》，1918 年第 15 卷第 11 期第 11 号。

31. 雷颐：《中国农村派对中国革命的理论贡献》，《近代史研究》，1996 年第 2 期。

32. 马伦和戴尔仁：《中国农村经济调查》（英文本），章有义编：《中国近代农业史资料》第二辑，北京：三联出版社，1957 年版。

33.《民国二十年水灾记》，《国立北平研究院院务汇报》，1931 年第 2 卷第 6 期。

34.《金陵大学农业推广所及区域表》，《农林新报》，1930 年第 225 期。

35. 金陵大学农学院农业经济系编：《中华民国二十年水灾区域之经济调查》，《金陵学报》，1932 年第 1 期。

36. 金陵大学农学院农艺系编：《二十四年棉花、大豆、玉蜀黍推广数量报告》，《农林新报》，1935 年第 26 期。

37.《近年河北省三十五县之人口状态》，《冀察调查统计丛刊》，1936 年第 1 期。

38. 南京大学高教研究所主编：《教育部视察金陵大学报告》，南京大学高教研究所校史编写组编：《金陵大学史料集》，南京：南京大学出版社，1989 年版。

39.《农学院三十周年纪念 》，《金陵大学校刊》，1942 年第 312 期。

40.《农业经济系之过去与将来》，《农林新报》，1942 年第 19 卷第 1—3 期。

41.《农学院 30 周年纪念》，《金陵大学校刊》，1943 年 3 月 1 日，第 307 期第五版。

42. 钱俊瑞：《评卜凯教授所著〈中国农场经济〉》，《〈中国农村〉论文选》，人民出版社，1983 年版。

43. 乔启明：《卜凯的中国农村经济》，《社会学刊》，1931 第 2 卷第 4 期。

44.《全国大水灾情纪要》，《福建教育厅周刊》，1931 年第 88 期。

45. 邵体忠：《卜凯先生在宿州的事迹与事业》，《赛珍珠—布克国际学术研讨会论文汇编》中国．安徽．宿州，2010 年 12 月。

46. 沈文辅：《卜凯、刻替斯著：中国农场管理学》，《中农月刊》，1943 年第 4 卷第 1 期。

47. 沈宗瀚：《中国的土地利用》书评，《新经济半月刊》，1938 年第 1 卷第 7 期。

48. 盛邦跃：《对卜凯的中国农村社会调查的再认识》，《学海》，2001 年 02 期。

49.《视察平乡县各项情形之报告》，《视察特刊》，1929 年第 2 期。

50.《水祸吁天录（一）》，《国闻周报》，1931 年第 8 卷第 37 期。

51.《水祸吁天录（三）》，《国闻周报》，1931 年第 8 卷第 39 期。

52. 宋希尚：《扬子江水灾原因及标本整理之商榷》，《扬子江水道整理委员会季刊》，1931 年第 3 期。

53. 苏之耀：《河北农林事业最近发展情形》，《河北月刊》，1937 年第 5 卷第 5 期。

54.《推广部的暑期学校工作》，《农林新报》1931 年第 8 卷第 18 期。

55. 王惠民：《中国水灾之成因及其救治》，《建国月刊》，1931 年第 6 卷第 1 期。

56. 王成敬：《河北省在中国之地位》，《河北月刊》，1936 年第 4 卷第 8 期。

57. 王晶、杨学新：《卜凯与 1920 年代河北平乡农家经济及社会调查》，《河北大学学报》（哲学社会科学版），2016 年第 3 期。

58. 杨学新、任会来：《卜凯问题研究述评》，《中国农史》，2009 年第 2 期。

59. 杨学新、任会来：《卜凯与河北盐山县 150 农家之经济及社会调查》，黄宗智《中国乡村研究（第八辑）》，福建教育出版社，2010 年版。

60. 杨学新、阴冬胜：《论卜凯在安徽宿州的农业改良与推广》，《河北师范大学学报》（哲学社会科学版），2010 年第 2 期。

61. 杨学新、任会来：《中国农具 80 余年的变迁研究——基于 1923 年卜凯盐山县 150 农家调查》，《农业考古》，2010 年第 04 期。

62. 杨学新、任会来：《卜凯文献挖掘整理的现状与思考》，《中国农史》，2013 年第 2 期。

63. 杨学新、任会来：《晚清民初河北农村土地流转问题研究》，《河北大学学报》（哲学社会科学版），2014 年第 3 期。

64. 姚光煊：《河北农业消息三则》，《农林新报》，1933 年第 10 卷第 25 期。

65. 叶公平：《卜凯的中国农村调查》，《书城》，2007 年第 12 期。

66. 叶公平：《卜凯的中国农村调查研究》，南京农业大学硕士学位论文，2009 年。

67. 叶坦：《调查研究的传统与学术创新——经济史学研究方法之反思》，《新华文摘》，2016 年第 20 期。

68. 殷晓岚：《卜凯与中国近代农业经济学的发展》，《南京农业大学》（社会科学版），2002 年第 2 期。

69. 应廉耕：《二十二年来本系之检讨》，《农林新报》，1942 年第 19 卷第 34—36 期。

70. 赵泽生：《河北平乡的民变及其社会背景》，《东方杂志》，1935 年第 32 卷第 10 期。

71. 志青：《救济水灾的整个计划》，《民众周报》，1931 年第 189 期。

72. 郑娟、梁捷：《中国经济调查与中国经济学的兴起 1927—1937》，《社会科学战线》，2008 年第 1 期。

73. 周明懿：《本校农学院推广部之事业》，《农林新报》，1930 年第 201 期。

74. 竺可桢，刘治华：《长江流域三十年未有之大雨量及其影响》，《时事月报》，1931 年第 5 卷第 3 期。